魏志倭人伝を漢文から読み解く

倭人論・行程論の真実

出野正・張莉

明石書店

はじめに

私の学問の研究方法についてまず述べておきたいと思います。

私は、現在では一日に二時間の瞑想を行っております。今までは、一日に四十分ぐらいでしたが、ここ二年は二時間を目安に瞑想しています。天気の良い日は、東大寺の林の中で瞑想します。家から歩いて十分ぐらいの所に東大寺の大仏殿があり、その裏に講堂跡があり、そこには講堂の礎石のみが列をなして残っています。私は、その奥にある林で瞑想しています。林の中では小さな川が流れており、川のせせらぎの音や鳥の鳴き声等自然に恵まれた場所です。景色そのものの自然の調和から心の安らぎが得られます。なぜ、私が瞑想するかというと、平静の心の落ち着きが得たいからです。また、死ぬまでに、少しでも今よりは向上した魂をもってあの世に行きたいと思うのです。瞑想を続けてわかったことですが、瞑想は学問をするうえで大変な効果をもたらします。瞑想をするとシンクロニシティ（意味のある偶然の一致）があるとよく言われますが、私には天からインスパイアされる如くに学問のシンクロニシティがたびたび起こっています。

私はいろいろな本を読んで、疑問に思ったことはメモに書き、毎朝そのメモに目を通します。さらに『魏志』倭人伝やその他の中国文献は、必ず、漢字辞典を横において、その用例を確認しながら読むことを習慣化しています。これをしないと、従来の解釈者の読み方が正しいと信じて読んでしまうか、あるいは真相がわからないままそれを否定してしまうことになります。また、これはと思った本の中で疑問に思った時は、少なくとも三十回以上は同じ文章を読みます。何回も読んでいくと新しい発見が必ずあります。非常に優れた本などは百回ぐらい読んだこともあります。このような形で学習していますと、風呂へ入っているときや夜に布団に入って寝付く前に、抱いてきた疑問に対してピンとくることがあります。布団から起き出してメモを取ることもしばしばあります。それが先に述べた学問のシンクロニシティです。私の書く本は、このようなピンときた解釈を中心に書いています。そこから前後の歴史を調べ、つじつまが合うかどうか精査することにより、確信が得られます。私は、この方法を使うようになってから、自分自身の学問が大いに向上したと思っています。学問をする人にこのことを話しても、同じように瞑想や読書百遍を実践する人は今までに一人もおりません。この話をした時点で、私は既に変人扱いされているようです。しかし、この文章を読んでピンと来た人は、一度私をお訪ねください。懇切丁寧にお話させていただきます。そのことを実践すれば必ず学問の質的向上が得られることは経験上、間違いがありません。

私は、どんな学問を行う時も先人の学問を学習することから始めますが、最終的には自分軸で考えるべきであると思っています。ここで大事なことは、先人の考証を鵜呑みにしないことです。例えば、『魏志』倭人伝を読むときに先人の解釈を読んでそれが正しいかどうかはきちんと自分で漢和辞典を引いて『魏志』倭人伝の漢文を読むこと、それ以前にそれを読みこなす漢文についての見識をもっていなければなりません。とにかく、学問は根っこからすべてを確認しながらやることが必要なのです。

二〇一六年に妻 張莉との共著『倭人とはなにか』（明石書店）を出版しました。この本は、インターネットのカーリル図書館情報で約三百四十冊、いろんな図書館にご蔵書頂き、今なおこの本を読んでくれている人がいくらかいることがリアルタイムでわかります。従来の説ではないので、お褒め頂いた方もいれば、反対意見を言う人も多くいました。それで、新たにいろんな注釈を書き足して、私の本の内容を正確にご理解いただきたいと思って書いたのが今回の本です。

一番私が気になったのは歴史文献、例えば『魏志』倭人伝を読むときに研究者が漢字辞典などで過去の使用例を調べ、自分で読み取るということをしていないことです。したがって、その研究者は読んだ本の著者の漢文の翻訳を正しいと信じるか、或いは著者の翻訳の基底にある考えが自分の考えと合うかどうかが判断基準になります。私は漢字学を研究対象としていますので、歴史文献を漢字辞典の過去の使用例を見ながら、自分自身で解釈することを試みます。それと、漢文を読むには中国語の初級ぐらいは勉強しておいた方がよい。なぜなら、現代中国語は古代の中国語と一系になっており、中国語という言葉の中に中国人の古代から現在に至るまでの一貫した考え方・感じ方が読み取れるからです。『漢書』や『魏志』の漢文は古代中国語なのです。また、中国語を知ると漢文をレ点や返り点で読む必要がなく、そのままで読めるのです。幸い、私の場合は漢字学者の妻 張莉が中国人なので、漢文を読んで疑問に思ったことは妻に聞くようにしていて、時には自分にとっては意外な答えが返ってくることもあります。

歴史書の漢文を正確に読み取ることは、歴史を研究する際に欠かせません。地名と方〇〇里がセットで表現されている場合、方〇〇里はすべてその地の面積を表します。『魏志』の中でたびたび見られます。このことを以下説明します。

森浩一氏は「『方四百余里』が何里四方ということで、一辺の長さを示すものである」（『日本の古代1倭人の登場』中公文庫、一九九五年）と述べています。そのすぐ後に、『後漢書』祭祀志の中に引用された『三輔黄図』に「凡そ地宗后土宮の壇営は、方二里、周八里」という例を載せています。壇の方形の一辺が二里で周囲合計が八里ということであって、方二里は二里四方を意味しますが、これは壇という限定的な条件があるからそのように解釈できるのです。ですから、対馬と「方四百余里」のように地名と方〇〇里のセットになった文章はすべて面積を表し、解釈が異なるのです。それゆえ『魏志』倭人伝の方〇〇里についての森氏の解釈は間違っていると言えます。

古田武彦氏は『魏志』倭人伝の「対馬国」の「方可四百余里」の記述について、対馬国の南島を四百余里四方の国と解釈しています。対馬には南島・北島の二つの島があるのですが、古田氏は対馬の南島を「方可四百余里」とするのです。『魏志』には対馬国が「方四百余里」と書いてあるのに、それはおかしいですよね。それが南島であるならば、対馬国南島方四百余里と書かれていなければなりません。ある程度漢文を読みこなす人なら、それは一見して間違いだとわかります。なぜなら、『魏志』の表記では対馬国もしくは対海国となっており、対馬国は南島と北島が一体となった地域ですから、対馬国が「方四百余里」であるとの意味になることは国語的に明白だからです。それ故に、南島が対馬国とは国語的に絶対言えません。方〇〇里には面積の意味がありますから、ほぼ長方形をなす対馬国は面積を表す以外に考えられません。因《ちな》みに短里で見た「方四百余里」の面積は現在の対馬国とアバウトではありますが近いものになります（二百五〜二百十頁にその計算結果をまとめています）。また、そこから考えると一つの歴史書において地名と対になった「方○○余里」という一つの言葉は面積という意味が貫通されているという漢文の大原則を当てはめますと、『魏志』に書かれている地名と「方○○余里」とがセットになった文章はすべて面積を表すという論理が演繹できます。そうすると、一大国（壱岐）も「方可三百余里」も面積のこととなります。この本では「方○○里」の他に、「周旋○○里」「女王国」「万二千余里」「榎一雄氏の放射線型読法」などを、漢字を読み解く観点から検討しています。古田武彦氏の行程論を多くの人が信じているようですが、その誤りを批判することによって真実の姿を明らかにすることが一番わかり易いと思い、その方法をとりました。

漢文の原則は論理で証明できない暗黙知であると思います。そのような暗黙知は公理としてどの本にも説明されていません。例えば、人類の内で初めて自転車に乗った人が、自転車に乗ることを自分自身の脳で納得するためには、練習して乗れるようになるしかありません。同じように漢文を読むために漢字辞典を引くことを繰り返していれば、同じこの大原則の暗黙知の認識に到達するものなのです。しかし、この暗黙知で得られた認識をいろんな歴史書に演繹的に適用すると例外なく同じ結論が導かれれば、それは正しいと言えるのです。ですから、同じ漢字の研究者同士で同じ暗黙知があるなら、同じ理解が得られるのです。私は漢字学を研究していますので、この道理はよく理解できるのです。

私は、漢文が古代中国語である観点から『辞源』（商務印書館出版、一九八八年）『辞海』（中華書局、一九七九年）や王力（一九〇〇〜一九六八年）著『王力古漢語辞典』（商務院書局、一九七九年）で漢文の語の意味を調べてみます。なぜなら、古代中国語は往々にして現在われわれが引く漢字辞典の解釈と異なることがあるからです。それらから、類例を調べるためには多くの類例が載っている『大漢和辞典』（大修館書店、二〇〇〇年）が便利です。これらの参考文献を読んで、自分が解釈した漢文の内容を日本や中国の漢字学や漢文の学者に確かめます。そして、漢文の解釈においては『説文解字』・段玉裁『説文解字注』や白川静博士の『字統』、古代の漢字の発音においては『切韻』・『集韻』・『広韻』・『説文解字』の反切《はんせつ》や呉音・漢音を参考にすることは絶対に必要です。漢文を読むにはそれらの基礎知識をあらかじめ学習しておく必要があります。これらの辞書を頻繁に引いていると、自然に漢字を読み解く力が備わってきます。漢文学者はこのようにして漢文を読んでいるんです。だから、森氏・古田氏にも言えることですけれど、自分だけの経験知で漢字の読みを自己完結しないで、日本や中国の漢文学者の意見を聞いてみることが必要です。日本の歴史学者の方々はこれらのことに関して、私の言うことを素直に聞いていただきたいと思います。

前著『倭人とはなにか』へのご批判の中で、『魏志』において朝鮮の「倭」と日本列島の「倭人」が『魏志』倭人伝で明確に差別化されているにもかかわらず、「倭」と「倭人」が同じものとし、当時の日本列島の主勢力は日本列島と朝鮮半島にまたがって国を構成しているという論を正しいとする人が多いことがわかりました。古田武彦氏もそのような考えでありました。しかし、私は、それはおかしいと思います。「倭」も「倭人」も国名（このことは後に詳しく述べます）であるからには当然、これらは違う国とするのが国語的な考え方です。それが同じと言うなら、当然その論証が必要です。このことを話してもほとんど無視されてしまうのが現状です。

このことを立証するため『魏志』倭人伝、『晋書』及び、朝鮮歴史資料の『三国史記』をつぶさに調べました。『魏志』では日本列島の「倭人（国）」を「倭国」と書いているが、『三国史記』では「倭国」は朝鮮の「倭」を示しており、日本列島の人については「倭人」という言葉を使って差別化していることがわかりました。『三国史記』では四〇〇年代に朝鮮半島の「倭」「倭国」「倭兵」の記述がなくなり、それ以後は「倭人」の記述のみで、朝鮮半島の「倭」「倭国」「倭兵」に代わって加羅や金官といった都市名が出てきます。これは朝鮮半島の「倭」連合が消滅し、「倭」を構成していた都市である加羅や金官がそれぞれ自治をするようになった、ということを示しています。「倭人」の記録は白村江の戦いを最後に記述がなくなります。同一史書内では一つの言葉は同じ意味として原則的に貫通されますから（ただしこの原則には例外もあります。それはその都度その理由を確認すれば済むことです）、『三国史記』における「倭人」は日本列島の「倭人」を示していることが証明されます。

さらに、『倭人とはなにか』を読んだ人によく質問を受けたのは、『後漢書』『南斉書』『宋書』『梁書』では日本列島の主勢力を「倭」としているのは、「倭人」＝「倭」だからではないのか、ということでした。『後漢書』は朝鮮半島の「倭」の消滅していく過程で日本列島の「倭人（国）」が「倭」と書かれたものです。『南斉書』『宋書』『梁書』の書かれた時代について私は次のように考えます。すでに朝鮮半島の「倭」連合は消滅していて『南斉書』『宋書』では朝鮮半島の「倭」にかわって加羅・金官の名が出ています。それらの文献の「倭」と「倭人」の記述をつぶさに調査させていただきました。おそらく、朝鮮半島の「倭」が消滅して、中国の古文献では日本列島の「倭人（国）」を「倭」に替えたのであろうと思われますが、やや紛れのあるこのような変換をなぜ行ったかはよくわかりません。『魏志』の倭人と『後漢書』の「倭」は同じだから、倭人＝倭を主張される方もおられました。このようなところが一般の方々には通常理解できないことであり、十分説明する必要があると感じました。しかし、文献ごとに倭や倭人の意味を整理すれば、なぜそれらの語の使い方が違うかは明快に理解することができます。

私は日本列島の「倭人（国）」と朝鮮の「倭」が別の国だということを証明するために、特に『魏志』倭人伝・韓伝や『三国史記』を通じてそれらの経緯を明らかにすることを目標としました。『三国史記』と『晋書』『南斉書』『宋書』の経緯を見ると、あきらかに朝鮮半島の「倭」が消滅していく経緯がわかります。そのような事実を踏まえて、本書で『倭人とはなにか』を十分補足できたと考えております。『魏志』倭人伝の「倭人」を理解するためには、『論衡』の倭人、『山海経』の倭、『漢書』の倭人、金印の「委奴」、『三国史記』の倭、倭国、倭人など、それらすべての文献の中で整合性のある理解を得られた時、すべてが結びつきます。本書は、そのことを目指したものです。

この本は前著『倭人とはなにか』の内容をさらに詳しく精査したものですが、前著で導き出した論がもし正しければ、別の歴史のいろんな側面から前著の正当性を補完できるのではないか、もしそうでなければ、前著と矛盾することが現れるのではないか、という視点で精査を続けました。また、倭人・女王国・邪馬壹国・朝鮮半島の倭など個々の論述がすべての論述の中で整合性を保っているかどうか、相矛盾しないかどうかの論理の再確認となります。その結果、前著を補完できる資料が多く見つかり、前著の正当性をさらに追加説明することができたと自負しておりま す。拙著を読んで、なぜそんな細かいところまで立ち入るのか、読むのが面倒くさいと思われる方もおられると思いますが、そのような資料精査を経なければ、歴史の真実を証明することができないのです。ですから、この本を読む以上、どうぞ拙著の長々とした論述にお付き合いくださいますようお願い申し上げます。

また、この本の最後には七支刀、埼玉稲荷山古墳出土鉄剣と江田船山古墳出土大刀、及び隅田八幡神社人物画象鏡、『常陸国風土記』の「倭武天皇」、法隆寺釈迦三尊像銘文を通貫して、それらから読み取れる古田武彦氏の唱えた九州王朝の存在について述べさせていただきました。この研究は、大変長い時間を要し、本当に大変でした。わからないことが多すぎて、途中で何度も匙を投げようとしました。ですから、内容に今も不安をもっています。どうぞ、間違いはご批判ください。

私は、ここで書いた論が正しいかどうかは後世の歴史家が実証していただければよいと思っています。そう思って、気長に待ちたいと思います。今、私の論に反対の人と論を戦わしたいとは全く思いません。賛成の人も反対の人も仲良くしましょう。理想的には、私が九十歳を超えた老人になった頃、また私があの世に行ったのちに、私の論を認めてくれる人がいたら、おそらく私はどこかで一人にっこり笑っています。

古代史学と文字学の融合

臧克和

データベースの資料の日々の煩雑さは、新しい人文科学を呼び起こしている。古代国家の歴史考察は、山川の地理、歴史文献の人類の文化の沿革ないしは種々の伝説と風俗に至るまで、人文研究者が深く興味を抱いた高難度のそれぞれの項目が交差する学科の課題である。年代が古く、歴史の文献がバラバラのため、各種のタイプの異文が形成され、専門学者の説くいろんなテーマの考察は多くの困惑をもたらしている。例えば、読者が見る歴史文献『三国志』魏志倭人伝・『後漢書』東夷伝などの重要な歴史文献に記載されている「倭人国」に関する〝邪馬臺〟（または〝邪馬壹〟）と「倭人国」との関係、〝倭〟と〝和族〟（中国では日本民族のことを「和族」という）との関係については、日本のみならず、韓国、中国においても一致した結論には至っていない。

実際、この様な歴史的な考古学上の問題は、複雑で断片的な文献に直面して、一つの統一した枠組みの中に入れなければ、基本的に一致した理解に到達できない。なぜなら、文献不足という前提の下で、歴史言語・歴史文字文献はかけがえのない考察の角度であるからである（出野先生は古代中国語・古代中国の文字文献を一字一字詳しく調べて解釈を得ることが必要であると述べている）。日本の漢学の大家 白川静先生は文字学と古代文献史学を結び付けた研究の集大成者である。中国の晩清学者王国維氏は「二重証據法」を提唱し、現代学者 錢鍾書先生は経史子集〈経部は古典〈経書のほか小学すなわち文字言語学を含む〉、史部は歴史〈史書のほか書目・金石など〉、子部は思想〈諸子のほか科学・芸術・仏道など〉、集部は文学〈詩文集のほか評論・俗文学〉を意味する）の代表的な学術図書『管錐編』（中華書局、一九七九年、第一冊第九十頁）の「一代于心性之結習成見，風気扇被，当時義理之書孰而相忘，忽而不著者，往往流露于文詞語言。（一時代の心理的な習慣・流行はその時代の専門理論書には反映されていないが、その時代の文章の言葉や口語の文字によく表れている。)」という主張を検討している。

出野先生の著述はいろんな学問にまたがった見識を特色としている。先生の著述は一貫して古代史学と文字学の融合貫通を目指しており、一つ一つの文字を明白に判断している。先生が歴史学を思考するにあたって、各種類の古代史料を精査している。本文は、正史・子部(思想・宗教・自然科学)・方志(地理のこと)・神話・伝説などに及び、さらに緻密な考察の歴史語言や歴史漢字学を加えており、東方漢字学の特徴をよく捉えている。出野先生と張莉准教授(大阪教育大学)の共著『倭人とはなにか』(明石書店、二〇一六年)から、二年前に『銅鐸祭祀から鏡祭祀へ—神話と考古学の融合』(東京図書出版、二〇一九年)を出版し、引き続いて今回の『魏志倭人伝を漢文から読み解く—倭人論・行程論の真実』は〝新人文〟の調査・思考研究の試みである。この新しい著書において、古代史学と漢字学の結合の専門的探索の最新的成果を集中的に体現している。著者が読者に感銘を与えるのは、一方では歴史における古代国家の各種の史料文献の整理に関する緻密な省察であり、一方では歴史学と漢字学の結合により漢字学からの歴史事実の証明により、新しい発見をもたらしていることである。このことによって、古くから続いている重要な人文地理・考古学の調査・研究を深く発展せしめている。本書の中で提唱している理論観念「同じ言葉でも概念の違う言葉がありま す。概念は発展していくものと考えるべきです」は、新しい人文学の建設的な発展に普遍的な意味を有する。

例えば、鬱人と倭人である。『説文』五下 鬱 yù「芳草也。十葉爲貫、百廿貫築以煑之爲鬱。从臼・冂・缶・鬯・彡、其飾也。一曰鬱鬯、百艸之華、遠方鬱人所貢芳艸、合釀之、以降神。鬱今鬱林郡也。迂勿切。(芳草なり。十葉を貫と為す。百廿貫、築《つ》きて以て之を煑《に》るを鬱となす。臼、冂、缶、鬯に從ふ。彡は其の飾りなり。一に曰く、鬱鬯は百艸の華、遠方鬱人の貢する所の芳艸なり。之を合釀して、以て神を降す。鬱は今の鬱林郡なり。迂勿切。)」鬯は功能より名を得て「暢」となった。鬯は飲むことができ、鬯を飲む器は「觴」であり、鬯飲は暢飲と表記することができて、鬯の効用は、人をして舒暢・和暢(二つともに、穏やかである、和やかである、の意味)にさせる。それで、鬱草を貢献する場所は鬱林という。『論衡』第三十九「超奇」に「暢草献於宛。」は「宛」を使用して、相関的地名として表記している。このような状況で、すなわち、「宛」字は地名表記として標記する時、同様に yù(集韻:紆勿切)と読む。故に「鬱」

と通じる。その後、「鬱林」「郁林」「玉林」と転写され、当地の人が鬱人すなわち鬱人と称された。

この新著を通じて、「倭」などを巡るキーワードは、史部（歴史）の『三国志』『後漢書』など、子部の『論衡』など、「中国古文献に見る『倭』と『倭人』『倭国』の使い分け」などは、著者がこの分野をもっともよく知って厳密に考察した学者であるという感は否めない。他の分類として、韓国の出土文献を考察したが、例えば著者は好太王碑の「倭」と「倭人」等について、朝鮮古文献・金石文に見る「倭」「倭人」の概念を用いて考察を行った。出野先生は好太王の碑の中に記された「倭」は朝鮮半島に住む倭という国の軍隊であると述べている。また、日本語と中国語の二つの言語に対する鋭敏な感受と発見は、読者が歴史の言語音声変遷の手がかりを発見すること、日本と中国の言語文化に跨《また》がる漢字が海を越えて伝播した状況による変化を発見することは、非常に多くの価値を有する。

冒頭でも触れたように、現代の学術研究ではデータベースの資料は日に日に煩雑になったが、ますます手軽に早く入手できるようになった。この時代の学問研究について、瞑想し続けることによって新たな真理にたどり着ける可能性があることを出野先生は提示している。中国六朝の文人たちは、文をつくるには「江山の助」が必要と考えていた。出野先生は喧騒を避けて歴史的古都の奈良に住む。若草山の青草が連なり、東大寺の鐘の音が悠々として響いている人の少ない静寂な原始林の中に空高くそびえる古い樹木と鹿が出没する中、動静が織りなす盛大な唐の故地のような静寂がある。そのような環境が出野先生の深慮熟考を助けることになったのであろう。知字論世（世を知るにはその世に生きた人の時代背景を知らなければならない）、以意逆志（孟子の言葉、自分の思いで人の考えを推し量ること）、思接千載（長い年月を通じて思う）、良有以也（李白の言葉、良《まこと》に以《ゆえ》有るなり）。

臧克和拝於庚子孟冬
因樹縁湖居（先生の書斎名）
上海華東師範大学中国文字研究與応用中心

臧克和先生経歴

一九五六年生まれ。現在、華東師範大学（上海）終身教授。国家教育部人文社会学重点科研基地である中国文字研究與応用センター長。世界漢字学会会長。古文字学・漢字学の学者で中国古文字学の重鎮であり、古文字学の著書も多数ある。アイオワ大学名誉教授、ボン大学客員教授（ドイツ）。

著書：『実用説文解字』（合作）、上海古籍出版社、二〇一二年。

『词肥义瘠〝与〝假象过大〞——碑板文字语用考察之一』、《中国文字研究》第十五辑、二〇一一年。

『隋唐人物信仰价值论—以墓志文字為为线索』、上海市第九届社联大会、二〇一一年。

《中国石刻》丛书（主编）、南方日报出版社、二〇一一年。

《汉魏六朝隋唐五代字形表》、（主编）、南方日报出版社、二〇一一年。

《金石学走向系统分析》、《中国文字研究》第十四辑、二〇一一年。

《中国异体字大系（隶书卷）》（主编）、上海书画出版社、二〇一〇年。

《简帛与学术》（独著）、大象出版社、二〇一〇年。

《中古汉字流变》（独著）、华东师范大学、二〇〇八年。

臧克和先生の感想文に寄せて

臧克和先生は、中国では非常に有名な漢字学者である。臧先生は世界漢字学会の会長をされていて、臧先生が学会の運営を中心になって尽力されている世界漢字学会は中国・日本・韓国・台湾・ベトナム・フランス・ドイツの学者が集う漢字学会である。世界漢字学会では妻の張莉が以前から臧克和先生と親交を深め、お世話になっていた。著書に『漢魏六朝隋唐五代字形表』（主編、南方日報出版社、二〇一一年）、『簡帛與学術』（大象出版社、二〇一〇年）『中古漢字流変』（華東師範大学、二〇一〇年）などがあり、古い時代の中国語にも造詣が深い方である。

私は臧先生と二〇一八年六月に奈良で初めてお会いした。臧先生を我が家の夕食に招き、妻の通訳を通して、いろんな話をした。臧先生は、中国では大変有名な漢字学者であるにもかかわらず、無名の私に対して大変礼儀正しく、丁寧に受け答えしてくれた。私は臧先生が本物の人格者であることがすぐにわかった。その晩に、臧先生といろんなお話をし、別れ際に、先生は「あなたとはずっと前から知り合っていたような感じがします」とおっしゃった。私は、臧先生から漢字学や人間の生き方など、いろんなことを教えてほしいと心からそう思った。また、妻の張莉が何の違和感もなく臧先生と中国語で楽しそうにいろんな話をしているのを見ると、頼もしく感じられた。

その場で私は二〇一六年に張莉と共著で書いた『倭人とはなにか』をお渡しした。私は臧先生が『魏志』倭人伝の邪馬壹国の歴史に興味をもっているかどうかもわからなかった。しかし、その二日後に、臧先生は「あの本は内容が実にすばらしい」とおっしゃったのにはびっくりした。臧先生は日本語が話せないが、日本語の本は読めるとのことであった。私は、拙著の倭や倭人の意味や帯方郡使の日本列島に至る行程について是非とも話がしたかったが、その時にはついに叶わなかった。

二〇一九年三月に、臧先生が日本に来られた時に、ある用事で一緒に金沢に出かけた。その帰りの電車の中で、妻の通訳を通して『魏志』倭人伝における帯方郡使の日本列島への行程について話した時に、一文毎の私の解釈について臧先生は肯定的な意見を述べられた。目の前にいる有名な中国の漢字学者 臧先生が、私の『魏志』の行程についての解釈に賛同されていることに感動を覚えずにはいられなかった。その時の臧先生の表情や言葉が私の心に共鳴して震えていた。臧先生と私の漢文の読み方の基礎知識や暗黙知が全く一緒だったのだ。また、臧先生の感想文には朝鮮半島の「倭」と日本列島の「倭人（国）」との意味の違いについても私の解釈に賛同されていて、私の本を大変正確に読まれていることにも驚いた。二〇一八年の世界漢字学会（於立命館大学）で、臧先生は邪馬壹国に関するいくつかの漢字学的見解を論文として発表された。私の本の内容も論文の中で何カ所か引用された。折しも、その時の司会は妻の張莉であった。最近はコロナ禍でお会いすることができないが、メールでいろいろとやり取りしている。臧先生は、今後も我々夫婦にとって素晴らしい親交を続けていける貴重な人物である。

私は、『魏志』倭人伝を読む際に、それを中国の古典として扱い、古い中国語の解釈のために『王力中国古語辞典』や古い歴史書の漢字の使用例などを参考に研究を進めた。臧先生の「古代史学と文字学の融合」という見出しで書かれた文書はまさに私の歴史文献に向かう姿勢を端的に表している。臧先生が私の歴史論を見る観点は、漢字学から見た所見であって、日本の歴史学者にはそういう発想はないかもしれない。そこに卓越した漢字学者としての臧先生の資質を見ることができる。臧先生。本当にありがとうございます。私は、臧先生の私の歴史論に対する評価を見て、どれだけ勇気づけられたかわからない。

感謝。

魏志倭人伝を漢文から読み解く――倭人論・行程論の真実◉目　次

第6章 朝鮮古文献・金石文に見る「倭」「倭人」 125

第7章 『魏志』倭人伝の行程から歴史を解読する 169

第1章

『論衡』倭人は南中国に住む鬱人であることを証明する

出野　正

『漢書』や『魏志』倭人伝の「倭人」の意味を読み解くにあたって、どうしても欠かせない前知識があります。それは『論衡』倭人です。『論衡』倭人も『漢書』倭人も『魏志』倭人伝の倭人も同じ概念であるとする考え方があります。それらすべての「倭人」が日本列島の倭人であるという説が通説のようになっています。しかし、文献は一つずつ精査して、その概念の意味を確かめなければなりません。各文献によって同じ語でも意味の異なっている場合が往々にしてあります。それらは、その文献を書いた人がどういう意味でその語を使っているかを文献ごとに調べるのが正確な方法だと思います。

(1)従来の『論衡』倭人(古田武彦説・森浩一説・鳥越憲三郎説)

『論衡』恢国篇第五八に「成王時　越裳献雉　倭人貢暢(成王の時、越裳は雉を献じ、倭人は暢草を貢ず)」とあります。また、『説文解字』(以下『説文』という)五下に「一曰　鬯、百艸之華、遠方鬱人所貢芳艸、合釀之、以降神。鬱今鬱林郡也(一に曰く、鬯は百艸の華、遠方鬱人の貢する所の芳艸なり。之を合釀して、以て神を降す。鬱は今の鬱林郡なり)」とあります。鬱林郡は今の広西省桂平県に当たり、「鬯」の産地が中国南方の桂林にあったことが知られます。

『論衡』の「倭人」について、それが日本列島の倭人なのか、あるいは『説文』の記事にある「鬱人」が倭人なのか、現在では二通りの解釈があります。日本列島の「倭人」とする方は古田武彦氏をはじめとして多くいて、この見解が大勢を占めています。しかし、鳥越憲三郎氏のように、『論衡』の「倭人」は南中国に住む倭族だという見解もあります。一体、どちらが正解なのでしょうか。以下、その解明についての私の見解を述べたいと思います。

その前に従来の古代史学者が『論衡』の倭人についてどのように考えているかを述べておきたいと思います。

森浩一氏は『日本の古代1　倭人の登場』(中央公論社、一九九五年)の中で、次のように述べています。

「要するに、江南でも会稽の地は、倭人が東シナ海ルート、あるいは朝鮮半島西海岸を北上し、山東半島のあたりから中国の海岸を南下するルート(中国を出発する時にはそれらの逆ルート)をとる重要な目標の地であり、『論衡』

の倭人記事も、年代が周の成王の時かどうかはともかく、この地に倭人渡航の伝説や知識が古くからあって、それを王充が正史とは別の視点で『論衡』に収めたと私は見ている」（五十六頁）

「もちろん、今後さらに考究を深めなくてはならないが、『論衡』の倭人は、たとえば釜山《ふざん》の東三洞《とうさんどう》貝塚に縄文人の行動と絡んでいるとみてよかろう」（五十六頁）

森氏の述べていることは倭人が日本列島の人である論理的根拠ではなく、単なる想像を根拠としたものです。それに縄文人は倭人ではなく、「倭人」とは弥生時代に水稲技術を日本列島にもたらしやがて九州において一大勢力を築いた人たちの国名です。（「倭人」が国名であることは後に論理的に説明します。）

古田武彦氏は『邪馬一国への道標』（角川文庫、一九八二年）の中で『論衡』の著者王充と『漢書』の著者班固が同世代で同じ「太学」に学んでいたことを述べ、さらに次のように述べています。

「ということは、『論衡』と『漢書』は、ともに同時代の同一の読者に対して書かれている。このことを意味します。つまり、『一世紀後半の後漢の高級官僚やインテリ』という、読書階級が対象なのです。

とすると、一方の『漢書』で『楽浪海中に倭人あり……』と書き、他方の『論衡』で『倭人鬯草《ちょうそう》を貢す』と書いてあるとき、同じ読者は〝同じ倭人〟として読むのではないでしょうか。また著者たち自身も、そう受け取られることを百も承知で、書いているのではないでしょうか。そうでなければ、たとえば王充は『江南の倭人』といった形容句を入れるはずです。これはいとも簡単すぎる操作ではないでしょうか」（三十五頁）

しかしこの論証は間違っています。その前に、まず「倭人」という言葉の定義を論証することが必要です。『論衡』の「倭人」と『漢書』の「倭人」はもとのルーツは同じですが、『論衡』の「倭人」は南中国の鬱地方の「倭人」、列島の「倭人」は昔、朝鮮半島にいた倭種の人、あるいは南中国より直接海を越えて渡来した倭種の人であることをこの本で後に論証します。

鳥越憲三郎氏は『古代中国と倭族』（中公新書、二〇〇〇年）の中で、次のように述べています。

「彼ら（倭族のこと……筆者注）がいつごろ王国を築いたかは明らかでない。文献の上での初見は、天下太平を謳歌した周の第二代成王の御代のことが記述した『論衡』にみえ、『成王時、越常《えっしょう》、雉を献じ、倭人、暢《ちょう》を貢す』とある。『越常』は越の国のことで、また暢（鬯艸《ちょうそう》）を周王朝に献上したという倭人は、四川省成都市を中心とする地域にいた蜀の国人のことである」（百四十四頁）

鳥越氏は日本の倭人のルーツを中国の雲南と見て、原倭人にあたる人たちを倭族という言葉で表現します。鳥越氏によれば、「鬯艸」は『山海経箋疏』に不老長寿の瑞草とされる「霊芝」であるとします（私はこの考え方には反対です）。『本草綱目』には中国長江中流域の四川省巴県が「霊芝」の産地の一つにあたるとします。鳥越氏は『山海経』の倭についても、倭を日本列島内に限定すると不可解なものになり、この倭は山東半島の倭であり長江流域から移住してきた人たちのことだと鳥越氏は考えたのです。

哈尼《ハニ》族の高床式住居やその屋根にある千木や鰹木《かつおぎ》及び日本の神社にある鳥居（高床式住居に住む哈尼族の村の門に鳥の彫刻がある）は間違いなく、日本の神社文化（倭人文化）の源流です。また、石積みの上に木製の鳥の形象物をつけた木を立てた、朝鮮の「ソッテ」と呼ばれる宗教的対象物も、南中国の高床式住居の鳥を祭祀の対象とする文化の影響を受けています。朝鮮半島や日本列島の倭種の人は、その文化の根源が中国南部の高床式住居文化に依拠しているところから、「倭」や「倭人」の文化はその本源にあたる南中国から来たものであることは確実と思われます。

森氏は『論衡』の倭人について、明確な証拠を出さずに推測のみで、日本列島の倭人と考えています。古田氏は、『漢書』の倭人を『論衡』の倭人と同じという倭人日本列島説を展開します。なるほど、文献上では中国の倭人は出てこないので古田氏の推測を読者によっては納得する人もおられると思います。しかし、鳥越氏の言うように日本の倭人や朝

図1　哈尼族の千木のある高床式建物

図2　鳥居の原型の村門

図3　村門の上部の左右に木彫の鳥

鮮の倭はその文化から見ると中国雲南の哈尼族の文化にあるような高床式住居の文化を源流としていることは明らかです。そうすると「倭」や「倭人」の呼称の源も中国の南部にある考え方も考慮に入れなければなりません。森氏・古田氏は、そのような側面を全く見ようとはしていません。

私は、徹底した文献主義なので古代史すべてについて文献を証拠として読み解くという姿勢を取っています。その考えに沿って以下に『論衡』の倭人について述べていきたいと思います。

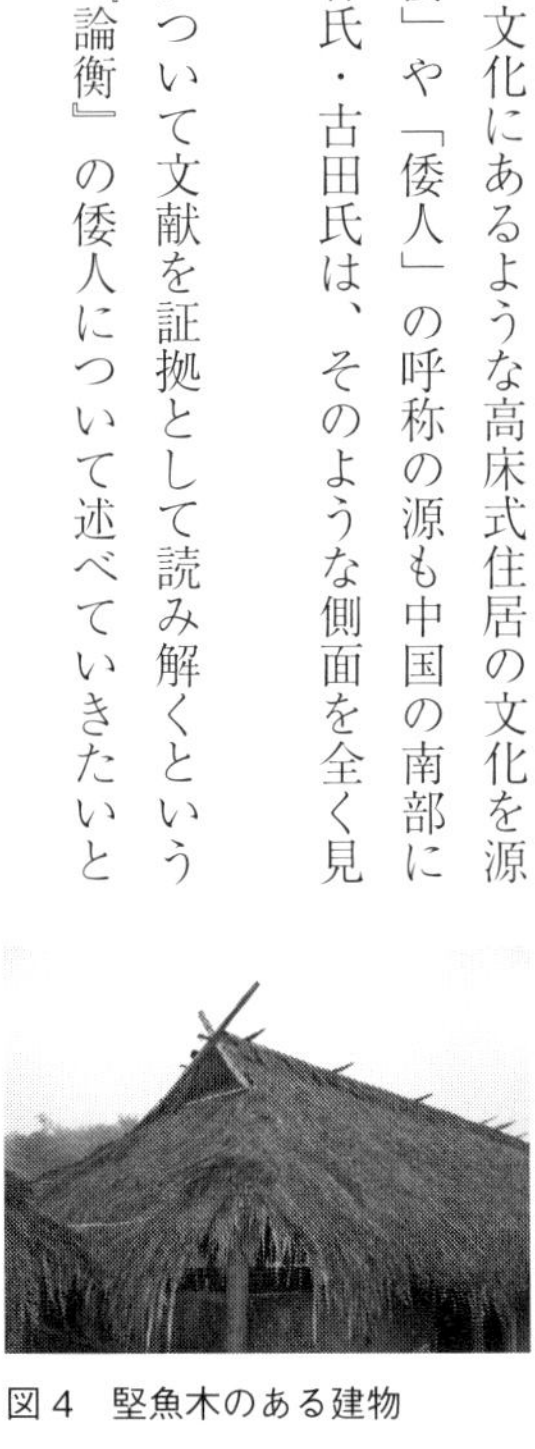

図４　堅魚木のある建物

（2）『論衡』恢国篇の倭人について

『論衡』恢国篇第五十八は『論衡』倭人の正体を知るのに一番大事な記述であるので、その文章を掲載しておきます。

武王《ぶわう》の紂《ちゆう》を伐《う》つや、庸《よう》・蜀《しよく》の夷《い》、佐《たす》けて牧野《ぼくや》に戦《たたか》ふ。成王《せいおう》の時《とき》、越常《ゑつしやう》雉《ち》を献《けん》じ、倭人《わじん》暢《ちやう》を貢《こう》す。幽《ゆう》・厲《れい》衰微《すいび》するや、戎《じゆう》・狄《てき》周《しゆう》を攻《せ》め、平王《へいわう》東走《とうそう》し、以て其《そ》の難《なん》を避《さ》く。漢《かん》に至《いた》って、四夷《しい》朝貢《ていこう》す。孝平《こうへい》の元始《げんし》元年《ぐわんねん》に、越常《ゑつしやう》重訳《ちようやく》して、白雉《はくち》一《いつ》・黒雉《こくち》二《に》を献《けん》ず。夫《そ》れ成王《せいわう》の賢《けん》を以《もつ》て、輔《たす》くるに周公《しゆうこう》を以《もつ》てして、越常《ゑつしやう》一《いつ》を献《けん》じたるに、平帝《へいてい》は三《さん》を得《え》たり。後《のち》四年《よねん》に至《いた》り、金城《きんじよう》の塞外《さいぐわい》の羌良豪《きやうりやうがう》〈橋〉・橋種《きやうしゆ》良願等《りやうぐわんとう》〔の種《しゆ》〕、其《そ》の魚塩《ぎよえん》の地《ち》を献《けん》じ、漢《かん》に内属《ないぞく》せんことを願《ねが》ひ、遂《つい》に西王母石室《せいわうぼせきしつ》を得《え》て、因《よ》って西海郡《さいかいぐん》と為《な》せり。周時《しゆうじ》の戎狄《じゆうてき》は王《わう》を攻《せ》めしも、漢《かん》に至《いた》って内属《ないぞく》し、其《そ》の宝地《ほうち》を献《けん》ず。西王母国《せいわうぼこく》は、絶極《ぜつきよく》の外《そと》に在《あ》るに、而《しか》も漢《かん》は之《これ》を属《ぞく》せしむれば、徳《とく》孰《いず》れか大《だい》に、壌《じやう》孰《いず》れか廣《ひろ》き。方今《ほうこん》哀牢《あいらう》・鄯《ぜん》善婼《ぜんじや》〔諾〕〔羌《きやう》〕は降附《かうふ》して徳《とく》に帰《き》し、匈奴《きやうど》時《とき》に攘《みだ》せば、将《しやう》を遣《つか》わして攘討《じやうたう》し、生口《せいこう》万数《まんすう》を獲虜《くわくりよ》す。夏禹《かう》は倮《ら》して呉国《ごこく》に入《い》り、太伯《たいはく》は薬《くすり》を採《と》るに、断髪文身《だんぱつぶんしん》す。唐虞《たうぐ》の国界《こくかい》は、呉《ご》を荒服《くわうふく》と為《な》し、越《ゑつ》は九夷《きうい》に在《あ》りて、衣《い》を罽《けい》にし頭《とう》を闕《くわん》す。今《いま》は皆夏《みなか》に服《ふく》し、褒衣《ほうい》して舄《せき》を履《は》く。巴《は》・蜀《しよく》・越嶲《ゑつしゆん》・鬱林《うつりん》・日南《にちなん》・遼東《りやうとう》・楽浪《らくろう》は、周時《しゆうじ》には被髪椎髻《ひはつついけい》、今《いま》は皮弁《ひべん》を戴《いただ》き、周時《しゅうじ》には重譯《ちょうやく》、今《いま》は詩書《ししょ》を吟《ぎん》ず。
……（後略）※波線は筆者記す。
（山田勝美編『新釈漢文大系　論衡　中』明治書院、一九七九年、千二百五十七～千二百五十八頁）

『論衡』恢国篇第五十八には「成王時　越裳獻雉　倭人貢暢（成王の時、越裳は雉を献じ、倭人は暢を貢ず）」とあります。成王（前一〇四二～前一〇二一年）は周の二代目の王です。恢国篇全体で約二百五十字からなる文章ですが、その文章の末尾に「巴・蜀・越嶲・鬱林・日南・遼東・樂浪、周時重被髪椎髻、今戴皮弁周時重譯、今吟詩書（巴《は》・蜀《しょく》・越嶲《えっしゅん》・鬱林《うつりん》・日南《にちなん》・遼東《りょうとう》・樂浪《らくろう》は、周時《しゅうじ》には被髪椎髻《ひはつついけい》、今は皮弁《ひべん》を戴き、周時《しゅうじ》には重譯《ちょうやく》、今は詩書を吟ず）」とあります。周時における地名として巴《は》・蜀《しょく》・越嶲《えっしゅん》・鬱林《うつりん》・日南《にちなん》・遼東《りょうとう》・樂浪《らくろう》が挙げられていますが、周にとって楽浪は東の際《きわ》を意味するので、この中には日本列島の倭人国は含まれていません。同じ恢国篇の文章には「至漢四夷朝貢（漢に至って四夷朝貢す）」とあり、四夷とは周よりずっと後にできた概念である東夷・北狄・西戎・南蛮のことで、この東夷の中に日本列島の倭人国が入っています。つまり日本列島の倭人国は漢の時代に初めて朝貢したことになります。そのことは『魏志』倭人伝の「漢時有朝見者（漢の時、朝見する物有り）」と相通じています。そうすると、周代にはまだ日本列島の人々は周に朝貢していないことが明らかになります。

そして、周代における地名として越嶲《えっしゅん》に続いて鬱林《うつりん》が出ています。巴《は》・蜀《しょく》・越嶲《えっしゅん》・鬱林《うつりん》・日南《にちなん》・遼東《りょうとう》・樂浪《らくろう》はこの時代の九夷を表しているものと思われます。また、鬱林《うつりん》の人は他の九夷の人たちと同じく周時に重譯していると書かれています。重譯は翻訳したものをさらに別の言語に翻訳することですが、訳史（通訳の責任を兼ねた使者）が媒介して周王朝に朝貢もしくは交易していたことを示すものと思われます。すなわち、この恢国篇の記事は西王の時に鬱林の人が周国に朝貢もしくは交易していたことを示しています。

恢国篇には前述の記事の前に「唐虞國界、呉爲荒服、越在九夷、罽衣關頭（唐虞〈堯舜・殷・周の時代〉の国界は、呉を荒服し、越は九夷に在りて、衣を罽《けい》にし頭を関す）」とあり、その中の「越在九夷（越は九夷に在り）」より見れば、越は周代に九夷の一つであると認識されています。巴《は》・蜀《しょく》・越嶲《えっしゅん》・鬱林《うつりん》・日南《にちなん》・遼東《りょうとう》・樂浪《らくろう》は「重譯」という言葉から見れば周の国の限界領域を示し、文脈から見ても周代の九夷で周の交流のある国々の果てと理解してよいでしょう。この九夷は周初の時代に周が認識できていた外界の際限を指すものであって、周はそれより外の世界は全く認知していないと思われます。これらより外の国である日本列島はこの九夷に含まれていません。そうすると、『論衡』の倭人も当然その九夷の地の範囲の中に含まれると解釈されるべきです。なぜなら、これらの国々は周の国の外縁にあって重譯していることから見て、周の外部の国々で周の際限地域であるということが『論衡』恢国篇で書かれているからです。

九夷は『論語』子罕第九に「子《し》、欲居九夷（子、九夷に居らんと欲す）」とあり、この九夷について吉川幸次郎『論語』新訂中国古典選（朝日出版社、一九六六年）の子罕第九には「古注に馬融を引いて『九夷とは東方の夷に九種あるなり』といい、新出の鄭注もおなじ。皇侃の疏には、その九種を列挙して、一に玄菟《げんと》、二に楽浪《らくろう》、そして八に倭人《わじん》すなわち日本人という。何にしても九夷とは、東方の未開地域である」（馬融《ばゆう》、鄭玄《ていげん》は後漢の学者、皇侃《おうがん》は南朝の梁の学者）とあります。『論衡』恢国篇「越在九夷」に見るように、周代の九夷は唐虞〈堯舜・殷・周の時代〉の領域を取り巻く夷族の意味であって、日本列島は含まれていません。したがって、馬融・鄭玄・皇侃などの九夷の解釈はおそらく周代の九夷の概念の後に漢代にできた漢代の四夷の概念の中の東夷に影響を受けた解釈です。日本の歴史学者・文学者もこれらの解釈を通説として日本列島の倭人（国）が周代に九夷に属していたと解釈する人もおられますがそれは間違いです。九夷の概念は周の時代から春秋戦国時代・秦代・漢代と国が拡大していくに従い、意味する地も変化していくと見なければなりません。

（3）『論衡』超奇篇の「白雉貢於越、暢草獻於宛」について

『論衡』超奇篇三十九に「……末周有長生。白雉貢於越、暢草獻於宛、雍州出玉、荊楊生金（……末に周長生有り。白雉越より貢せられ、暢草宛《ちょうそうえん》より献ぜられ、雍州は玉《ぎょく》を出だし、荊・楊は金を生ず）」とあります。

戦国時代の楚の都市の名前に大宛があります。大宛は遠くフェルガナの地にある国で、前漢代に張騫が訪れて初めて存在が明らかになった国で、月氏国から西に数十日行ったところにあったといいます。「倭人貢暢」の行われた周の成王の時代にはまだ、フェルガナの「宛」という国は存在していません。ではこの「宛」とはどういう意味なのでしょうか。

明末に張自烈によって編纂された漢字字典『正字通』に「宛、與鬱通（宛、鬱と通ず）」とあり、「宛」と「鬱」の同意を記しています。さらに、段玉裁『説文解字注』六下の「鬱」の項に「宛苑皆即鬱（宛苑皆即《すなわ》ち鬱なり）」とあります。山田勝美編、新訳漢字体系『論衡』中（明治書院、一九七九年）には「宛『鬱』とも書く」と注釈しており、上記の「宛」は「鬱」のこととしています。また、『集韻』に「宛」の韻について「紆勿切」の発音があり、これはyùの発音です。「鬱」もまた『説文解字』五下では「迂勿切」の発音で「宛」と同じです。

①「周時天下太平〔倭〕人來獻鬯草（周の時、天下太平にして、〔倭〕人来たりて暢草を献ず）」（異虚篇第十八）※〔倭〕の部分は『論衡』にはなく「人来りて…」という文章になっていますが、恢国篇・儒増篇の「倭人」より見ると「倭人」と解されていいように思います。（後に三十五頁で説明します。）

②「成王時　越裳獻雉　倭人貢暢（成王の時、越裳は雉を献じ、倭人は暢を貢ず）」（恢国篇第五十八）

③「周時天下太平　越裳獻白雉　倭人貢鬯草　食白雉服鬯草　不能除凶（周の時は天下太平、越裳は白雉を献じ、倭人は鬯草を貢す。白雉を食し鬯草を服用するも、凶を除くあたわず）」（儒増篇第二十六）

同じ本の同じ言葉は同じ意味であることから、上記の三つの「倭人」は同じであり、内容も全く同じものです。日本の歴史家は、上記の三文献を参考にしてきましたが、『論衡』超奇篇の「白雉貢於越、暢草獻於宛」を取り上げて解説したものは、私の知る限りでは今までにありません。それ故に、許慎が『説文』で取り上げた「鬱林郡」の「鬱人」と『論衡』の「倭人」は別物であるとの考え方も多く見受けられました。しかし、私は『論衡』における四つの鬯草貢献記事はすべて同じ記事と考えてよいように思います。考えられるのは、周王朝で「鬯」を用いるに、鬱林の鬱鬯のみを用いる慣例があったということです。日本における天皇家御用達のようなものです。したがって、鬱地方で採れる鬱鬯のみが周王朝の祭祀に供されたことになります。白川静博士も、「鬯は降霊の儀礼に用いる酒で、鬱林より貢する芳草を用いて作るとする」（『字統』）と述べています。鬱地方から以外に周王朝に鬱鬯が貢納されることはなかったと考えられます。

『説文解字』五下の鬱《うつ》の項に「芳艸《ほうそう》なり。十葉を貫となす。百廿貫、築《つ》きて以て之を煮るを鬱と為す。鬱鬯《うっちょう》は百艸の華、遠方鬱人《うつじん》の貢する所の芳艸なり。之を合醸して、以て神を降《くだ》す。鬱は今の鬱林郡なり」とあります。鬱林はもと桂林と称され、漢の武帝の時に鬱林と名称が改められました。問題は『論衡』（恢国篇）「倭人貢暢」の「倭人」と『説文解字』の「鬱人」が同じものとして結びつくかどうかということであります。

先に説明したように、『論衡』（恢国篇）では「至漢四夷朝貢（漢に至って四夷朝貢す）」とあって、この漢代の四夷の中に日本列島が含まれるので、日本列島の「倭人」は漢代に初めて中国王朝に貢献したことになり、周代の「倭人貢暢」の「倭人」は日本列島の人ではないことが明白になります。

「『論衡』恢国篇に書かれた巴《は》・蜀《しょく》・越嶲《えっしゅん》・鬱林《うつりん》・日南《にちなん》・遼東《りょうとう》・樂浪《らくろう》が九夷に当たります。なぜなら、重訳という言葉から見てこれら七つの地域は周国の際限の外にある地域なので、周国の認識の限界の外ということが九夷という概念に相当するからです。上記の九夷では東の果ては楽浪であり、「倭人貢暢」の倭人の地は周代の九夷の楽浪を認識の限界としていますから、日本列島は認識の対象に含まれていません。九夷の中で鬯草の産地として書かれている鬱林は周に重譯による交流があり、『説文解字』五下に鬱林郡は鬱鬯の産地と書かれています。

九夷は当時の周の認識の限界域に当たりますから、当然「倭人貢暢」の倭人もこの九夷の中に入っていると見なさねばなりません。『論衡』異虚篇には九夷とほぼ同じ意味の夷狄である倭人が暢草を献じたと書いてあります（後に詳しく述べます）。『論衡』（恢国篇）には越嶲《えっしゅん》・鬱林《うつりん》という地名が並記されており、しかも鬱林と越は九夷の中に含まれ、さらにはこの両国は周国と重譯し交流していることが書かれています。『論衡』（恢国篇）の「越裳獻雉倭人貢暢」と『論衡』（超奇篇）の「白雉貢於越、暢草獻於宛」は両方とも越の白雉貢献記事を書いており、ともに同じ構造の文章であります。また、鳥越憲三郎氏の言うように、鬱林や越を含む南中国には高床式住居と水稲技術をもった倭族

（原倭人）が多く住んでいたことも確実で、その文化は今なお哈尼《ハニ》族や布朗《フラン》族に伝承されています。哈尼族の祖先も和尼または倭尼（尼は人の意味）と呼ばれており、朝鮮の倭や日本列島の倭人と呼ばれる国の人の祖先が南中国の原倭人であることは疑いありません。

これらの文献的証拠と状況証拠をオーバーラップすると、『論衡』（恢国篇）の「倭人」と『説文』五下の「鬱人」と「暢草獻於宛」の「宛人」が同じものとして重なってきます。これらによって、周の成王の頃の「倭人」＝南中国の鬱林人であることが文献的証拠と状況証拠によって限りなく真実に近い事実として説明されます。

※周代においては、九夷の「夷」が東を意味することや「狄」が北を意味することはありません。九夷の「夷」はもともと「尸《し》」：金文」と同字で、東夷のように東を意味することはなく周の周囲にあって認識の際限を示す国・民族を言う言葉でありました。「狄」は夷狄《いてき》・戎狄《じゅうてき》・北狄《ほくてき》のように使われるが、「夷」と同じく「えびす」と訓じられていたように、もともとは夷狄《いてき》・戎狄《じゅうてき》のように「夷」と同じような意味で使われていたのです。「逖」には「遠い」の意味があり、「狄」にもおそらく同じような意味があり、夷狄は九夷と同じ意味だと思われます。東夷・北狄という言葉は後に春秋戦国時代以降にできた概念です。

「宛」は発音が「鬱・鬱」と同じなので『論衡』超奇篇の「白雉貢於越、暢草獻於宛」に用いられたとともに、以下のような理由からも用いられたと私は考えています。「宛」の小篆は「」で「宀」の内側の右部分は人が敬《つつし》んで坐する形で、「宛」には宛（婉）曲のように身を丸めて伏する様を言う意味があり、低くしてしなやかな様をいう委曲の「委」や「倭」の意味に通じます。「奥」について『説文』七下に「宛也。室之西南隅（宛なり。室の西南隅なり）」とあります。宛が「室之西南隅」であるというのは、周国家を周室と見立てて、宛を西南の地であるとしたものと思われます。そうすれば、「宛」は『説文』のいう「鬱」地方にずばり当てはまります。古代中国の世界観では天は円形で地は方形と考えられており、西南は方形の四隅（これを四維と呼ぶ）の一つに位置するとされました。前漢に成立したとされる『淮南子』天文訓では冬至の日に太陽が沈むところが西南の方角とされています。冬至の頃にはキリスト生誕祭をはじめ世界中で祭事が行われています。日中で日照時間が一番少ない日に、太陽がこれから再び多く出てくれることを祈るのです。要するに、冬至は日照が陰から陽に転じる時なのです。「鬱」地方は神聖な方位であり、そのことが「鬱」から鬯草が献じられる縁起であったのではないでしょうか。

(4)『論衡』異虚篇「人來獻暢草」について

『論衡』異虚篇に「使暢草生於周之時、天下太平、人來獻暢草（周に於いて生えていた暢草を使う時、天下太平にして、人來たりて暢草を献ず）」とあり、暢草（鬯草）はもともと周の国で作っていたことが知られます。その後、人（倭人）が来て、暢草（鬯草）を献上したとあります。上記の「人」が「倭人」であることを言い出したのは清末の学者であった孫詒譲（一八四八～一九〇八年）ですが、私も間違いがないと思います。また、その後の文章で「如以夷狄獻之則爲吉、使暢草生於周家、肯謂之（不）善乎（如し、夷狄《いてき》の之を献ずるを以て則ち吉と為すに、暢草をして周家に生ぜせしめば、肯《あえ》て之を（不）善と謂うや）」とあります。つまり、もともと周の時代に暢草（鬯草）を周の地で得ていたが、その後、倭人が暢草（鬯草）を献じるようになったとの内容が見て取れます。

『論衡』の著者 王充は夷狄である倭人が朝貢した暢草のみがどうして吉なのか、周国で採取した暢草はなぜ不善なのか、どちらも同じ暢草ではないかと説いています。鬯草を献じた倭人は周の時代では夷狄に含まれており、夷狄は『論衡』恢国篇に書かれてある九夷とほぼ同じ概念です。この夷狄に日本列島の人が含まれることはありません。この「夷狄」の中に『論衡』の倭人がいたことは明らかで、この倭人は日本列島の倭人ではなく、中国大陸における九夷の倭人という意味に他なりません。なぜならば、『論衡』恢国篇の「至漢四夷朝貢（漢に至って四夷朝貢す）」より見れば、日本列島の倭人（国）が中国の王朝に朝貢したのは漢代が初めてだからです。

(5)『論衡』倭人＝鬱人のさらなる論証

何度も述べますが、『説文解字』五下の「鬱」の記事からは鬱林郡の人が鬯草を採取していたことが確定的です。

そして『論衡』超奇篇の「白雉貢於越、暢草献於宛」の宛は鬱のことを指し、しかも『論衡』恢国篇における鬱林の「周時重譯」や鬱林が越嶲《えっしゅん》と並んで記述されていることからも、『論衡』恢国篇の「成王時　越裳獻雉　倭人貢鬯」の「倭人」は「鬱人」であると論理的に帰結されます。

中国南部の越人が雉を周王朝に朝貢し、同じ中国南部の倭人が周王朝に鬯草を献じていたのです。古田氏は『論衡』倭人について『漢書』の倭人と同じと言われますが、それは間違いで、この頃の読者には『論衡』倭人を南中国の人、つまり鬱人と見ることがすでに通念であったように思われるのです。『魏志』倭人伝の「館有無與儋耳・朱崖同（有無する所、儋耳《たんじ》・朱崖《しゅがい》と同じ）」という記述により倭人が南中国より日本にやってきたことを示しています。生活習慣が儋耳・朱崖と日本列島の「倭人」とが「同じ」とあることから、儋耳・朱崖にも日本列島の倭人の元となる原倭人が住んでいたことが明らかになります。

『論衡』恢国篇の記事には、九夷である越嶲《えっしゅん》・鬱林《うつりん》の地名が並んで出てきますが、周の最南西に位置する越と鬱林（倭種の国）の二国が周に貢献しているという内容なのです。越は白雉を、鬱林は神に捧げる鬱酒という周にとって縁起の良いものを朝貢していて、周の政治はこのような遠くの九夷という果ての地域までいきわたっていることから、周国の安泰を述べたものと思われます。

『論衡』の倭人を南中国の倭人とする人は鳥越憲三郎氏をはじめ多くいました。私と妻張莉は、それを確かめるために、二〇一二年に中国の西双版納を訪れ、哈尼《ハニ》族・布朗《フラン》族・基諾《ジノ》族の部落を訪ね歩き、鳥居の原型である鳥の彫刻のある村の門・千木のある家々・日本の神社の神殿と同じ高床式の建物などを見ていると、昔彼らの先祖が水稲技術を携えて朝鮮半島や日本列島に来たことは明らかです。水稲の技術を日本列島に伝えた人が北九州に国を造ったのが倭人国で、それは弥生時代のことでありました。したがって、『論衡』倭人は絶対に日本列島の人ではないと思ったのが最初の直感であったのです。それを、論理で確かめるため、『論衡』の倭人記事をすべて読み、そこに書いてある漢文の意味を正確に把握することを徹底して行いました。その結果、『論衡』の倭人の正体は、きっちりと書かれていました。漢文を正確に読み取ることが歴史を理解するために如何に大事であるかをまざまざと知りました。『論衡』の倭人についてここまで書いてきたことは、本書を貫いている私の漢文を読み取る手法を示しています。

私の論を読んで、『論衡』の倭人を日本列島の倭人とする人は私の論に対してどんな反応をするのでしょうか。それでもなおかつ、私の論に反対されるなら、きちっとした論衡倭人＝日本列島論倭人説の論拠を是非ともお聞きしたいと思います。

（6）『漢書』王莽伝の越裳と東夷王

『漢書』王莽伝に次のような記事があります。

「莽既致太平。北化匈奴、東致海外、南懐黄支、唯西方未有加。乃遣中郎將平憲等多持金幣、誘塞外羌、使献地願内屬。――中略――莽復奏曰、太后秉統数年、恩澤洋溢、和気四塞。絶域殊俗、靡不慕義。越裳氏重譯献白雉、黄支自三萬里貢生犀、東夷王度大海奉國珍、匈奴単于順制作、二名去。今西域良願等復挙地爲臣妾。（莽すでに太平を致す。北は匈奴を化し、東は海外を致し、南は黄支《こうき》を懐《なつ》くるも、ただ西方は未だ加うること有らず。すなわち中郎将平憲《へいけん》等を遣わして多く金幣を持し、塞外の羌《きょう》を誘い、地を献じて内属せんことを願わしむ。――中略――莽復《ま》た奏して曰く、太后統を秉《と》ること数年、恩沢洋溢《よういつ》し、和気四塞《しそく》す。絶域俗を殊にするも、義を慕わざる靡《な》し。越裳《えつしょう》氏訳を重ねて白雉《はくち》を献じ、黄支三萬里よりして生犀《せいさい》を貢し、東夷の王は大海を度《わた》りて国珍を奉じ、匈奴の単于《ぜんう》は制作に順《したが》い二名を去る。いま西域の良願等復た地を挙げて臣妾となる）」

これは平帝の元始四年（紀元四年）の記録です。この時、平帝は一三歳であり、王莽の行政下の傀儡政権でした。東西南北の国が貢献をする中で、「東夷王度大海奉國珍」の一文があります。「度大海」とあるから、この「東夷王」は、日本の地に住む倭王であろう。ここで思い起こされるのは、『論衡』の「成王之時、越常獻雉、倭人貢暢（成王の時、越常雉《えっしょうきじ》を献じ、倭人暢《ちょう》を貢《こう》す）」の一文です。ここでは、越裳と倭人の貢献が両方の文に載せられています。『漢書』を書いた班固が、『論衡』に書かれた内容を踏まえて、この文章を書いたのは間違いがないと思われます。

『論衡』は『漢書』と同時代の成立ですが、王充と班固は同時代の人であったから、その内容は既に班固に伝わっていたのだと解釈するべきでしょう。中国の歴史書では、まず以前の文献の内容を載せて、更に自分が見聞きした新しい出来事を書き加えるのはよくある手段です。興味深いことは、倭人の献上品が『論衡』では「暢草」であり、『漢書』王莽伝では「國珍」となっていることです。「國珍」がもし「暢草」であるならば、「倭人貢暢」の事実を踏まえて『漢書』にも必ず「暢草」と書かれるはずで、「國珍」と書くのはその内容が「暢草」ではないからです。ただし、「國珍」が何であるかはよくわかりません。

さて、ここで気づくのは『論衡』の「倭人」は中国南方の民族であり、『山海経』の「倭」は朝鮮半島内に住む民族であり、『漢書』王莽伝における「東夷王」は日本の地に住む倭王であることです。これらの記述から浮かび上がるのは、倭人の中国南方から朝鮮の地を経て、日本の地に至る民族の移動です。私は、呉越人中の倭人の集団がある時には直接九州に渡来しており、またある時には朝鮮を経由して渡来しているものと考えます。『三国志』魏書烏丸鮮卑東夷伝倭人条（以下、通説に従い『魏志』倭人伝と表記する）にあるように、「黥面文身」や「貫頭衣」の習慣が中国南部と同じであり、それらは中国の倭人が直接九州にやってきた証です。中国から直接九州にやってきた倭人の領域に、朝鮮の地で集団を形成した倭人が何度も押し寄せたのだと思われます。

『漢書』王莽伝六十九「越裳氏重譯獻白雉……東夷王度大海奉國珍」の記事をもって、『論衡』の「倭人」とは日本の倭人なのだと主張する方もおられます。しかし、この文章をよく見てください。「東夷王」と書かずに「倭人」と書けば、紛れが生じるからではないでしょうか。『漢書』では「樂浪海中有倭人」となっているので、「倭人」といっても別におかしくはないようですが、『漢書』の「倭人」は国名であるので、ここでは民族としての、あるいは国名としての「倭人」は紛れがあるので使えません。だから、中国南方の「倭人」が日本列島に直接やってきたあるいは朝鮮半島の倭種の人がやってきたその末裔としての民族名の「倭人」という言葉は使えないのです。中国の歴史書では、一字語及び単語の意味は同じ歴史書の中では意味が貫通しています。したがって、私はこの文章は、『論衡』の「倭人貢鬯」は日本列島の「倭人」ではなく、中国の「倭人」が周王朝に「暢草（鬯草）」を献じたことを踏まえて書いた記事だと思うのです。

（7）『論衡』倭人＝鬱人説の他文献との整合性について

まず、『論衡』倭人について、その真実を求めようとするならば、それは文献によるものでなければなりません。文献によって真相が解明できないならば、真実はわからないことになります。なぜなら、『論衡』倭人日本列島説は文献的根拠も考古学的根拠も一つも認められないからです。それ以外の論証は絶対に不可です。

古田武彦氏や森浩一氏の日本列島倭人論は正しい論拠が全くないままに語られた論です。『論衡』倭人＝日本列島の倭人を主張される方は推測ではなくきちんとした論証をすることが必要です。最初に紀元前約千年ぐらい前の倭人とはどういう人たちであったかの定義をきちんと行うことが必要です。そして、紀元前約千年前に倭人を主体とする国家が日本列島にあったかどうかきちんと論証する必要があります。しかしそれらの論証は無理です。なぜなら、文献的論拠や考古学的証拠が全くありませんから。要するに、『論衡』「倭人」日本列島説は基本的に無理なんです。私はそれを聞いた最初から論理的に無理だと思っていました。

さらに、いろいろな面から、倭人＝鬱人説を補強しておきます。なぜなら、倭人＝鬱人説が正しければ、いろんな文献とつじつまが合うからです。日本列島倭人説を唱える人は下記の私の文章について精査し、かつ日本列島倭人説の明確な根拠をお示しください。

A．史軍超著『哈尼族文学史』（雲南民俗出版社、一九八八年）に「哈尼族」の「哈尼《ハニ》」に関わる古来からの呼称について貴重な資料がありましたので、ご提示しておきたいと思います。

「哈尼族」の一番古い呼称は『尚書』禹貢に見られる「和夷」です。古くからの自称は「和尼（woni）」です。「哈」の哈尼語における古音は「wó」で、和・禾・窩・**倭**・哈・豪・海などの字があてられており、古くは「和」を使いました。「尼」の哈尼語における古音は「ni」で、「人」を意味します。「和」の古音は「wó」で窩・**倭**と同じ。古音で「哈」と同じとされた「和」「**倭**」が、哈尼族の民族名を意味する字として使われていたことは注目してよいだろうと思います。私と妻の張莉が二〇一二年に西双版納の「哈尼族」の村で出会った当黒さんが、「倭」は阿卡人（哈尼族の通称名）と語ったわけもこの本を読んで、やっと理解ができました。つまり、「倭人」は日本人の古い呼称ではなく、南中国の「**倭人**」が日本直接あるいは朝鮮半島を経由して渡ってきた人たちなのです。鳥越憲三郎氏は南中国の「倭人」のことを「倭族」と呼んでいます。

B.『三國志』魏書倭人条の中には、鬯草の記録はない。周王朝に鬯草を献上した倭人のことは著者陳寿も必ず知っていたはずで、鬯草が日本産であるならば、一九八八文字の長文で書かれた倭人条内に特産物としてそのことが記されないはずがありません。したがって、『論衡』の倭人とは、鬱林郡に定住していた倭人を指すと思われます。

C.『魏志』倭人伝には「館有無與儋耳・朱崖同（有無する所、儋耳《たんじ》・朱崖《しゅがい》と同じ）」とあり、儋耳・朱崖は中国の海南島の地名です。倭人の風俗が海南島の風俗と「近（し）」ではなく「同（じ）」と書かれていることは、儋耳・朱崖にいた日本の倭人と同じ系統の中国南部の倭族が日本にやってきて、その風俗を日本にそのままの形で伝えたと考えて差し支えないと思われます。一方では直接に、一方では既に朝鮮半島に土着した倭種の人が日本列島にやってきたのでしょう。恐らくは陳寿は昔、中国南方に住んでいた倭人が日本の地に移り住んだ伝承を知っていて、これらの文章で暗示しているものと見られます。（この同じ部分が、『後漢書』では「近し」となっています。范曄は解釈を変えたのです。同じであるはずがないと思ったのでしょう。だから、「同じ」は「近し」とは違うのです。）ここに儋耳《たんじ》・朱崖《しゅがい》と同じとあるのは高床式の建築物があることです。すなわち、高床式建築文化を南中国より日本列島に伝えた人がいるのです。私は水稲の技術を伴ってそのような文化を伝えた人たちが作った国が倭人国だと思っています。

私は、「倭人」はもともと中国南方にいた民族の名で、それらの人の血統は倭種なのですが、その倭種の人たちが日本にやってきていたのだと解釈しています。中国の倭種の人が日本にやってきたとされる古い例は富山県の桜町遺跡です。縄文晩期の中頃（約紀元前七〇〇年頃）と言われており、高床式建築の跡と見られる木材や中国の倭種の人の末裔が住む今も中国南方の高床式家屋に見られるえつり穴がついた木材等が発掘されています。これは中国の倭種の人たちが渡ってきた証拠とも言えます。ただ、桜町遺跡では稲を栽培していたような跡はなく、稲はもたらされていなかったようです。このように、縄文時代の晩期に中国の倭種の人たちが渡ってきたのでありますが、それらの人々が倭国という国を形成していたという証拠はありません。その頃は縄文人の時代なのです。縄文人は倭人ではありません。倭人国考古学的根拠では水稲が金属器とともに日本列島に入ってくるまで、縄文的な考古物が全般を占めています。倭人国家の特徴は高床式の建築物があらわれることで、それらは南中国から伝えられたものです。したがって縄文時代に多くの高床式部落と水稲稲作の重なった考古学的資料が存在しなければ、『論衡』倭人日本列島説は無理です。

その後、中国南方からすでに朝鮮半島に渡ってきていた倭種の人たち及びその末裔が水稲の技術を流入して水稲の大量生産に成功し、倭人国を作ったと考えられます。なぜなら、その頃の遺跡には朝鮮半島特有の無文土器が多く発掘されているからです。この人たちのうちのいずれかの人たちが、「倭人（国）」の主体的な運用者になった人たちなのです。

D　『論衡』に「成王時　越裳獻雉　倭人貢鬯」とある「成王」は紀元前一〇二一年～紀元前一〇〇二年が在位で、この頃の日本列島は縄文人の時代です。この頃に中国南方から倭種の人たちが渡来してきた可能性がありますが、その人たちが九州の北部を統一していたとするような遺跡は今のところ見つかっていません。それならば、高床式建築の木材が見つかるはずですが、九州で紀元前十～十一世紀ぐらいのそのような遺跡は見つかっていません。そうすると、この頃に日本列島に住む倭人が国をなしていたことは考えられません。『論衡』の「倭人」を日本列島の「倭人」と主張される方々は、そのことをどう考えているのでしょう。

E　私は拙著『倭人とはなにか』（明石書店、二〇一六年）で、『漢書』の「樂浪海中有倭人」とあるのは、中国史書における日本列島の最初の記述であることを論証しました。『漢書』の記述は「樂浪海中（土地名）有倭人（国名・あるいは土地名）」という構文であり、「倭人」は国名（或いは土地名）であることは間違いなく、それが有るか無いかを示す文章なのです。それ以降の歴史の記述は、例えば、『魏志』倭人伝では「倭人在……」、後漢書では「倭在……」のように国名＋在の形になっています。『漢書』ですでに認知された国ですので、「在」を使うのです。『宋書』『南斉書』『隋書』

などもそうなっています。この「倭人」は稲作を日本列島にもたらした朝鮮半島の倭種の人々が作った国です。

F．先に述べましたように、『爾雅』釈地の九夷注に「李巡曰、一玄菟、二楽浪、三高麗、四満飾、五鳧更《ふこう》、六索家、七東屠、八倭人、九天鄙」の表記が国名の羅列ですから、「倭人」もまた、国名と解するべきです。「倭人」は朝鮮半島の「倭」と対比してつけた名前です。「倭人」は弥生時代に興った国であり、縄文時代には存在していません。

G．さらに、『魏志』倭人伝の冒頭には「倭人在帯方東南大海之中　依山島為國邑　舊百餘國　漢時有朝見者　今使譯所通三十國」（倭人は帯方東南、大海の中に在り。山島に依り国邑を為す。旧百余国。漢の時、朝見する者有り。今、使訳通ずる所は三十国。）とあり、『三国志』の著者陳寿は「漢時有朝見者」と書いており漢時代に初めて日本列島の倭人国が朝貢をしたことを書いています。陳寿は『漢書』の「樂浪海中有倭人」を踏まえて書いていますから、『魏志』の「倭人」も国名であり、しかも『論衡』の「倭人貢鬯」を当然知っているでしょうから、もし『論衡』の「倭人」が日本列島の倭人であると当時の中国人が認識していれば、『魏志』において「漢時有朝見者」と書かないでしょう。このことは『論衡』（恢国篇）で「至漢四夷朝貢（漢に至って四夷朝貢す）」と書かれていることからも理解できます。

（8）「有」と「在」

①中国語に見る「有」と「在」の使い分け

漢文の文章の中で「有」と「在」があります。この二つの言葉について私は使い分けられていると解釈します。現代中国語では小型の飛行機に乗っていて、知らない大海の中で島を見つけたときに「〇〇大海中有島（〇〇大海中に島があった）」といい、これは有無の有の意味です。つまり、「有」は初めてその島を見たときに使う語です。その場合、中国人ならば、「島在〇〇大海中」とは決して言いません。「在」を使うのは、すでに認知された「大海」をベースとして初めて認知した「島」の位置を語る時です。「島在〇〇大海中」の「島」は主語ですから、既に認知されていることになり、この文はこの島を初めて見たという状況には適しないのです。

私がある会で「有」と「在」について述べたところ、某氏は「有」と「在」の記述についてA有B＝B在Aとし、私に異を唱えられました。

これについて答えたいと思います。某氏の解釈によりますと、「樂浪海中有倭人」＝「倭人在樂浪海中」が成り立ちます。しかし私の立場は、「樂浪海中有倭人」は中国の王朝が初めて「倭人」を認識したということが成り立つとするものです。それが、「有」に込められた意味なのです。「樂浪海中有倭人（初めて認知した倭人）」という文章が成り立つのは、それ以後の中国文献がすべて「倭人（あるいは倭国）在……」となっていることからも明らかです。某氏の説が正しいか、私の説が正しいか、以下に論証してみたいと思います。

②中国語の文法書で「有」と「在」の使い分けを検証する

この「有」の用法は中国語の文法の中でも極めて難しいので、中国語の文法書の解説を用いて説明します。『はじめての中国語』（相原茂著、講談社現代新書、一九九〇年）には次のような記事があります。

「　A：桌子上有一本书

B：书在桌子上

これを英語で示せば、さしずめ

A：There is a book on the table.

B：The book is on the table.

つまり、Aの構文における〈存在するモノ〉は、不定冠詞 a でマークされるような、不定の、未知の、あるいは話し手がとくに特定しようと思わないものですが、Bの〝在〟zài 構文では〈存在するモノ〉は定冠詞の the でマークされるような、既知の特定のモノで、主語になります。『その本なら机の上にあるよ』というニュアンスです。」

「こんな例はどうでしょう。トランクがあるとします。開けてみたら中には札束がぎっしり。思わず、〝快来！〟（はやく来てごらん）と人を呼んで、

箱子里有钱！ Xiānzi li yǒu qián！

（トランクの中にお金があるよ）

と言います。〝有〟を使った文で、『発見のムード』があります。それを外で聞きつけた悪党が、部屋に押し入り、『金はどこだ？』と凄みます。答は、

钱在箱子里。 Qián zài xiāngzi lǐ

（金はトランクの中にある）

と、今度は〝在〟を使った文になります。（※この時点では、钱〈金〉が認知されているから〝在〟を使います）」（百九十九〜二百頁）

このように、現代中国語では既知のものには「在」、未知のものには「有」を使い分けています。その文法は古代の中国語にも当てはまります。日本語では「有」も「在」も「ある」と訳されるので、日本人は通常それらの使い分けには気づきません。しかしながら、私が「有」と「在」の使い分けを話した時、中国語を話す張莉は瞬時でそのことを見抜きました。中国語の概念や文法は昔も今もとても綿密で、私たちはそのことを前提として中国文献に当たっています。

③日本列島に関する中国歴史文献の「有」と「在」

『漢書』から『新唐書』における「有」と「在」の例を挙げます。

『漢書』「樂浪海中**有**倭人、……」

『魏志』倭人伝「倭人**在**帯方東南海之中、……」

『後漢書』倭伝「倭**在**韓東南大海中、……」

『宋書』夷蛮伝・倭国「倭国**在**高驪東南海中、……」

『晋書』四夷伝・倭人「倭人**在**帯方東南海中、……」

『隋書』俀国伝「俀国**在**百済・新羅東南、……」
『旧唐書』列伝二十三「倭国者、古倭奴國也。去京師一萬四千里、**在**新羅東南大海中」
『新唐書』列伝二十五「日本、古倭奴也。去京師萬四千里、直新羅東南、**在**海中」

これらを見ると最初の漢書のみ「樂浪海中有倭人」と「有」を使っており、その後は皆『魏志』倭人伝のように「在」を用いています。このことは、漢書において、漢王朝が倭人国を初めて認知したことを示します。それ以後は漢書によって倭人国は認知されていますから、それ以後の歴史書は「在」を使って存在の位置を示す文章になります。

④古代中国文献に見る「有」と「在」の用例

まず、「有」の用例を挙げてみます。

『魏志』東夷伝韓伝「有一國亦在海中（一國有りて亦海中に在り）」

この中の「一国」は初出の場所であり、「有一國」の文章で認知されたので、そのあとに「在海中」という表現が成り立ちます。「有倭人、在樂浪海中」と同じ構文となります。

『魏志』韓伝「弁辰亦十二國、又有諸小別邑、各渠帥有、大者名臣智、其次有險側、次有樊濊、次有殺奚、次有邑借（弁辰も亦十二國、又諸の小別邑有り、各渠帥有り。大なる者の名は臣智。其の次に險側有り、次に樊濊有り、次に邑借有り」

この中の「諸小別邑」「各渠帥」「樊濊」「險側」「邑借」はすべて『魏志』の著者陳寿にとって初出の場所を指しています。

『山海経』大荒東経「大荒東南隅有山、名皮母地丘（大荒の東南隅に山有り、皮母地丘《ひぼちきゅう》と名づく）」
『山海経』海内経「北海之内、有山。名曰幽都之山（北海の内に、山有り。名づけて幽都の山と曰ふ）」

この二つの例は、新しく文献に紹介する山を○○と名づけたので、初見を表す「有」が使われています。同じような表現は『山海経』には多々あります。

『山海経』海内経「有鹽長之國。有人焉、鳥首。名曰鳥氏。（鹽長《えんちょう》の國有り。人有り、鳥首なり。名づけて鳥氏と曰ふ）」

この例も新しく文献で紹介する国に「有」を用いています。鳥氏と名づけたのは初見であるから。

それに対して「在」の例は次の如くです。

『山海経』海外南経「周饒國在其東。其為人短小冠帯。一曰、焦僥國在三首東（周饒國はその東に在り。其の人為る短小にして冠帯す。一に曰く、焦僥國は三首の東に在りと）」

この場合は周饒國（焦僥國）は以前から聞き知ったところであるので、「在」を用いています。

『山海経』海外南経「長臂國在其東。魚水中、両手各操一魚（舊説云、其人手下垂至地。……）（長臂國《ちょうひこく》其の東に在り。魚を水中に捕らへ、両手に各々一魚を操《と》る（旧説に曰く、其の人手を下に垂れるに地に至る））」

長臂國は旧説に知るところであるので、「在」を用いています。

『山海経』海内経「東海之内、北海之隅、有國、名曰朝鮮（東海の内、北海の隅に、國有り、名づけて朝鮮と曰ふ）」

『山海経』海内北経「朝鮮在列陽東海北山南。列陽属燕（朝鮮は列陽の東海・北山の南に在り。列陽は燕に属す）」

上文には「名づけて朝鮮と曰ふ」とありますから、朝鮮が文献で初めて出たときを示すため「有」を用い、下文は既に認知された朝鮮の位置を言うため、「在」を用いています。

『魏志』倭人伝の「女王國東渡海千余里、復有國、皆倭種。又有侏儒國、在其南、……又有裸國、黒歯國復在東南、船行一年可至」において黒歯国「黒歯國復在東南」と「在」の扱いになっています。これは『山海経』に「有黒齒之國 帝俊生黒齒 姜姓 黍食 使四鳥」（『山海經』第十四 大荒東經）を受けての記述だからと思われます。

⑤『漢書』以前の中国王朝は日本列島にいる人々の国を知らなかった

上述から考えると、『漢書』の「樂浪海中有倭人、……」は、中国文献の中で日本列島の「倭人（国の名前）」の存在を最初に認知した文章であるということになります。そのことは『魏志』倭人伝の記述にある「漢時有朝見者」

にも通じています。

「樂浪海中有倭人」は「〇〇（地域名）有〇〇（地域名）」の構文です。そうすると「倭人」は地域名か国名の意味と考えられます。「倭人」が国名だというと、違和感を抱かれる人もあると思いますが、この「倭人」を倭種の人と解釈することには無理があります。「倭人」は、朝鮮の「倭」と差別化した用語なので（このことは後に述べます）、倭人の国語的意味にとらわれず、むしろ記号的意味と解釈した方がよいと思われます。

『魏志』倭人伝の中に「女王國東渡海千餘里又有國。皆倭種。又有侏儒國、在其南（女王国の東、海を渡る千余里、また国有り。皆倭種なり。また侏儒国有り、其の南に在り）」とあります。この記事の中の「又有侏儒國」には「有」と「在」がともに書かれていますが、これは初見の「有侏儒國」が、同じ『魏志』倭人伝の表記ですでに「有侏儒國」と書いたので、認知された女王国を起点とした位置の表記となり、女王国の南に位置する意味の「在」を使ったものです。一旦倭人国の存在が確認されると、その次からは『魏志』倭人伝の「倭人在帯方東南海之中、……」のように「在」を使って、その国がどのあたりに位置しているかという記述になります。要するに「有」は存在の有無の認知のための表現、「在」はすでに認知した場所を確認するための表現として使い分けられているということなのです。

『魏志』倭人伝の「其南有狗奴國」という記述が端的に上記の「有」の文章構造を示しています。場所のみを語るなら、ここは当然「狗奴國在其南」になると思われます。なぜなら、ここは「狗奴國」の位置関係を語ろうとした文章だから。陳寿は「狗奴國」が読者にとって初見であるので、あえて「有」を使って書いたのだと思います。

繰り返して言いますが、中国王朝の認識として、『漢書』以前には日本列島の「倭人」の認識がなかったということになると思われます。もし、日本列島の「倭人（国）」の認識がその時点以前にあったとしたら、『漢書』の記録は「樂浪海中有倭人」とはならずに「倭人在樂浪海中」となるはずです。

紀元前九二年頃に成立した『史記』には匈奴列伝・南越列伝・東越列伝・朝鮮列伝・西南夷列伝が記載されているにもかかわらず、「倭人」の記述は一切ありません。紀元前一〇八年に楽浪郡が開設されましたが、恐らくそれ以後に楽浪郡を通じて初めて日本列島の「倭人」が中国王朝に認識されるに至ったと思われます。それ以前に朝鮮半島における「倭」が『山海経』に「蓋国在鉅燕南、倭北、倭属燕（蓋国は鉅燕の南、倭の北に在り、倭は燕に属す）」書かれています。ですから、『山海経』の書かれた時点では日本列島の「倭人」は中国王朝には認識されていないので、この「倭」は南中国から朝鮮半島に直接やってきた人たちの国と見るべきであると思われます。

（9）西双版納の哈尼《ハニ》族＝「阿卡《アカ》(ake)」と「倭」

二〇一二年九月に中国の西双版納《シーサンパンナ》の瀾滄江《らんそうこう》（その下流がメコン川）の西岸から山奥に入った村、景哈哈尼《ハニ》族郷を訪ねました。電気は通じているが、テレビがなく、子供たちがはだしで歩いていたのが印象的でした。皆親切で、我々の取材にも快く応じてくれました。村の住民である初老男性の当黒さんに「倭」という字の意味を問うと、「アカ」と答えました。哈尼族は自らを「阿卡（ake）」すなわちアカ人といい、ミャンマー・タイ・ラオスにおいてはアカ族の名で知られます。この「阿卡」の意味は「远方的客人（遠くからの客人）」であり、哈尼族は瀾滄江の源流とされる大江源頭（西蔵自治区の拉賽貢瑪（ラサイゴンマ）とされるが定かではない）からやってきたと言われています。村の住居は「干栏《カンラン》」と呼ばれる高床式住居で、別地方の哈尼族の村の屋根には日本の神社建築によくある千木《ちぎ》が見られました。伊勢神宮のように堅魚木《かつおぎ》のある建物もありました。彼らは、納豆や蒟蒻や餅を食べることも聞きました。近くの店で、もち米と紫米からなる赤飯やちまきを食べたが、ほとんど日本のものと見た目が変わりませんでした。また、同じ哈尼族の隣村の入り口には、鳥の木彫が両側に飾られた門がありました。この門は日本の神社の鳥居の原型と見てよいと思います。私は、これらのことから、哈尼族が日本列島に住む倭人と同じ出自の民族であることを確信しました。もと倭人であった哈尼族や布朗《フロウ》族の人は皆優しく、話しかけると、お茶飲んでいけ、飯食っていけと言い、家の中もどうぞ自由に見たらといった感じです。西双版納や昆明などの都会に住む人とは全く違う彼らの穏やかな目つきは、世界の中でも最も優しい親切な民族の一つとされる日本人に相通じるものがありました。

雲南民族の傣族《タイ》、哈尼族と長江流域から北東の日本に至った倭人には文化の上での多くの共通性が指摘されています。稲、高床式の建物、千木《ちぎ》（神社本殿の屋根上にある交叉した木）、村の入り口に鳥の木彫を載せた門（鳥居の原型と言われる）、納豆・蒟蒻・餅・赤飯の食用、下駄、貫頭衣（呉服にその名残がある）などです。春秋時代の呉越戦争、戦国時代の楚の侵攻による越の滅亡、さらには秦や漢による中国統一のための侵略により、越族・倭族のうちあるものは中国南部や現在のベトナム、ラオス、ミャンマー、タイに逃れ、またあるものは朝鮮・日本へと逃れていきました。その人たちの一部が朝鮮半島に住み、さらに朝鮮半島から日本に稲作をもたらし、倭人と称したのでしょう。

(10) 学問の姿勢について

私が知る限りでは、古代歴史学者には『論衡』倭人日本列島説を唱える人が多いのです。しかし、森浩一氏にしろ、古田武彦氏にしろ、あまりにも論証があいまいです。自分の想像を前提にして論を進めています。特に、古田氏の『漢書』倭人と『論衡』倭人を同じとする前提は『論衡』恢国篇の「至漢四夷朝貢（漢に至って四夷朝貢す）」に矛盾しています。古田氏には私の妻 張莉の「「倭」「倭人」について」を大いにお褒めいただいたが、張莉の『論衡』倭人南中国説を批判して次のように述べています。

「わたしは『倭人』に対して、これを黒潮の分流中心の『海士（あま）族の一派』と見なしている（奄美大島）。この黒潮分流は、北上して遼東半島辺に〝衝突〟して、反転している。『天（あま）』は美称・美字である……優れた、筆者の本稿にも、若干の『欠落点』が含まれている。その一つは、『大陸側からの目』で観察された視野にとどまり、『海流がわからの目』が〝無視〟ないし〝軽視〟されていることである」（自伝『真実に悔いなし』刊行記念・古田武彦講演会真実の歴史を求めて、ミネルヴァ書房、二〇一三年、四頁）

問題は古田氏が「海流がわからの目」を論証していないことにあります。これらはあくまで、古田氏の想像や見識であって、歴史の論証ではありません。古田氏の最も大きい問題は『論衡』恢国篇の「至漢四夷朝貢」を無視あるいは読まれていないことにあります。これらを読んで明瞭なことは、古田氏が縄文人と倭人を混同しておられることです。縄文人は倭人ではありません。そして「海流側からの目」が必要だと言われるが、それならば、この「海流側からの目」をもって倭人貢暢とある紀元前約一〇〇〇年頃の倭人が日本列島にいたのかどうかの証明をすべきだと思うのです。

我々歴史学を学問として志す者は古代文献をつぶさにきちっと読んで、その一つ一つの文献上の意味を全体の整合性の観点から考えるべきです。『論衡』恢国篇の「至漢四夷朝貢（漢に至って四夷朝貢す）」や『魏志』倭人伝の「漢時有朝見者」を『論衡』倭人を語る際に、必然的な事項なのに、それらを取り上げずに無視することは不可です。それらを価値的に大事なものとして読まずに、読み飛ばしている。それらが、何らかの事情で真実でないならその根拠を述べるべきであって、それらを無視するのは学問的姿勢として成り立たないと思うのです。もっと、関連文献をぬかりなくすべてに目を通し、部分と全体の整合性を考える姿勢が必要です。『論衡』超奇篇の「白雉貢於越、暢草獻於宛」さえ、取り上げて論じている学者を私はいまだに知りません。

(11)「倭人貢暢」の「倭人」を日本列島の「倭人」とされる方へ

「倭人」とは朝鮮半島の「倭」の人たちが水稲技術を携えて日本列島にやってきて、それらの人が中心になって作った国。したがって弥生時代にできた国です。したがって、「倭人貢暢」は紀元前十世紀であるから、日本列島は縄文人中心の時代です。私の「倭人」の定義によるならば、縄文人と倭人は別です。その時代にも、中国南方の原倭人や朝鮮の「倭」の人たちが小集団で日本列島に来たことがあり得ますが、水稲技術を携えていないので、その人たちが「倭人」という国をなすのは難しいと思います。

「倭人貢暢」の「倭人」を日本列島の「倭人」とされる方の論拠もしくは証拠をお聞かせください。このことを、いままで何人かに聞きましたが、誰も明確に答えてくださらないのです。しかし、歴史学という学問においては論拠なしに結論を述べることは基本的に不可です。論拠を述べないまま、「倭人貢暢」の「倭人」は日本列島の「倭人」と述べられている人もおり、私には理解できません。

私は「倭人貢暢」の論理的根拠を述べるのなら、文献すなわち、『論衡』の記述によるしかないと思います。もし、『論衡』に論理的根拠が書いていないのならば、結論を述べることは不可能である、と思っています。なぜなら、その頃に「倭人」が日本列島において倭人国という国を作っていたという考古学的証拠は何一つありませんから。その意味から、私はずっと前から「倭人貢暢」の「倭人」日本列島説を証明することは論理的に不可能だと思っておりました。これ以外に考え方があるという方は、その方法をお教えください。

第2章

『魏志』倭人伝の「倭人」とはなにか

出野　正

（1）中国古文献に見る「倭」「倭人」の表記について

中国の歴史文献における日本列島・朝鮮の「倭人」と「倭」の記録を以下に列挙してみます。

『山海経』→ 倭（朝鮮）

「蓋国在鉅燕南、倭北、倭属燕。（蓋国は鉅燕の南、倭の北に在り、倭は燕に属す）」

『漢書』→ 倭人（日本列島）（朝鮮における「倭」の記述はありません）

「樂浪海中有倭人、分爲百餘國、以歳時來獻見云（楽浪海中に倭人あり。分れて百余国と為す。歳時を以て来たりて献見すと云ふ）」

『魏志』→ 倭人（日本列島）、倭（朝鮮）

倭人伝

「倭人在帯方東南大海之中依山島爲國邑（倭人は帯方の東南大海の中にあり、山島に依りて國邑をなす）」

「従郡至倭、循海岸水行、歴韓國、乍南乍東、到其北岸狗邪韓國、七千餘里（郡より倭に至るには、海岸に循《したが》って水行し、韓國を歴て、乍《あるい》は南し乍《あるい》は東し、其の北岸狗邪韓國に到る七千余里）」

「倭地温暖、冬夏食生菜（倭の地は温暖、冬夏生菜を食す）」

「交易有無、使大倭監之（有無を交易し、大倭をして之を監せしむ）」

「自女王國以北、特置一大率、檢察諸國。諸國畏憚之。常治伊都國。於國中有如刺史。王遣使詣京都、帯方郡、諸韓國、及郡使倭國、皆臨津捜露、傳送文書、賜遣之物詣女王、不得差錯（女王国より以北には、特に一大率を置き、諸国を検察せしむ。諸国これを畏憚す。常に伊都國に治す。国中において刺史の如きあり。王、使を遣わして京都・帯方郡・諸韓国に詣り、及び郡の倭国に使するや、皆津に臨みて捜露し、文書・賜遣の物を伝送して女王に詣らしめ、差錯するを得ず）」

「倭國亂相攻伐暦年及共立一女子爲王曰卑弥呼（倭国乱れ、相攻伐すること歴年及《すなわ》ち共に一女子を立てて王となす。名づけて卑弥呼という）」

「女王國東渡海千餘里、復有國、皆倭種（女王國の東、海を渡る千余里、また国あり、皆倭種なり）」

「参問倭地、絶在海中洲島之上、或絶或連、周旋可五千餘里（倭の地を参問するに、海中洲島の上に絶在し、或いは絶え或いは連なり、周旋五千余里ばかりなり）」

「景初二年六月、倭女王遣大夫難升米等詣郡、求詣天子朝獻。太守劉夏、遣吏將送詣京都。其年十二月詔書報倭女王曰、制詔親魏倭王卑彌呼、帶方太守劉夏遣使、送汝大夫難升米次使都市牛利、奉汝所獻男生口四人女生口六人班布二匹二丈以到。汝所在踰遠、乃遣使貢獻。是汝之忠孝、我甚哀汝。今以汝爲親魏倭王、假金印紫綬、裝封付帶方太守假授。……（景初二年六月、倭の女王、大夫難升米等を遣わし郡に詣り、天子に詣りて朝献せんことを求む。太守劉夏、使を遣わし、将《も》って送りて京都に詣らしむ。その年十二月、詔書して倭の女王に報じていわく、『親魏倭王卑弥呼に制詔す。帯方の太守劉夏、使を遣わし汝の大夫難升米・次使都市牛利を送り、汝献ずる所の男生口四人・女生口六人・班布二匹二丈を奉り以て到る。汝がある所遥かに遠きも、乃ち使を遣わし貢献す。これ汝の忠孝、我れ甚だ汝を哀れむ。今汝を以て親魏倭王となし、金印紫綬を仮し、装封して帯方の太守に付し仮綬せしむ。……』）」

「正始元年、太守弓遵遣建中校尉梯儁等、奉詔書印綬詣倭國、拜假倭王、并齎詔賜金帛・錦罽・刀・鏡・采物（正始元年、太守弓遵、建中校尉梯儁等を遣わし、詔書・印綬を奉じて、倭國に詣り、倭王に拝仮し、ならびに詔を齎し、金帛・錦罽・刀・鏡・采物を賜う）」

「其四年、倭王復遣使大夫伊聲耆・掖邪狗等八人、上獻生口・倭錦・絳青縑・緜衣・帛布・丹・木㺃・短弓矢（其の四年、倭王、復た使大夫伊馨耆・掖邪狗等八人を遣わし、生口・倭錦・絳青縑・緜衣・帛布・丹・木㺃・短弓矢を上献す）」

「壹與遣倭大夫率善中郎將掖邪狗等二十人、送政等還（壹與、倭の大夫率善中郎将掖邪狗等二十人を遣わし、政等の還るを送らしむ）」

「其六年、詔賜倭難升米黃幢、付郡假授（其の六年、詔して倭の難升米に黄幢を賜い、郡に付して仮授せしむ）」

「倭女王卑彌呼、與狗奴國男王卑彌弓呼素不和。遣倭載斯・烏越等詣郡、說相攻擊狀（倭の女王卑弥呼、狗奴國の男王卑弥弓呼と素より和せず。倭の載斯烏越等を遣わして郡に詣り、相攻撃する状を説く）」

「壹與遣倭大夫率善中郎將掖邪狗等二十人、送政等還（壱与、倭の大夫率善中郎将掖邪狗等二十人を遣わし、政等の還るを送らしむ）」

韓伝

「韓在帯方之南、東西以海為限、南與倭接、方可四千里（韓は帯方郡の南に在り、東西は海で尽きる。南は倭と接し、方は四千里ばかり）」

「建安中、公孫康、分屯有縣以南荒地爲帯方郡、遣公孫模張敞等、収集遣民興兵、伐韓濊舊民稍出。是後倭韓遂属帯方（建安中〈一九六〜二一九年〉、公孫康、屯有県をわかち南の荒れ地を以って帯方郡となす。公孫模・張敞等を遣わし移民を収集し、兵を興し韓・濊を撃つ。旧民やや出で、この後倭・韓遂に帯方に属す）」

「國出鐵韓濊倭皆従取之（国鉄を出《いだ》し、韓濊倭皆之を取る）」

「今、辰韓人、皆褊頭。男女近倭、亦文身（今、辰韓人、皆偏頭。男女倭に近く、また文身す）」

「其瀆盧国與倭接界（その瀆盧国は倭と界を接す）」

『後漢書』　↓　倭（日本列島）、倭（朝鮮）

倭伝

「倭在韓東南大海中、依山島爲居、凡百餘國。自武帝滅朝鮮、使驛通於漢者三十許國。國皆稱王、世世傳統。其大倭王居邪馬臺国。（倭は韓の東南大海の中に在り、山島に依りて居を為す。凡そ百餘國あり。武帝、朝鮮を滅してより、漢に使驛を通ずる者、三十許國なり。國、皆王を稱し、世世統を伝う。其の大倭王は邪馬臺国に居る）」

「建武中元二年、倭奴國奉貢朝賀、使人自稱大夫、倭国之極南界也。光武賜以印綬（建武中元二年〈五七年〉、倭奴国、奉貢朝賀す。使人自ら大夫と称す。倭国の極南界なり。光武、賜ふに印綬を以てす）」

「安帝永初元年、倭國王帥升等、獻生口百六十人、願請見（安帝永初元年〈一〇七年〉、倭国王の帥升等、生口百六十人を献じ、請見を願ふ）」

「桓霊間倭國大亂、更相攻伐、暦年無主（桓霊の間、倭国大いに乱れ、更に相攻伐し、歴年主無し）」

「桓靈間、倭國大亂、更相攻伐歴年無主（桓靈の間〈一四七～一八八年〉、倭国大いに乱れ、更に相攻伐し、歴年主無し）」

「自女王國東度海千餘里至拘奴國。雖皆倭種、而不屬女王（女王国より東、海を度ること千余里、拘奴國に到る。皆倭種なりと雖も、女王に属せず）」

韓伝

「韓有三種：一曰馬韓、二曰辰韓、三曰弁辰。馬韓在西、有五十四國、其北與樂浪、南與倭接。辰韓在東、十有二國、其北與濊貊接。弁辰在辰韓之南、亦十有二國、其南亦與倭接。（韓に三種あり。一に曰く馬韓、二に曰く弁辰、三に曰く弁韓。馬韓は西に在り、五十四国を有す。其の北は楽浪と、南は倭と接す。辰韓は東に在り、二国を有す。其の北濊貊と接す。弁辰は韓の南に在り、亦た二国を有す。其の南亦た倭と接す）」

「其南界近倭、亦有文身者（其の南界倭に近し、文身の者あり）」

「國出鐵、濊、倭、馬韓並從市之。（国に鉄を出《いだ》し、濊倭馬韓並んで従ひ之を市《あきな》ふ）」

（2）『魏志』倭人伝における「倭」と「倭人」

『魏志』韓伝・倭人伝の中で「倭」の記述六回すべてが朝鮮半島の「倭」、「倭人」は日本列島の国名として一回出ています。「倭」と「倭人」は言葉の上でも明確に差別化されています。しかし日本の歴史学者は『魏志』における「倭」と「倭人」が同じ概念だと思っている人が多いのです。それはどう考えてもおかしい。これらが同じ概念であるか、あるいは差別化された概念であるか、きちんと精査しなければなりません。差別化されているなら差別化の理由を論証すべきであるし、同じ概念であると言うならそれを論証して結論を得る必要があるのです。両者を論証せずに自明に同じものとすることはできません。多くの歴史学者は「倭」「倭人」を同じ概念としてその同一性の論証をしないで、「倭」「倭人」を自明の理と解して同じものと位置付けています。

「倭」「倭人」を国語的な解釈をしてそれらが同じだというのは間違いで、「倭」「倭人」を状況語と捉えてそれぞれが『魏志』の中でどのように使われていたかを調べることが必要です。

『魏志』倭人伝の「倭」と「倭人」の意味の違いについて最初に述べたのは松本清張氏です。松本氏は著書『清張通史1　邪馬台国』の中で「陳寿は南朝鮮にある方は『倭』とし、日本列島の倭国伝は『倭人』と題名し、両者の混同を避け、その区別を明瞭にしたと思うのである。……ここ四、五年になって、南朝鮮に倭種の居住地帯が『倭』として国土のように存在し、日本列島のは『倭人』と表記されていることが歴史書にもぼつぼつ書かれるようになった。」（六十七頁）と述べています。

松本氏の上記の考えについて古田武彦氏は著書『倭人伝を徹底して読む』（朝日文庫、一九九二年）の「松本氏の盲点」という見出しの文章の中で次のように述べています。

「その『魏志』の一番先頭の帝紀に一回だけ倭という字が出ている。それについて松本氏は全然ふれていない。『古代史疑』でも『清張通史』でも気づかれていないようです。そこにはっきりと『倭国女王俾弥呼、使いを遣わして奉献す』とでてくるのです。」（百二十二頁）

古田氏は「倭国」と「倭」を同じ意味と解釈しています。私は、古田氏のように国語的に倭人＝倭の人とし、「倭」「倭人」を同じ国とする考えは間違いであると思います。

一番大切な学問的方法は『魏志』における「倭」・「倭国」・「倭人」について、それぞれの語がどのように使われているのかを個別に調べることなのです。それぞれの言葉について状況語として『魏志』における全部の例を調べて貫通した意味を探り出すことなのです。私は『魏志』のみならず、朝鮮資料の『三国史記』・『三国遺事』の「倭」・「倭国」・「倭人」を調べて、『魏志』と『三国史記』・『三国遺事』に貫通するそれぞれの語の意味を調べました。

古田氏は邪馬壹国と邪馬臺国について「壹」字を『三国志』の中で徹底して調べ、『魏志』の邪馬壹国の表記が正しいことを実証されました。それは「壹」を状況語として捉えて、どのような意味として使われているかの事例をすべて調べる方法であり、そのやり方は正しいと言えます。私は古田氏が同じ方法を以て「倭」や「倭人」をどうして検証されなかったのかを疑問に思います。

私は『三国志』の出た頃の時代の中で「倭人」を調べてみましたが、やはり「倭人」は日本列島の国名を意味する言葉であったのです。『三国志』巻三十には、烏丸鮮卑東夷伝の烏丸・鮮卑・扶餘・高句麗・東沃沮・挹婁・韓・倭とあります。この「倭」は朝鮮半島の倭のことです。なぜなら、『三国志』における「倭」は常に同じ意味で使われているからです。魏にとっては、朝鮮の「倭」はすでに通行のある国として捉えていて、日本列島の倭人国は朝鮮半島の「倭」から海を隔てたところに住む「倭」と同じ倭種の人が住む国と捉えたのではないでしょうか。日本列島の「倭人（国）」は朝鮮半島の「倭」の延長線上で、同じ倭種の人の国という扱いで記述したものと思われます。

（3）「倭」と「倭人」を区別する学問的方法

例えば『魏志』倭人伝を見ていただきましょう。この中で、「倭」「倭人」という語が出てきます。通常の読み方では「倭」は国名あるいは民族名で、「倭人」は「倭」の人、つまり倭という民族の人を表す言葉となります。ところが、このような読みは『魏志』のような歴史書を読む際には、多くの人がおかす誤謬なのです。それらは漢字の国語的な意味のみをたどった見解なのです。

『魏志』倭人伝を読む場合、私は「倭」「倭人」を状況語と解釈して読みます。「倭人」「倭国」などの熟語については、国語的に分解して意味を捉える方法ではなく、それらの熟語が文献の中でどのような意味で使われているかを統計的に解釈することなのです。

言い方を変えれば、『魏志』は陳寿が書いた書物ですから、陳寿が「倭」「倭人」をどのような意味で書いたかをたどることです。このことを見極めるためには「倭」「倭人」という言葉が、『魏志』の中でどのように使われているかをすべての用例を通して確認することが必要です。これまでの日本の歴史学者は「倭人」という言葉を国語的に解釈している人が多いようです。そこでは「倭」も「倭人」も同じ概念なのです。しかしその読み方は間違っています。大事な視点は「倭」と「倭人」が使い分けられている以上、これらは意味において差別化されているということです。

『魏志』韓伝・倭人伝を通して「倭」は六カ所出ていますが、これはすべて朝鮮半島の「倭」という概念です。倭人伝の「従郡至倭、循海岸水行、歴韓国、乍南乍東、到其北岸狗邪韓国、七千餘里（郡より倭に至るには、海岸に循《した》がって水行し、韓国を歴て、乍《あるい》は南し乍《あるい》は東し、其の北岸狗邪韓国に到る七千余里）」の「倭」を古田武彦氏は「『倭に至る』とは『倭国の首都に至る』、という意味だ」（『「邪馬台国」はなかった』二百十二頁）と述べていますが、私は韓伝に出ている「倭」がすべて朝鮮半島内の「倭」の意味であるところから、倭人伝のこの「倭」も同じ朝鮮半島内の「倭」と解釈します。なぜなら、同一文献の同一の言葉である「倭」は原則的には一貫した意味をもつことが明らかだからです。（ただし同一文献の同一語でも同じ意味でない言葉の紛れもありますので、その際には文献全体の中で例外と全体の位置づけを明確にすべきです。）したがって、私の解釈では上記の文の主語は帯方郡使であり、「其の北岸狗邪韓国」の「其の」は朝鮮の「倭の」であり、帯方郡から「倭」の中の定点である狗邪韓国までが「七千餘里」なのです。古田氏の上記の解釈は日本の歴史家がよく陥る誤りで、「倭」「倭人」を状況語と解釈せずに漢字の意味だけに限定して考えたことによるものなのです。

その次に「倭人」という言葉について考えていきます。「倭人」という言葉は『魏志』倭人伝の中で一度出てくるのみです。「倭人在帯方東南大海之中、依山嶋為國邑、舊百餘國（倭人は帯方東南海の中に在り、山島に依りて国邑をなす）」とあります。民族名としての「倭人」が帯方東南海の中に住んでいて、山島に国邑を造っていたと解釈するのが従来の通説です。

松本清張氏は「倭人は帯方東南海の中に在り、山島に依りて国邑をなす」について「もしこの『倭人』を『人』の意味に解したら、おかしな文章になろう。人間が海上に『在』ったり、山島だったりすることになるからだ」（『清張通史1　邪馬台国』講談社、一九七六年、六十一頁）と述べています。また、「『倭人』が倭の人でないのは、『倭人』伝の中に、人の意味で倭人の言葉が使われていないことでもわかる。『人』の意味でつかわれるときは次の文字になっている。《今の倭の水人、好んで沈没して魚蛤を捕え……》《其の人寿考、或は百年、或は八、九十年……》《女王国の東、海を渡る千余里、皆倭種なり》」（同書六十～六十一頁）と述べています。松本氏は朝鮮半島の「倭」と日本列島の「倭人」を人の意味ではなく、国の意味だと理解するところは私と同じ考えです。ただ、この中で松本氏が「倭の水人」と訳したのは間違いです。なぜなら、松本氏ご自身が述べたように『魏志』においては「倭」は朝鮮半島にある国の名前だからです。したがって、「倭水人」は「倭水人《わすいじん》」と訳して「倭人国の水人」という意味にとるのが正しいのです。また、この文中の「倭種」は朝鮮半島の「倭」と日本列島の「倭人」の両方に通じる同じ民族を表す言葉です。

（4）「倭」と「倭人」は別の国である

『魏志』において「倭」は朝鮮半島の国として限定され、「倭人」が日本列島の国として書かれている限り、それらは差別化されているという見方が正しいのです。もしそうでないというならば、『魏志』を通して「倭」＝「倭人」を証明すれば済むわけです。私に反対する何人かの論者にそういうことを話しましたが、そのことをまともに考えようとした人はいませんでした。何度も言いますが、歴史書を読む上において「倭」「倭国」「倭人」は状況語としてその文献の中でどのように概念化されているかを捉えることが正しい歴史書の読みなのです。

私は朝鮮の歴史を書いた『三国史記』を読んで、朝鮮の「倭」が「倭」「倭国」と書かれ、日本列島の国の人のことを「倭人」と書いていることを調べ、その「倭人」が『魏志』の「倭人」を踏襲したものであり、『三国史記』の「倭」「倭国」が『魏志』における朝鮮の「倭」を指していることを知りました。そのことからも『魏志』の「倭」と「倭人」が差別化された概念であることに確信を得ました。ここが非常に大事なところです。特に『三国史記』の「倭」「倭兵」「倭人」が何を意味しているか、それを明確にすれば私の論じるところも見えてくると思います。

『魏志』倭人伝・韓伝における朝鮮半島の「倭」と日本列島の「倭人（国）」の違いを述べてきましたが、このことがいろんな文献の中で整合性があるかどうかを次に述べてみたいと思います。私の論が正しければ、いろんな文献に書かれてあることでそれらが同じ意味として辻褄があってくると思います。

①『山海経』海内北経には「蓋国在鉅燕、南倭北、倭属燕。朝鮮在列陽東海、北山南、列陽属燕（蓋国は鉅燕の南、倭の北に在り、倭は燕に属す。朝鮮は列陽の東海、北山の南に在り、列陽は燕に属す）」という記事の中に「倭」が出てきます。

「倭」は南中国から朝鮮半島に渡った倭種の人の国。『山海経』の「倭」が燕《えん》に属する国として記載されています。『魏志』における「倭」は六回登場しますが、それらは『山海経』の「倭」を引いた概念です。したがって、この「倭」は『山海経』の「倭」の末裔にあたる人たち、あるいは中国南方から直接、朝鮮半島へやってきた倭種の人たちの作った国と理解するのが自然であると思われます。日本列島に初期の水稲が伝わった北九州の遺跡には朝鮮の無文土器が出土しており、このことは南中国からやってきた倭種の人たちの国である朝鮮の倭から水稲を日本列島に伝えた人たちが日本列島において倭人国を形成し、その国が中国から「倭人」と呼ばれたものと考えて間違いがないでしょう。

日本列島の「倭人（国）」は朝鮮半島からやってきた倭種の人が主導して何らかの政治的な統一を成し遂げて作った国です。これが「倭」と「倭人」の国としての差別化の意味です。この二つの国が同じ国だとはどこにも書かれていません。また日本列島の「倭人（国）」が朝鮮の「倭」を統一して一つの国になったなんて、どこにも書かれていません。それらを踏まえずに、「倭人」と「倭」が同じ国であることを自明の理とする理解は不可です。倭種の人が中国南方から朝鮮半島や日本列島に来たことを、まず踏まえるべきであると思います。

朝鮮半島から日本列島にやってきた倭種の人たちが朝鮮の「倭」の中枢にいた人たちの集団か、傍系の人かはわかりません。ともかくも、その人たちが日本列島に水稲の技術を持ち込んで作った国が倭人国なのです。それだけしかわかっていないのです。

②『魏志』の中で「倭」が出てくるのは韓伝に五回と倭人伝に一回ですが、「倭」は全部朝鮮半島の「倭」です。日本列島における単独の「倭」の記述は一つもありません。これは偶然ではなくて必然です。すなわち朝鮮半島の国である「倭」と日本列島の「倭人（国）」は別の国として差別化されています。朝鮮半島における「倭」が「倭人」と

同じ国とする論は、列島の「倭人（国）」の王が朝鮮半島の「倭」をも統一した王であることになりますが、それなら朝鮮半島の「倭」という国と「倭人（国）」を差別化する理由がありません。それらは同じ名称で呼ばれてしかるべきです。したがって、朝鮮半島における「倭」と列島の「倭人」はどちらも国名ですから、『魏志』においては別の国として記述されていると認識すべきです。一つの書物において同じ国を違う名称で呼ぶことは基本的にあり得ません。『魏志』の女王国・倭国は倭人（国）の別称です。この「倭国」は「倭人国」を意味する状況語です。『魏志』の「倭国」が「倭人（国）」で、『三国史記』の「倭国」は朝鮮半島の「倭」です。各々の歴史書の中で、どのように書かれてあるかによって意味が決されます。それらは著者の意図により決まるのです。

③朝鮮半島における「倭」と列島の「倭人（国）」が別の国であるならば、「倭」が日本列島と朝鮮半島南部にまたがった海洋国家であるという古田武彦氏の見識も間違いです。

私は何度も言っていますが、朝鮮の「倭」と日本列島の「倭人（国）」が同じだと主張される方は、そのことを自明の論とするのは間違いです。そのことをぜひ論証してください。

歴史学者が『魏志』倭人伝の頃の日本列島の国を「倭」と称することは間違いです。その間違いが、歴史を混乱させていることを気づくべきだと思います。学問は詳しい精査を必要とし、その面倒な階段を上がる努力を惜しんではなりません。

(5) 朝鮮半島の「倭」と日本列島の「倭国」の歴史的説明

先ず、私がイメージしている「倭」「倭人」を述べておきたいと思います。これらの人々の元となったのは、中国南方の倭種の人たちです。私は二〇一二年に西双版納の哈尼族や布郎族の部落を訪ね、そこで見た村門の左右にある木製の鳥の彫刻を見てこれは鳥居の原型に間違いないと思いました。また、彼らの住居の中には日本の神社の神殿にあるような千木が見られました。さらには、日本の古い神社で見られる鰹木のある建物も見られました。

南中国の倭人が直接に、あるいは朝鮮半島を経由して日本列島に入って作った国が「倭人国」であるということは、現在の西双版納の高床式建物やその文化（千木や鳥居の原型、鰹木《かつおぎ》、木や山への神の依代信仰、納豆・豆腐・粽《ちまき》・赤飯などの食べ物の共通、校倉造りの建物、貫頭衣・入れ墨などの古代の風習）を見れば、確実なものと言えるでしょう。

これらの倭種の人々が朝鮮半島や日本列島に渡ってきました。彼らが、伝えた一番大きな功績は水稲技術です。日本列島における水稲は、朝鮮半島の倭種の人が伝えたことが考古学的見地から確認されています。日本の初期水稲が伝わった地には朝鮮の無文土器が見られます。朝鮮からやってきた倭種の人が水稲や銅製品の鋳物やその技術を伝え、その中の一族がやがて九州における最大勢力となりました。それ等の系譜の人々が作った国が『魏志』倭人伝に見られる日本列島の倭人国なのです。

朝鮮半島の「倭」と日本列島の「倭国」が同じものと考えるのは従来からの考え方であり、大多数の人がその考え方でしょう。私の述べるように『魏志』における朝鮮半島の「倭」と日本列島の「倭国」は同じ国ではないという考え方が今のところ少数派だと思われます。

日本に稲作が伝播した際に、朝鮮半島に住む倭種の人が日本に稲作を伝えたことはほぼ定説になっています。それらの人々は朝鮮の「倭」の王族かそれとも王族以外の集団であったかはよくわかっていません。それらの人々が日本列島に来て「倭人（国）」を作ったこともほぼ間違いないでしょう。この時点では朝鮮の「倭」と列島の「倭人（国）」は別の国ですよね。『魏志』の時代に朝鮮の「倭」を日本列島の「倭人（国）」が制圧してこれらは一つになったという歴史は朝鮮半島の『三国史記』や『魏志』をはじめとする中国史書のどこにも書かれていません。

私は「倭人」が国名であることを証明しました。「倭人」が国名であるとすれば、私は次のように考えます（六十五～六十七頁に説明しています）。『魏志』において「倭」と「倭人」が差別化されていることを述べましたが、同じ国であるならば、違う国名で呼ぶことは文献の漢字の読み方からすれば絶対にありません。同じ国ならば、両方とも「倭」であるかあるいは「倭人」に統一していなければなりません。

私は、『漢書』に「樂浪海中有倭人」とあるのは中国の歴史文献の中で日本列島のことを書いた最初の記事であることを『魏志』倭人伝の「倭人在帯方東南大海之中……」と比較し、証明いたしました。これらの文章の「有」と「在」を比較して、『漢書』の記述が日本列島の人々の初めての朝貢であったと証明したのです。『魏志』倭人伝にも「漢時有朝見者」と書かれています。またそれ以前の『論衡』恢国篇第五十八には「成王時　越裳獻雉　倭人貢鬯」とあり、さらに「至漢四夷朝貢（漢に至って四夷朝貢す）」とあり、この倭人は鬱人のことで、南中国の人たちであったこともこの本で証明させていただきました。したがって、『論衡』の「倭人」は倭種の人、あるいは倭種の人が南中国内に作った国または集団の意味です。ですから『魏志』倭人伝の「倭人」とは意味が異なります。なぜなら、『魏志』の「倭人」は日本列島内の国の名前なのですから。同じ倭種の人の国という共通の意味をもっていますが、全く別の概念です。

『魏志』の「倭人」は朝鮮半島の「倭」と区別するためにつけた日本列島にある国の国名なのです。私は、「倭」とか「倭人」をまず先入観を持たずに、『漢書』『魏志』の「倭人」が日本列島の最初の記述として文献を読んだら、どうなるかを示したつもりです。歴史の流れは前から後ろですから、まず前から読むのが筋です。

（6）『魏志』の「倭人」は国名であることの論証

『爾雅』釈地の李巡注の九夷に「李巡曰、一玄菟、二樂浪、三高麗、四満飾、五鳧更《ふこう》、六索家、七東屠、八倭人、九天鄙」の表記は国名の羅列ですから、「倭人」もまた同じカテゴリーの国名と解するべきです。李巡は、後漢の汝陽の人で、霊帝（一六八～一八九年）のとき、中常侍となった人です。これは『漢書』の成立から『魏志』の成立に至る時代の間と考えられます。

『晋書』巻九十七列伝六十七四夷ではそこに登場する国の名は「夫餘国・馬韓・辰韓・肅慎氏・倭人・吐谷渾・焉耆国・亀茲国・大宛国・康居国・大秦国・林邑国・扶南国・匈奴」となっています。これらも国名の羅列ですから、この「倭人」は日本列島における国の名前です。

私は、『魏志』の「倭人」についてこれを民族名と解釈する人と話をした時に、「『晋書』四夷では夫餘国・馬韓・辰韓…は国名ですよね。それではそれに続いて出てくる倭人はどういう意味なんでしょうね」と言いましたら、「いや、倭人のみは民族名です」というのです。「しかし、一連の言葉はおなじカテゴリーであるならば、やはり倭人は国名で、民族名ではないと思います」と述べたら、その人は沈黙して「民族名の倭人であることから延長して倭人の住んでいるところを指す概念である」と述べました。それは「倭人」の国語的意味を前提としているからです。私の意見に一歩近づいたようですが、まだ倭人が民族名ということが頭から離れないようです。

「倭人」の解釈は、文献の中でどのような状況語の意味として使われてきたかがその意味を決するのです。しかし、歴史書における「倭人」の解釈は、以下、それらを詳しく説明します。

「倭人」の意味について考察してみましょう。

『漢書』から『新唐書』における日本列島の記述の例を挙げます。

『漢書』「樂浪海中有倭人、……」
『魏志』倭人伝「倭人在帯方東南海之中、……」
『後漢書』倭伝「倭在韓東南大海中、……」
『宋書』夷蛮伝・倭国「倭国在高驪東南海中、……」
『晋書』四夷伝・倭人「倭人在帯方東南海中、……」
『隋書』俀国伝「俀国国在百済・新羅東南、……」
『旧唐書』列伝二十三「倭国者、古倭奴國也。去京師一萬四千里、在新羅東南大海中」
『新唐書』列伝二十五「日本、古倭奴也。去京師萬四千里、直新羅東南、在海中」

この中で、枠で囲んだ語である倭人や倭や倭国を見てみましょう。これらはみんな、国名です。このようにカテゴリー分類することによって中国の歴史書の状況語の意味が理解できます。すなわち、これら枠の中にあることばは中国の歴史書で国を言い表す定型的な文章なのです。したがって、この倭人は民族名ではあり得ないのです。即ち国名です。それに対して、『魏志』において「倭人」を民族として述べた個所は一つもありません。何度も言いますが、「倭人」を調べるなら、文献中の「倭人」が状況語としてどのように使われているかをあぶり出すことが大事です。その状況語の意味がそれが書かれている文献の意味を決するのです。

私は『漢書』から『魏志』『後漢書』から『新唐書』における「倭人」「倭」はみんな、国名であることを説明したら、その人は黙り込んでしまった。そして「いろんな歴史書において『倭人』と『倭』が同じ意味で出てくるから、『倭人』と『倭』は同じ概念である」と言い出した。私は、それに対して「それぞれの歴史書は、その著者が概念を規定しているわけであってその歴史書に各々の著者がどのような概念として解釈したかを考えるべきです。そして各々の著者の解釈の違いを考察していくことこそ歴史学の真理を求める方法である」と説きました。しかし彼はまだ納得していないようでありました。

（７）『魏志』倭人伝の「倭人」が国名であることのさらなる論証

まず、『魏志』の「倭人」が国名であることを更に論証してみたいと思います。

『魏志』倭人伝の「倭人」が国名であるということが、なかなか理解できない人も多いようです。しかし、私の論はこの見識を元とするものであり、ここが理解できない人には、私の「倭」「倭人」論のトータル的な内容の理解もできないと思います。そこで、「倭人」が国名であることの更なる論証をここに詳しく述べておきたいと思います。

① 『漢書』「樂浪海中有倭人」は「（場所）有（場所）」の構文です。したがって、この「倭人」は地域名もしくは国名と考えられます。この「倭人」が民族名であるということは構文上あり得ないと思います。

② 『魏志』の「倭人」は『漢書』の「倭人」を踏襲したもの。したがってこの「倭人」も国名です。

③ 『漢書』における「樂浪海中有倭人、分爲百餘國（楽浪海中に倭人あり、わかれて百余国をなす）」の「倭人」、金印

「漢委奴國王」の「委奴」、『魏志』倭人伝における「倭人在帯方東南大海之中 依山島爲國邑 舊百餘國（倭人は帯方の東南大海の中に在り、山島に依りて国邑をなす。旧《もと》百余国）」の「倭人」は、三つとも同じ意味で使われています。すなわち、「委奴」＝「倭人」で国名なのです。また、これらの「倭人」はみんな国の名前なのです。「金印」は『漢書』と『魏志』の間の時代です。

④「倭人」は朝鮮の「倭」と差別化して作られた名称です。なぜなら、『魏志』韓伝に五つ、『魏志』倭人伝に一つある「倭」はすべて朝鮮半島の「倭」であり、日本列島に単独の「倭」を用いた例がありません。日本列島には「倭人」をただ一つのみ用いています。「倭」は『魏志』においては朝鮮半島にある国の名前です。日本列島には朝鮮にある国としての「倭」と日本列島における「倭人」は『魏志』において別の国と認識されているのです。したがって朝鮮にある国としての「倭」と日本列島における「倭人」は『魏志』において別の国と認識されているのです。同じ国なら、両方とも「倭」と書くのが一つの歴史書の基本的なルールです。ですから、朝鮮の倭と日本列島の倭人国が同じであるという人は、それを自明の理としないで、どうかそのことを実証的根拠をもってご説明ください。

⑤「倭」と「倭人」の使い分けの理由は『魏志』には書かれていません。それで推測するしかないのですが、私は朝鮮半島に住む倭種の国を「倭」とする表現が既に『山海経』の「倭」以来あって、それと日本列島の倭種の国を差別化するためにあえて「倭人」と命名したのだと思います。その発端は『漢書』の「樂浪海中有倭人」の「倭人」です。だから、「倭人」という国語的な意味にとらわれないで、「倭」と差別化された記号的意味の「倭人」と解釈した方がいいと思います。

古田武彦氏は著書『倭人伝を徹底して読む』（朝日文庫、一九九二年）の中で、「漢文の基本ルール」という表題のもとに次の様に述べています。

「つまり、『倭』というのは国の名前であり、その国（＝倭）に住んでいる人間が倭人であるのは、言葉の構成から考えて当たり前のことです。」（同書百十九頁）この文章の後に、「漢皆已に楚を得たるか。是何ぞ楚人の多きや」という例を挙げ、「『楚』という国があって『楚人』になる。」と述べています。古田氏の「楚」と「楚人」を単に国語的に解釈して、「倭」と「倭人」もこれと同列に理解しています。「楚」と「楚人」は古田氏の言う通り、国としての「楚」とその国の人としての「楚人」の意味に間違いありませんが、「倭」と「倭人」は上記に述べたように両方とも国名なのです。古田氏は「倭人」が国名であることを理解しておられない。「倭」と「倭人」を状況語として解釈せず、国語的に解釈したところに間違いが生じたものと思います。

(8)『晋書』『太平御覧』における東晋義熙九年の「倭国」について

義熙九年（四一三年）「倭国」が中国の南朝である東晋に入貢したことが『晋書』に記されています。「義熙九年、是歳、高句麗、倭國、及西南夷銅頭大師、竝獻方物（この歳に、高句麗、倭國、及西南夷銅頭大師、竝びに方物を献ず）」（晋書安帝紀）

『太平御覧』には晋書安帝紀の義熙九年（四一三年）の記事について次のような注がついています。

義熙起居注曰「倭國、獻貂皮・人參等。詔賜細笙麝香（義熙起居注に曰く「倭國、貂皮・人參等を献ず。詔して細笙麝香を賜う」）」（太平御覧麝条）

これによると、義熙九年（四一三年）に「倭国」は、東晋に貂皮・人參等を献上したことになります。ところが、貂皮・人參というのは朝鮮半島の特産品です。私はこの「倭国」は朝鮮半島の「倭」と称する国であると思います。好太王碑に刻された高句麗と「倭」の戦いは四〇四年であり、義熙九年（四一三年）はその九年後であり、「倭」に敵対する高句麗が晋に貢献したのに対抗して、朝鮮の「倭」も「晋」に貢献して「晋」と良好な関係になることを望んだものと思われます。好太王碑には「倭」と「倭人」が併記されており、私は高句麗と真っ向から戦ったのは朝鮮半島の「倭」である旨を述べています。そうすると、高句麗と対立関係にあった朝鮮半島の「倭」が晋に朝貢をする必然性があったと思われます。※好太王碑の「倭」が日本列島の倭人国のことではなく、朝鮮半島の「倭」であることは第6章で詳しく述べています。

古田武彦氏は、日本列島の「倭国」が貂皮を貢献品としたとして、高句麗が粛慎の産物「楛矢・石砮」を献じた例を挙げて、こういう状況があり得るのだとを述べています（『日本列島の大王たち』朝日文庫、一九八八年、二百二十五頁参照）。また石井正敏氏は「5世紀の日韓関係―倭の五王と高句麗・百済―」（日韓歴史共同研究委員会『日韓歴史共同研究会報告書』第1分科篇、二〇〇五年、百三十九～二百十六頁）の中で「今西春秋氏が『倭人が貂皮や人参を献ずるとはおかしい』という疑問から、『義熙起居注には恐らく高句麗・倭国とあったものを御覧の引用が落としたものであろう』…と解されたのも、たしかに有力な一つの解釈である。しかし、献上品が高句麗の特産であるという一点にしぼれば、『太平御覧』の『倭国』を『高句麗』の誤りとするほうがすっきりするように思う。」と述べています。古田氏・今西氏・石井氏に共通する考えは、「倭国」と言えば、日本列島の「倭国」という先入観念があることです。朝鮮の歴史書『三国史記』には朝鮮における倭種の人の国のことを、倭国・倭と書いています。しかしながら、「倭国」が日本列島の国とするならば、水銀朱・絹布のように晋国が欲しがるような日本列島を代表とするもっともらしい献上品を揃えるのではないでしょうか。「倭国」が朝鮮半島の「倭」ならば、貂皮・人參も貢献品としては適合すると思います。貂は現在、中国東北部・朝鮮半島・対馬に生育しており、人参も現在の韓国に錦山《クムサン》、安城市《アンソン》などの産地があり、特に高句麗の特産と限定しなくてもよいと思います。

『晋書』には日本列島の主勢力に対して「倭人在帯方東南大海中、依山島為國」という記述があり「倭人」は『魏志』倭人伝を踏襲した言い回しです。上記の義熙起居注の「倭国」を朝鮮半島の「倭」の意味とすると、何の不思議もなくすんなりと理解できます。しかし、私以外にこのような解釈をした人は今までにいないと思います。おそらく、「倭国」と言えば日本列島の「倭国」であるという思い込みがあるからです。

四一三年はちょうど好太王が亡くなった次の年です。古田氏は『梁書』には「晋の安帝（在位三九六～四一八年）の時、倭王讃あり」とありますから、好太王を攻めたのは倭王讃であるとしました（『日本列島の大王たち』朝日文庫、一九八八年、二十二頁）。私は『三国史記』の「倭」「倭国」は朝鮮半島における「倭」であると立証しています（第7章にて説明します）。それ故に、好太王碑の「倭」は朝鮮半島の国で、高句麗と一戦を交えた国です。上記の『晋書』における「倭国」は朝鮮半島における「倭」であるということが正しいかどうか、以下考察したいと思います。

『宋書』高句麗伝には義熙九年（四一三年）に次のような記事もあります。

「東夷高句驪國、今治漢之遼東郡。高句驪王高璉、晉安帝義熙九年、遣長史高翼、奉表、獻赭白馬。以璉、爲使持節・都督營州諸軍事・征東將軍・高句驪王・樂浪公（東夷高句驪国は今漢の遼東郡に治す。高句驪王高璉は晉安帝義熙九年、長史高翼を遣わし、表を奉じ、赭白馬を獻ず。璉を以って、使持節・都督營州諸軍事・征東將軍・高句驪王・樂浪公と爲す）」ここでは高句麗王璉が晋安帝に使いを遣わし、使持節・都督營州諸軍事・征東將軍・高句驪王・樂浪公の称号をいただいたことが書かれています。

また、上記の『宋書』高句麗伝に次のような記事が続きます。

「高祖踐阼、詔曰『使持節・都督營州諸軍事・征東將軍・高句驪王・樂浪公璉、使持節・督百濟諸軍事・鎭東將軍・百濟王映、並執義海外、遠修貢職。惟新告始、宜荷國休。璉可征東大將軍、映可鎭東大將軍。持節・都督・王・公、如故』（高祖が踐阼し、詔して曰く『使持節・都督營州諸軍事・征東將軍・高句驪王・樂浪公璉、使持節・督百濟諸軍事・鎭東將軍、百濟王映、並びに義を海外に執り、遠く貢職を修む。惟うに新に始を告げ、宜しく國休を荷せ。璉は可く征東大將軍たるべし、映は可く鎭東大將軍たるべし。持節・都督・王・公は、故の如し』）」

ここでは、四二三年に宋国より高句麗が征東将軍、百済が鎮東将軍に任ぜられたことが書かれています。

『宋書』百済伝に次のような記事もあります。

「義熙十二年（四一六年）、以百濟餘映、爲使持節・都督百濟諸軍事・鎭東將軍・百濟王。高祖踐阼、進號鎭東大將軍（義熙十二年、百濟の餘映を以って、使持節・都督百濟諸軍事・鎭東將軍・百濟王と爲す。高祖が踐阼し、鎭東大將軍に進號す）」

義熙十二年（四一六年）に東晋に入貢し冊封をうけた百済王餘映に対して、東晋は鎮東大将軍の称号を与えています。

また『宋書』武帝紀にも次のような記事があります。

「永初元年（四二〇年）七月甲辰、征東將軍高句驪王高璉、進號征東大將軍。鎭東將軍百濟王扶餘映、進號鎭東大將軍（永初元年七月甲辰、征東將軍高句驪王高璉、征東大將軍に進號す。鎭東將軍百濟王扶餘映、鎭東大將軍に進號す）」（宋書武帝紀）

劉宋の高祖武帝は新王朝を樹立した永初元年（四二〇年）に高句驪王高璉に征夷大将軍、百濟王扶餘映に鎮東大将軍の称号を与えています。ここまでには日本列島の王は全く登場しません。

倭王讃の任官記事は、『宋書』の永初二年（四二一年）になって初めて登場します。

「高祖永初二年（四二一年）、詔曰『倭讃萬里修貢、遠誠宜甄、可賜除授』（高祖永初二年、詔して曰く『倭讃が萬里修貢した。遠誠宜しく甄し、可く除授を賜うべし』）」

「永初二年（四二一年）二月乙丑『倭國、遣使朝貢（倭國、使を遣わし朝貢す）』」（『南史』宋本紀）

以上の歴史を時系列的に整理しておきます。

四一三年　倭国晋に方物を獻ず。『晋書』（『太平御覧』義熙起居注曰「倭國、獻貂皮・人參等。」）

四一三年　高句驪王高璉晋に長史高翼を遣わし、表を奉じ、赭白馬を獻ず。璉を以って、使持節・都督營州諸軍事・征東將軍・高句驪王・樂浪公と爲す。『宋書』高句麗伝

四一三年　百濟王映、遠く貢職を修む。映は可く鎭東大將軍たるべし。『宋書』高句麗伝

四一六年　百濟の餘映を以って、使持節・都督百濟諸軍事・鎭東將軍・百濟王と爲す。高祖が踐阼し、鎭東大將軍に進號す。『宋書』百済伝

四二〇年　征東將軍高句驪王高璉、征東大將軍に進號す。

四二一年　高祖永初二年、詔して曰く「倭讃が萬里修貢した。遠誠宜しく甄し、可く除授を賜うべし」『宋書』

日本列島の「倭国」は永初二年（四二一年）に倭王讃が初めて朝貢したことが記されています。『晋書』の義熙九年（四一三年）是歳条に「倭国」が晋に朝貢しています。この時の「倭国」には冊封が行われていません。同年に晋から

高句麗・百済の両国の册封があったことが『宋書』高句麗伝からわかります。

『晋書』は唐代の六四八年に太宗の命により、房玄齢・李延寿らによって編纂されたのですが、『太平御覧』は宋初の九七七年（太平興国二年）、太宗の勅命をうけて李昉《りぼう》らが編纂した一大類書であり、『晋書』とは別の歴史記録に基づいたものかもしれません。『晋書』は四〇〇年代晩期に消滅前の朝鮮半島の「倭」の姿を「倭国」の名のもとに記録にとどめており、歴史事実のほころびがここに現れたものと私は解釈しています。

四二一年には日本列島の「倭国」の倭讃が宋国に朝貢しています。その際、宋国に「除授」を求めています。「除授」とは、讃の次の珍のように「使持節都督倭・百済・新羅・任那・秦韓・慕韓六国諸軍事、安東大将軍、倭国王」などの称号を求めることです。

既に四一三年に宋国より高句麗が「征東将軍」に百済が「鎮東将軍」に任ぜられたことが書かれており、その時の「倭国」が日本列島の国であったならば、高句麗・百済とともに「除授」を求めたはずです。

四二一年に日本列島の「倭国」の倭讃が宋国に朝貢して、その際、宋国に「除授」を求めています。讃の次の珍の時に「安東大将軍」の称号を与えられています。宋国は高句麗の「征大東将軍」、百済の「鎮東大将軍」、日本列島の「倭国」の「安東大将軍」を言葉の上で使い分けています。とすれば、「倭国」の倭讃が日本列島の王として初めての宋国へ朝貢した時と解してよいでしょう。その前の晋国には壹与以来の日本列島の王の貢献記事はありません。

また、『南斉書』によると、「倭」が消滅した後の加羅国が四七九年南斉へ朝貢しています。そのことは加羅が日本列島の「倭人（国）」とは別の独立した国と見てよいでしょう。そうすると、加羅の前身の国であった「倭」もまた独立した国と見ることができます。

私は『晋書』の「倭国」が朝鮮半島の独立国であるという記述をもって、『魏志』倭人伝の「倭人」は朝鮮半島の「倭」とは別の日本列島の国であることに確信を得ました。このことによって朝鮮半島の「倭国」と日本列島の「倭人（国）」は別の国と立証できます。また、その後の加羅国の中国王朝への朝貢からも同じ立証が可能です。

『宋書』高句麗伝によると義熙九年（四一三年）に高句麗・百済が冊封されたのですから、『晋書』の義熙九年（四一三年）「倭国」が日本列島の「倭国」であれば、当然冊封を要求したはずです。しかしそのようなことは記載されていません。この「倭国」を倭讃の前の日本列島の王とする論もありますが、その考えは「倭国」を私のように朝鮮にある倭種の国とは考えずに、日本列島の「倭国」とする所にあります。しかし、『晋書』の義熙九年（四一三年）の「倭国」は朝鮮の「倭国」なのです。

『南史』宋本紀に四二一年に「倭國、使を遣わし朝貢す」とある「倭国」は日本列島の「倭国」の意味です。『南史』は南北朝時代（四三九～五八九年）の南朝にあたる国家、宋・斉・梁・陳の歴史を記している資料です。『宋書』には日本列島の「倭国」は永初二年（四二一年）に倭王倭讃が初めて朝貢したことが記されています。『魏志』倭人伝に「倭国」の記述があり「倭人（国）」が「倭国」の名にも書かれたものと思われます。『晋書』では朝鮮の国を「倭国」、『南史』では日本の国を「倭国」と称しています。四二一年頃は朝鮮の「倭」が廃れて加羅や金官になっていく過程にあたる時代です。『宋書』永初二年（四二一年）の「倭国」は日本列島の「倭国」という意味であり、『晋書』・『宋史』の間に「倭国」という言葉の意味が相違しています。五世紀中頃に朝鮮半島の倭が消滅する前後では、このような紛れが生じています。以後の中国史書では『南史』『宋史』ともに「倭国」が日本列島の国を指す語として使われています。

(9)『晋書』の「東倭」について

『晋書』宣帝紀に次の記事があります。

「始元年春正月、東倭重訳納貢（正始元年春正月、東倭が訳を重ね貢物を納める）」

「東倭」は正始元年正月に朝貢したとあります。上記の文面より見ると、「東倭」は卑弥呼の女王国に間違いありません。『魏志』倭人伝には「正始元年、太守弓遵遣建中校尉梯儁等　奉詔書印綬、詣倭国、拜仮倭王…（後略）（正始元年、太守弓遵は建中校尉梯偶等を遣わして、詔書印綬を奉じ、倭国に詣り、倭王に拝仮す）」とあります。つまり、この「東倭」とは朝鮮の「倭」に対して日本列島の「倭人（国）」のことを言った対比的な表現と思われます。ということはこの「東倭」という言葉によって、この頃朝鮮半島に『魏志』韓伝に書かれた朝鮮半島の「倭」の国が差別化されていることが明らかです。また、『晋書』には「倭人在帯方東南大海中、依山島為國」の表現もあり、日本列島の主勢力の国を「倭人」と表現しています。したがって、『晋書』は朝鮮半島の「倭」と日本列島の「倭人（国）」＝「東倭」を区別して書いていることがわかります。

「東倭」が朝鮮の「倭」と同じ国とすれば、全体的な「倭」の首都は朝鮮半島の「倭」にあることになりますが、それはあり得ないことです。そこから考えても、日本列島の「東倭」は朝鮮の「倭」とは別の国になります。

『晋書』巻九十七列伝六十七四夷ではそこに登場する国の名は「夫餘国・馬韓・辰韓・粛慎氏・倭人・吐谷渾・焉耆国・亀茲国・大宛国・康居国・大秦国・林邑国・扶南国・匈奴」となっています。日本列島の「倭人」はありますが、朝鮮半島の「倭」はありません。恐らく、この中の辰韓に「倭」の国を構成した伽耶や金官国が含まれているのであろうと思われます。つまり、『晋書』はここでは、『魏志』韓伝にあった「倭」が辰韓として書かれているのだと思われます。

南斉（四七九〜五二〇年）のことを書いた『南斉書』列伝第三十九 蛮・東南夷―高麗・加羅・倭国・林邑・扶南・交州の記事を見てみましょう。

「倭國在帯方東南大海島中、漢末以來、立女王。土俗已見前史。建元元年、進新除使持節、都督**倭**・新羅・任那・加羅・秦韓・慕韓六國諸軍事、安東大將軍、倭王武號爲鎮東大將軍（倭国は帯方東南大海島の中に在り、漢末以来、女王立つ。土俗は已に前史に見ゆ。建元元年、新たに使持節、都督倭・新羅・任那・加羅・秦韓・慕韓六國諸軍事、安東大將軍に除すを進む。倭王武、号を鎮東大將軍と為す）」

この中の安東大将軍の六国諸軍事に「**倭**・新羅・任那・加羅・秦韓・慕韓」が挙げられています。建元元年は四七九年です。もともと「倭」を構成する主な国であった加羅が書かれているから、この時点では既に朝鮮半島における

「倭」は消滅したものと思われます。そうするとその頃に書かれた「倭國」「倭」は日本列島の「倭国」の意味です。ここでは「倭」と任那・加羅・秦韓・慕韓の地域名が載っています。このように、朝鮮の「倭」の消滅の後に日本列島の主勢力を「倭」と表現することが明らかになります。そして、『魏志』から『晋書』『宋書』『南斉書』『宋書』への流れの中で朝鮮半島の「倭」が消滅していることは『三国史記』の内容と見事に一致して呼応していることは注目すべきです。『三国史記』新羅本紀における朝鮮半島の「倭」「倭国」「倭兵」は『三国史記』暦四四四年から姿を消しています。（『三国史記』の倭・倭国が朝鮮半島の独立国である「倭」であることは、第6章で詳しく説明いたします。）

(10)『魏志』倭人伝の「倭」と『後漢書』東夷伝の「倭」

『魏志』倭人伝までは日本列島の国を語る時には「倭人」と表記、朝鮮半島の倭種の国を「倭」と表記していますので、言葉を使い分けていたと見るべきでしょう。

『後漢書』東夷伝・倭には「倭在韓東南大海中、依山島爲居、凡百餘國（倭は韓の東南大海の中に在り、山島に依りて居を爲す、凡そ百余国）」とあり、この「倭」は日本列島の国を指します。また『後漢書』韓伝には「韓有三種、一曰馬韓二曰辰韓三曰弁辰、馬韓在西有五十四國、其北與樂浪南與倭接、弁辰在辰韓之南亦十有二國、其南亦與**倭**接（韓は三種がある。一は馬韓といい、二は辰韓といい、三は弁辰という。馬韓は西にあり、五十四国がある。その北は楽浪と接し、南は倭と接す。辰韓は東にあり、十二国。その北は濊貊と接す。弁辰は辰韓の南にあり、また、十二国。その南はまた倭と接している）」とあり、この「倭」は朝鮮半島の「倭」と見るべきものです。ここに書かれた「倭」は、『三国史記』に見る四四四年を最後として消滅する以前の「倭」の記録です。しかし、この「倭」と朝鮮の「倭」の消滅以後に名づけられた『後漢書』の日本列島の「倭」は別物です。同一文献の同一漢字は同じ意味とする観点からすると、『後漢書』の紛れと言うべきでしょう。

『魏志』倭人伝では倭国・倭地・倭女王・倭王・倭大夫などの表現があり、これらの語の中の「倭」は「倭人（国）」

を指しています（後に論証します）。また、朝鮮半島の国を表す『魏志』の「倭」と日本列島の国を表す『後漢書』の「倭」とは意味が違っています。現在の歴史家の中にもこれらの「倭」の使用についての解釈の混乱が見られます。『後漢書』では「倭人」という表現は消えています。『後漢書』は朝鮮半島の「倭」が消滅する過程で書かれているので、朝鮮の「倭」が消滅したと見なしているのだと思います。それで、列島の「倭人（国）」を「倭」と書いたのだと思います。『後漢書』以後では『南斉書』『梁書』で日本列島の主勢力を「倭」と書いています。『魏志』韓伝では、朝鮮の「倭」のことを書いていますが、文章から読む限り、朝鮮における消滅前の「倭」のことです。『魏志』倭人伝の「倭人」から『後漢書』の「倭」への変化は、朝鮮半島の「倭」と日本列島の「倭人（国）」勢力の変遷、及びその過程における中国側の認識の変化の表現と見て取ることもできます。

以上を見る限り、中国側は「倭人」と「倭」を『山海経』から『漢書』を経て『魏志』・『晋書』に至るまでの間、明確に使い分けていたと見るべきです。中国の古代文献においては、このように語を使い分けている時は何らかの意味の差別化が行われていると考えられます。これは中国の古文献を読むにあたっての鉄則です。

よく『後漢書』では日本列島の国名として「倭」が使われているので、『魏志』倭人伝の「倭」と同じで、それゆえに朝鮮半島の「倭」は日本列島の主勢力の「倭」が統治しているという意見も聞いたことがあります。しかし、学問的に正確を期すなら、一つ一つの史書の「倭」や「倭人」の概念を整理し、それらが正確に一つ一つの書の中でどのような意味に使われているかを分析すべきです。そうすればおのずと真実が見えてくるはずです。

(11) 日本列島の国名の表記が「倭人」から「倭」「倭国」に推移した経緯について

中国史書の日本列島の「倭人」「倭」「日本」についての歴史的記述を列挙します。

史書・内容の年代	撰者・成立年	倭人・倭記事
『漢書』 前漢（前二〇二～前九） 後漢（二五～二二〇）	班固（三二～九二）	「樂浪海中有倭人、……」
『三国志』魏志 三国時代（二二〇～二六五）	陳寿（二三三～二九七？）	「倭人在帯方東南海之中、……」 他に朝鮮の「倭」が『魏志』韓伝に四つと倭人伝に一つあります。
『後漢書』 後漢（二五～二二〇）	范曄（三九八～四四五）	「倭在韓東南大海中、……」「安帝永初元年 倭国倭國王帥升等獻生口百六十人 願請見」
『晋書』 西晋（二六五～三一七） 東晋（三一七～四二〇）	唐代六四八年に房玄齢・李延寿により編集が完成された。	「倭人在帯方東南海中、……」「義熙九年是歳、高句麗、倭国、及西南夷銅頭大師、竝獻方物」（『晋書』安帝紀）「始元年春正月、東倭重訳納貢」（『晋書』宣帝紀）
『宋書』 宋（四二〇～四七九）	沈約（四四一～五一三）	「倭国在高驪東南海中、……」「二十八年加使持節都督倭新羅任那加羅秦韓慕韓六國諸軍事安東將軍……」
『南斉書』 斉（南斉）（四七九～五〇二）	蕭子顕（四八七～五三七）	「倭国、在帯方東南大海島中、漢末以來、立女王。土俗已見前史。建元元年、進新除使持節、都督倭新羅任那加羅秦韓慕韓六國諸軍事、安東大將軍、倭王武號爲鎮東大將軍」

『梁書』 梁（五〇二～五五七）	六二九年に姚思廉が成立させた。	「倭者自云太伯之後　俗皆文身　去帯方万二千余里　大抵在會稽之東相去絶遠從帯方至倭　循海水行歴韓國乍東乍南七千餘里」
『隋書』 隋（五八九～六一八）	六五二年に長孫無忌により完成された。	「俀国在百済・新羅東南、……」
『旧唐書』 唐（六一八～九〇七）	時に劉昫・張昭遠・賈緯・趙瑩らによって編纂され、九四五年成立と言われている。	「日本國者　倭国之別種也　以其國在日邊　故以日本爲名　或曰　倭國自惡其名不雅　改爲日本　或云　日本舊小國　併倭國之地」
『新唐書』 唐（六一八～九〇七）	北宋の欧陽脩・曾公亮らの奉勅撰、二二五巻、仁宗の嘉祐六年（一〇六〇年）の成立である。	「日本、古倭奴也。去京師萬四千里、直新羅東南、在海中」

※その他に『太平御覧』（宋代初期に成立し九九七～九八三年頃に成立した）や『南史』宋本紀の記述があります。

朝鮮の『三国史記』新羅本紀を見ますと、四四四年以後は「倭兵（朝鮮半島の「倭」の国の兵隊の意味）」「倭」「倭国」という記述が一切ありません。「倭兵」は四四四年を最後にそれ以後は出てきません。同書の記録では朝鮮における独立国の「倭国」は四〇二年が最後でそれ以後は出てきません。「倭」は『三国遺事』の四二五年条の文中に「東のかた倭を聘わしめ」とあるのが最後です。また『三国遺事』では四七九年に「倭国」が出てきます。それより後は朝鮮半島の「倭」「倭国」に代わって加羅・金官伽耶といったような個別な名称が出てきます。また、四七九年以後は「倭人」の名のみ頻繁に出てきます。このことは朝鮮の連合国家である「倭」の連合が消滅し、「倭」を構成していた各地が加羅や金官などの名前で独立して国として表記されていることを示しています。また四七九年以後の『三国史記』・『三国遺事』の「倭人」の記録は加羅や金官とともに日本列島出自の「倭人」が、なお朝鮮半島内で活動していたことを示しています。『三国史記』・『三国遺事』のこれらの記事は、上に挙げた『漢書』『魏志』などに続く『後漢書』以後、中国の歴史書が日本列島の国名を「倭人」を廃して「倭」と呼ぶようになった経過と矛盾なく整合しています。その理由を以下に述べます。

日本列島の倭人（国）のことを『後漢書』では「倭」と表現するようになりました。『後漢書』の撰者范曄（三九八～四四五年）が『後漢書』を書いたのは、東晋の元嘉八年（四三一年）に宣城に郡大使として在任している時以降であり、朝鮮半島の「倭」が衰退して消滅していく時期に当たっています。『南斉書』『宋書』などでは、日本列島の国を「倭」「倭国」と表現するようになりました。これらは朝鮮半島において「倭」という国が消滅して加羅や金官伽耶の国が都市国家として自治を開始した頃の歴史書の表現です。すなわち、朝鮮半島の「倭」という国が消滅してから、その後、日本列島の「倭人（国）」を「倭」と呼ぶようになったことが明らかです。『南斉書』『宋書』『梁書』の撰者が歴史を書いた頃には既に朝鮮の「倭」がなくなっていたのです。なぜそうなったのかは詳しくわかりませんが、おそらく国名としての「倭人」は民族名のようなので不自然さがあり、朝鮮半島の「倭」がなくなったのでその名をそっくり日本列島の「倭人（国）」にあてたのだと想像します。

『晋書』に日本列島のことを「倭人」と書き、さらに「東倭」と書いていますが、この表現は後に「倭人（国）」を「倭」と書く過渡期的な表現と見ることができます。「倭人（国）」を後世に「倭」と書く名称変更には紛れがあるように思われますが、とにかく歴史書を調査した場合にはそのようになっているとしか言いようがありません。また、朝鮮の歴史書である『三国史記』『三国遺事』は白村江の戦いまで日本列島の九州における主勢力または朝鮮半島内における日本列島の人々を「倭人」と呼び続けています。白村江で「倭人」が滅んだ後には「倭人」は出てきません。『三国史記』『三国遺事』には白村江の戦い前後に少ない例ですが「倭」が出てきますが、それは倭人が消滅する過渡期もしくはその後の日本列島の国を呼ぶ「倭人（国）」が消滅した際の紛れと見ていいでしょう。

『三国史記』新羅本紀において白村江の戦い（六六三年）以後は日本列島の国に対して「倭国」と書かれるようになります。しかし、「是において仁軌、我が使者及び百済・耽羅・倭人の四国の使いを領し、海に浮かびて西に還り、以て会して泰山を祠る」（『三国史記』新羅本紀六六五年）に国名の「倭人」とあるのは白村江で捕虜になった「倭人

〈国〉」の人であることを示しています。しかしそれ以後は「倭人」という表現がなくなります。『三国遺事』には、「文武王〈在位六六一～六六八年〉、倭兵を鎮めんと欲す」や『三国史記』新羅本紀に、四〇〇年代にすでに亡くなった朝鮮の「倭国」「倭兵」の語を用いて日本の国を称しています。これは明らかに、白村江で「倭人〈国〉」が消滅した前後の日本列島の国にちなんだ名称としてそのように呼んでいます。その後、「倭国、更めて日本と号す」〈文武王十年〈六七〇年〉『新羅本紀』〉のように『三国史記』には「日本」の国名が使われるようになります。

私は中国資料や朝鮮資料の『三国史記』『三国遺事』を精査し、次のような結論を得ました。〈『三国史記』『三国遺事』については第6章で詳しく説明します。〉

中国史書・朝鮮の歴史を書いた『三国史記』『三国遺事』『好太王碑』の日本列島の主勢力及び、朝鮮半島の「倭」をどのように書いているか一覧にして記します。

	日本列島	朝鮮半島	備考
山海経	―	倭	
漢書	倭人	―	中国文献では、この期間のみ日本列島の主たる政治国を「倭人」「委奴」と表現している。
金印	委奴	―	
魏志	倭人・倭国	倭	
晋書	東倭・倭人	倭国	
後漢書	倭・倭国・倭奴国	倭	
宋書	倭・倭国	任那・秦韓・慕韓	
南斉書	倭・倭国	任那・加羅・秦韓・慕韓	
三国史記	倭人〈白村江の戦いまで〉	倭・倭国〈『三国史記』暦四四四年まで〉	
三国遺事		倭国〈『三国遺事』四七九年まで〉	
好太王碑	倭人	倭	

『後漢書』では日本列島の主勢力についての表記が「倭」となっていますが、私の識見では朝鮮における「倭」「倭国」がなくなったのと関連があると考えています。『後漢書』の後に書かれた『晋書』では日本列島の主勢力に対して「倭人」「東倭」の国号を表記しています。『晋書』の「義熙九年是歳、高句麗、倭國、及西南夷銅頭大師、竝獻方物」（晋書安帝紀）の記述については「義熙起居注曰『倭國、獻貂皮・人參等。詔賜細笙麝香。』」（太平御覧麝条）「義熙起居注に曰く『倭國、貂皮・人參等を獻ず。詔して細笙麝香を賜う。』」という記述から見ればこの「倭国」は朝鮮半島の国である「倭」を指しているものと考えられます。『晋書』における「東倭」という国号の表記は朝鮮半島の「倭」の国と対にして考えられた表記です。『晋書』は唐代における記述にもかかわらず、『漢書』『三国志』魏志の記述に基づいたものと言えるでしょう。それは『晋』が西晋（二六五～三一七年）・東晋（三一七～四二〇年）の間の時代であり、その時代には朝鮮の「倭」が存在しており、そのことを反映した記事と解すれば理解できます。

『三国史記』新羅本紀に「隋の文林朗斐清、使して倭国に奉ずるに、我が国の南路を経《へ》たり」（第五、武王九年〈六〇八年〉三月条）や「倭国と好《よしみ》を通ず」（第六、義慈王十三年〈六五三年〉八月条）の「倭国」は日本列島の国のことと思われます。ここでは朝鮮の「倭」「倭国」という国が消滅した後、日本列島の主勢力を「倭国」と表記しており、『南斉書』『宋書』『梁書』と同じ傾向の日本列島の「倭」「倭国」の表記が見られます。また、『三国史記』新羅本紀に「寺中記に云く。文武王、倭兵を鎮めんと欲す」とあり文武王（在位六六一～六八一年）は白村江の戦いの後のことになり、この「倭兵」は日本列島の倭人の兵隊を指すものと思われます。それらは両方とも朝鮮半島の「倭」の消滅後であるので、日本列島の九州王朝の白村江以後の倭種の人びとを「倭」「倭国」「倭兵」といった表現をしたものと思われます。

(12) 再び『魏志』倭人伝の「倭」と「倭人」について

『魏志』倭人伝の「倭」と「倭人」については何度説明しても納得しない方もおられます。私は、『魏志』において

「倭」と「倭人」が国を表す別の言葉ですから、差別化されていると考えるのが正しいと思います。何が差別化されているかを知るには「倭」と「倭人」が『魏志』においてどのように使われているかを文献において調査する必要があります。すなわち「倭」と「倭人」を状況語とみなして調査するのです。状況語というのは、「倭」という単体の漢字と「倭人」あるいは「倭国」という熟語が『魏志』の中でどのような意味の言葉として使われているか、ということです。

『魏志』倭人伝には「倭国」という言葉が二回出てきます。この「倭国」の意味するところを考えてみます。国語的にいうと「倭」と「倭国」は同じ言葉としてみなされそうであるが、実はそうではありません。状況語という観点から考えてみると「倭」は朝鮮半島の中にある国の名、「倭国」は日本列島内にある倭人国として差別化されています。古田武彦氏は『倭人伝を徹底して読む』（朝日文庫、一九九二年）の中で「ところが、『魏志』の一番先頭の帝紀に一回だけ倭という言葉が出ている。それについては松本氏は全然触れていない。『古代史疑』でも『清張通史』でも気づかれていないようです。そこにははっきりと『倭国女王俾弥呼、使を遣わして奉献す』と出てくるのです」と述べています。すなわち「倭」と「倭国」は同じであるというのです。しかし、これは間違っています。状況語で見るならば『魏志』では「倭」は朝鮮半島内における国の名で、「倭国」は日本列島内における国の名としてはっきり使い分けられているのです。歴史書の中で出てくる各々の単語や熟語の意味を調べるということは、それらが状況語としてどのように使われているかを一つづつ確認することなのです。したがって国語的な意味で「倭」と「倭国」は自明なものとして同じ意味であるとする考えをしている歴史家は、この時点で歴史書に対する読み方をもう一度考え直した方がよいと思います。そうしなければ、正しく歴史書を読めないからです。古田氏は邪馬壹国の「壹」についてはそのことを状況語として徹底調査しているのに、「倭」と「倭人」についてはそうしなかった。なぜか。それは古田氏が「倭人」を国語的に「倭」の人と解したからです。古田氏の邪馬壹国の「壹」の解明のやり方に従うならば、「倭」という言葉、「倭人」という言葉が状況語として『魏志』その他の同時代の文献に、それらがどのように使われていたかを解明すべきなのです。

また、朝鮮史書の『三国史記』においては四〇〇年代末頃まで朝鮮半島の倭種の国として「倭」「倭国」を表記しています。四〇〇年代中頃から「倭」「倭国」「倭兵」という言葉が消えて、朝鮮半島の倭種の国は伽耶・加羅・金官と表記され、「倭人」のみは白村江の戦いまでは使われており、それ以後は消滅します。これは朝鮮の伽耶（加羅）・金官などからなる「倭」連合が消滅してから伽耶（加羅）・金官など一つ一つの都市国家となったことを表しております。

第3章

日本列島における倭人（国）の成立

張　莉

（1）日本列島における稲作の起源

水稲について、現在の所最古とされる水田遺構が約八千年前の揚子江中流の湖南省の彭頭山遺跡で発見されています。続いて、長江下流の浙江省寧波の河姆渡《かぼと》遺跡で、約七千〜六千五百年前の稲作耕作遺物（水田遺構は発見されていない）が発見されております。

河姆渡遺跡は上海の南側にあたる浙江省余姚県にあります。一九七〇年代の調査で、ここから紀元前五〇〇〇年の地層から栽培稲の稲束が発見されました。発見された稲束は、膨大な量の稲籾《いなもみ》と藁束《わらたば》でした。それ故に、これらの稲は、外からもたらされたものではなく、この地で栽培されたものであると判断されました。従来の稲の発祥については、インドのアッサム・雲南省付近であると言われていましたが、現在では中国最古の稲作文化は長江下流域の湖南省周辺地域とされています。長江下流の杭州湾に面した浙江省河姆渡遺跡は水稲の大規模遺跡として紀元前五〇〇〇年〜紀元前四五〇〇年ぐらいのものと見られています。稲が多くつくられるようになったのはこの水稲の技術の興隆によるものです。

近年、稲の出土遺体のDNA解析によって、ジャポニカ種が長江流域で栽培化されたことが認識されています。アジア稲は生態型によってインディカ及びジャポニカに分類され、ジャポニカはさらに温帯ジャポニカと熱帯ジャポニカに分類されます。調査の結果、河姆渡遺跡の稲は熱帯ジャポニカ種が含まれていることが、ゲノム解析でわかりました。熱帯ジャポニカイネが中国の長江流域で水田化され、後に温帯ジャポニカイネが生まれたとも言われています。

藤原宏志氏は『稲作の起源を探る』（岩波新書、一九九八年）の中で「宮崎県えびの市の桑田遺跡で縄文晩期の層からイネのプラントオパールが検出され、その形状解析から熱帯型ジャポニカである可能性が高いことがわかったのである。……水田稲作の伝来以前にイネが存在していたとすれば、やはり、焼畑など畑作系譜の稲作を想定する以外にないとわたしは思う。水田稲作にともなう栽培イネが温帯型ジャポニカであるのに対し、畑作系のイネは熱帯型ジャポニカが多く、しかもこれが縄文時代のイネに多い。」と述べています。今では、日本の縄文時代にすでに焼き畑で熱帯ジャポニカが栽培されていたことがほぼ定説化されています。

河姆渡遺跡は中国浙江省に紀元前五〇〇〇年頃〜紀元前四五〇〇年頃にかけて存在した新石器時代の文化です。河姆渡遺跡から稲のモミが大量に発見され、大規模な水稲栽培が行われていたことが明らかになっています。これは世界でも最古の水稲栽培の例です。米が多量に作られるようになったのは水稲の技術が確実に根付いたことを表しています。中国で稲作を行っていた人たちは、湿地でコメの種をまいて栽培すると飛躍的に生産性がよくなることを見て、水田を作るようになりました。

岡山県朝寝鼻遺跡の縄文前期前半（約六千四百年前）の地層から稲のプラントオパールが発見されています。プラント・オパールとは、植物の細胞組織にある非結晶含水珪酸体（$SiO_2.nH_2O$）の総称です。イネ科植物、シダ植物、コケ植物などの植物の葉や樹木類の表皮細胞などに集積した珪素《けいそ》のことをいいます。イネ科植物のプラント・オパールを調査することによって、種を特定することが可能で、古い資料であっても調査が可能です。プラントオパールの精査によって、朝寝鼻遺跡の稲は水田稲と陸稲の区別が付かない「河姆渡」型の稲であることが確認されています。それらは相当古い時代に江南地方から伝播したものだと思われます。この「熱帯ジャポニカ」は後に中国から水稲に適した「温帯ジャポニカ」が列島に伝播するまで、日本でもしっかり根付いていました。「温帯ジャポニカ」は、現在私たちが食べているお米で水稲耕作によってつくられたものです。水田耕作によって、熱帯ジャポニカの稲は今私たちが食べている温帯ジャポニカに変化したと考えられています。中国では、水田耕作は四千年前には山東半島まで広まりました。三千年前には朝鮮半島の南端まで達していました。

（２）日本列島の水稲の受容

対馬からわずか海を隔てた韓国の三千村《サンチョンチョン》の水田遺跡の出土物を見ますと、酸化した米とともに縄文土器が大量に出土しています。この地に来た縄文人が水田稲作を実見したことになります。佐賀県唐津市の菜畑遺跡で発掘された日本最古の水田は前七世紀から前六世紀頃のものです。縄文晩期末の菜畑遺跡から出土した縄文土器から考えると、縄文人もしくは水耕技術をもった朝鮮半島の倭種の人がこの水田稲作に携わったことは間違いありません。弥生時代の始まりを告げる稲作の開始です。その後、紀元前六〇〇年頃前から中国大陸や朝鮮半島から日本へやってきた多数の渡来人により急速に水田稲作が全国へ広がりを見せます。また、水稲耕作が普及する中でそれらの水田跡から発見された炭化した米粒をＤＮＡ分析したところ、縄文の稲熱帯ジャポニカが混じっていました。熱帯ジャポニカと温帯ジャポニカの稲を混ぜて栽培すると雑種が生まれるのですが、その雑種の稲から元の稲より一カ月も早く成長する早稲《わせ》の新種が生み出されています。

日本に伝播した稲作ルートとして考えられるのは、江南地方から台湾や沖縄などの南の島沿いに伝播した華南ルート、江南地方から朝鮮を経由し、あるいは直接に北部九州に伝播した華中ルート、江南地方から遼寧省などを伝わって朝鮮半島北部から南部に更に北部九州に伝わったとする河北ルートが考えられます。華南ルートについては、東南アジアの考古学的成果に照らし合わせると否定的な結果を示しています。現実的には、華中ルートと河北ルートが考えられますが、その中心は華北ルートであろうと思われます。高床式建物・入れ墨の風習・貫頭衣などの南中国と弥生時代の風俗の一致は華中ルートの可能性を裏付けるものであると思われます。

水稲耕作が玄界灘沿岸部に最も早く伝播したことは、菜畑形跡・板付遺跡や伊都島半島の曲り田遺跡などの水田跡の調査内容を見るとまず間違いがないようで、水利灌漑の施設や農具や収納の状態など技術水準が極めて高かったことが知られています。菜畑形跡の縄文晩期末の遺構は、放射性炭素年代測定によれば、紀元前六八〇±三〇年、または紀元前六七〇±六〇年です。朝鮮半島の最古の稲作遺跡として知られる忠清南道扶餘郡松里菊遺跡から出土した炭化米は、菜畑形跡から出土する炭化米と形態・形質及びその他の計測値が極めて近似しています。放射性炭素年代測定によれば紀元前七一五±六〇年、または紀元前六一五±九〇年の頃とされています。菜畑形跡は松里菊遺跡とほぼ同じ時期にあたります。

稲作の列島への受容の始まりの時期に使われていた土器は突帯文土器です。突帯文土器とは、口縁部や土器の上部に突帯と呼ばれる粘土の帯を貼り付けた甕のことです。壺・鉢・高坏などの日常に使う土器を伴うことが多く、これらの総体を突帯文土器様式といいます。突帯には刻目を施すことが多いですが、時期と地域によってさまざまなありかたをみせます。

突帯文土器様式が従来の縄文土器と異なっている特徴は、壺という土器の型式です。壺というのは従来の縄文土器にはない器種で、朝鮮半島の無文土器の影響を受けて出現したものとされています。また、貯蔵用の壺・煮沸用の甕・高坏・浅鉢は朝鮮の無文土器の構成そのものであり、朝鮮から相当の影響を受けていると見なければならなくなります。このことは、弥生文化の大きな流れが朝鮮の無文土器文化と密接な関わりがあるということになります。高倉洋彰氏は著書『弥生』(光文社文庫、一九九一年)の中で次のように述べています。

「初期稲作にともなう土器は壺・甕(深鉢)・浅鉢・高杯からなるが、これは朝鮮無文土器の器種構成そのものである。器形に類似がみられるのみならず、縄文土器の系譜から生まれてこなかった壺が無文土器に出自することはすでに後藤直氏によって指摘されている。無文土器の壺は外面を縦方向のヘラ削りで仕上げる技法をもつが、それも凸帯文土器に認められている。……無文土器時代の朝鮮半島では、朝鮮民主主義人民共和国ピョンヤン市南京遺跡、韓国忠清南松菊里・京畿道欣岩里・慶尚南道大坪里などの遺跡で短粒のジャポニカ種のコメが検出されている。松菊里遺跡では米のみだが、南京三十六号住居跡から米・アワ・キビ・モロコシ・ダイズ、時代は新しくなるが慶尚南道府院洞遺跡では米とオオムギ・コムギ・アワ・ダイズが検出され、畑作を行っていたことがわかっている。菜畑遺跡以降、多くの遺跡で様々な種子が報告されているように、列島の初期農耕も決して稲作のみではない」(八十二~八十三頁)

これらから見ると、朝鮮半島から稲作が伝わるとともに、無文土器の影響を受けた凸帯文土器から弥生土器への変化の系譜が認められます。そして稲作のみではなく、日本の稲作が開始される時に、稲作と畑作を併用するスタイルも韓国の当時の農耕をそのまま引いているのです。

松里菊遺跡の住居は円形の竪穴式住居でありますが、福岡県粕屋町の弥生早期の江辻遺跡では、住居はすべて松里菊遺跡と同じ円形です。また稲作の受容期の列島における村の特徴として環濠集落の形成が挙げられます。江辻遺跡では小規模ですが、板付遺跡になるとかなり大規模な環濠集落が形成されます。環濠集落は稲作受容期に初めて登場する集落の形態です。おそらく、稲の栽培以後他部族からの略奪に備えるためのものであろうと思われます。確かに他人が作った米を略奪するくらい手間のかからないものはないのです。それに応じて村民自らの生命をも守る必要が生じたのです。こういう事態は縄文時代にはなかったので、縄文期には環濠集落はできなかったのでしょう。このような事態は縄文文化期では生じなかった問題なのです。環濠集落は既に稲作の導入が列島に先行した朝鮮半島に生じており、環濠集落は稲作技術とともに朝鮮半島から伝えられたと見るべきでしょう。

(3) 日本列島における青銅器の伝播

北部九州に青銅器がいつどのような形で伝わったかは、歴史上きわめて重大な意味をもちます。なぜなら、北部九州一帯を支配した最初の王族は、青銅器を積極的に朝鮮からもたらした部族であると想定されるからです。この問題について論及しようとするなら、まず北部九州や出雲に青銅器が伝播される以前に、朝鮮半島が中国から青銅器をいつどのような形で受容したかについて知見を得なければなりません。それについて、高倉洋彰氏の『金印国家群の時代』（青木書店、一九九五年）を参考にして以下要約したいと思います。武末純一氏は朝鮮の青銅器受容から発展の過程を第Ⅰ期～第Ⅴ期に分類します。また、弥生時代は早期（紀元前五世紀～前四世紀）、前期（紀元前三世紀～前二世紀）、中期（紀元前一世紀～紀元一世紀半ば）、後期（紀元一世紀半ば～三世紀半ば）とします。

第Ⅰ期は、中国の遼寧地方より、最初に朝鮮の人々が青銅器を受容した段階です。遼寧式の銅剣・銅製の斧・刀子・銅鑿（木材に穴をあける工具）などが出土します。これらは中国の遼寧地方よりもたらされたものです。これらとともに磨製石器・磨製石鏃が出土しています。忠清南道扶餘郡の松菊里遺跡を見ても磨製石器の時代に青銅器が突然入ってきたというような出土の状態です。この時期はちょうど北部九州に稲作が伝播された頃と見られ、遺跡では突帯文土器が出土します。突帯文土器とは、縄文晩期から弥生早期にかけて九州から東海地方東部までの広い範囲から出土する土器で、口縁部や肩部に突帯（刻み目）の入ったものです。

第Ⅱ期に入ると、遼寧式銅剣より形を変えた細くて鋭利な銅剣が現れます。おそらく、戦闘用に鋭利な剣に替えたのでしょう。それらは、中国からの渡来人が朝鮮で鋳型を作成し、その技術が朝鮮に元からいる人にも伝えられたのでしょう。その他に、多紐粗文鏡・防牌形銅器（用途は確実ではないが、防御用の鎧《よろい》のような形で、銅器の上側に開けられた孔から見て衣服などにつけられた儀式用の道具と思われる）・小銅鐸等も出土します。これらの青銅器とともに出土した黒陶の長頸壺《ちょうけいこ》や粘土帯土器片から見て紀元前四～三世紀の頃と考えられます。

第Ⅲ期になると青銅器は慶尚道や全羅道など朝鮮半島の最南部まで青銅器が造られるようになります。細形銅剣は下部まで刃をつける新しい形に変化し、銅剣に銅矛・銅戈が加わります。多紐粗文鏡はより緻密な幾何学的文様が刻まれた多紐細文鏡に変貌を遂げます。他には、小銅鐸・馬鐸・鈴付錨形銅器など多種にわたっています。第Ⅲ期の後半、紀元前一〇八年に前漢の武帝は楽浪郡を設置して朝鮮半島の統治へと踏み出します。北部九州に青銅器が伝播する弥生前期末～中期中頃はこの第Ⅲ期にあたります。佐賀県宇木汲田遺跡や福岡市の吉武高木遺跡から細形の銅剣・銅矛・銅戈が出土しますが、これらは当時の朝鮮の青銅器そのものの反映です。

第Ⅳ期は紀元前一世紀後半～紀元直後にあたりますが、このころになると朝鮮半島では鉄製武器が登場し、青銅器の武器は形骸化していきます。多紐細文鏡は消滅し、前漢鏡に取って代わられることになります。この時代の慶尚南道義昌郡の茶戸里遺跡からは、小形の内向花文星雲鏡や五銖銭・馬鐸・帯鉤・削刀のような漢代の文物は武器とともに鉄器化が急速に進んでいます。

第Ⅴ期は現地生産の鉄器生産が圧倒的に進み、朝鮮半島の青銅器文化は終焉します。慶尚南道金海郡良洞里遺跡の出土品を見ると、この状況が如実に現れています。そして、青銅器の武器形祭器や鏡は逆に北部九州に流入してくるようになります。

この後、日本列島の九州や出雲に銅鋳物の職人の流入による銅鋳物の技術や銅の原材料の獲得ルートができてきて、銅矛・銅剣・銅鏡・小銅鐸などが生産されるようになりました。これらの銅製品は武具や祭祀道具として使われ、水稲技術の流入とともに、国家権力の象徴として無くてはならない必需品になっていきます。

（4）日本列島における倭人国の成立

前記のような朝鮮と列島の文化交流を考えてみれば、初期の稲作は朝鮮半島を経由して列島に受容されたものと考えるのが妥当だと思われます。もっと正確に言えば、朝鮮半島に住む倭種の人によって稲作が伝えられたというべきでしょう。なぜならその稲作技術の内容は南中国の倭種の人々が伝えた中国江南稲作の反映と見られるからです。また、縄文時代に先行して、熱帯ジャポニカを携えて中国から直接九州に渡ってきた人もいたでしょう。しかしながら、それらと水稲の伝播との違いを考えてみれば、水稲の伝播の際にはかなり多くの朝鮮からの渡来人の流入が見られることです。それら渡来人とは別に直接に列島に、あるいは朝鮮半島を経由して列島に渡ってきた倭種の人たちもいます。

高床式建物や『魏志』倭人伝に見る「冬夏生菜を食す」という生野菜の食習慣などは、いまだに中国西双版納における哈尼族などの習慣に見えます。中国国内では南中国の部族以外は生野菜を食べる習慣はなかったと聞きます。これなども、『魏志』倭人伝の三世紀の頃に列島に住んでいた人に生菜は食習慣になっていたほどですから、相当多くの江南地方をルーツとする人が列島に渡ってきたに違いありません。また、『魏志』倭人伝の「婦人は被髪屈箚し、衣を作ること單被の如く、其の中央の穴を穿ち、頭を貫きて之を衣る」という貫頭衣も高床式住居に住む南中国やタイの小数部族に残っています。これらも多くの江南地方を原郷とする人たちが列島に移り住んだ証拠です。

私は、朝鮮から水稲を伝えた倭種の人々が中心になって縄文人たちを勢力下に収めて国づくりをしたのが倭人国の始まりだと思います。日本で最も古い水稲の菜畑形跡の縄文晩期末の遺構は、放射性炭素年代測定によれば、紀元前六八〇±三〇年、または紀元前六七〇±六〇年ですから、その頃から徐々に倭人国のもととなる集団が九州に住み始めたのでしょう。『論衡』に書かれた「成王時、越常《えっしょう》、雉を献じ、倭人、暢を貢す」の倭人は南中国土着の人たちで、このことはすでに前述で証明しました。この南中国の倭人の末裔が朝鮮半島に水稲を伝え、さらに九州に水稲を伝えたのです。

天孫邇邇芸命が、五伴緒《いつとものお》を従え三種の神器をたずさえて、筑紫の日向の高千穂の久士布流多気《くしふるたけ》に天降《あまくだ》ったという説話が『古事記』に載せられています。朝鮮の『三国遺事』が伝える首露王神話は次のようです。伽耶地方の村々の首長らが亀旨峰《くじぼん》という山に集まって、神迎えの祭りを行っていると、天から紫色の紐が垂れていて、紐の端には黄金の卵が六つ入った赤い包みがあり、その中の一つから伽耶国の始祖である首露が生れました。ここには朝鮮南部（釜山市に近い慶州南道）に位置している亀旨峰《くじぼん》のことが書き記されています。筑紫の日向の高千穂の久士布流多気《くしふるたけ》と亀旨《くじ》峰《ぼん》は王の誕生説話として共通しています。さらに、天孫邇邇芸命が筑紫の日向《ひむか》の高千穂に天降ったことを述べたすぐあとの『古事記』の一節に、「『此の地は韓国《からくに》に向かひ、笠沙《かささ》の御前に真木《まき》造りて、朝日の直刺《たださ》す国、夕日の日照る国なり、故、此の地ぞ甚吉《いとよ》き地』と詔りたまひて、底つ石根《いわね》に宮柱ふとしり、高天原に氷《ひ》ぎたかしりて坐しましき…」とあり、朝鮮との関係が語られています。

天孫邇邇芸命の天孫集団が南朝鮮の加耶方面と深い関係にあり、そこから北九州に渡来したであろうことを暗示しています。このように、加耶諸国のある倭種の人の集団が鉄器・青銅器や水稲などの技術を携えて日本列島に進出し、日本列島の土着の縄文部族を征服し、北九州の広いエリアでの建国がなされたことは間違いがないでしょう。

北部九州への青銅器の伝播は、朝鮮の青銅器文化の第Ⅲ期でした。この時代の北部九州では多紐細文鏡や小銅鐸・銅鉇・銅釧が出土するので、まさに朝鮮の同時期の出土品と適合します。稲作の伝播から考えてみると、稲作を行うことによって共同作業が生じ、また田や畑を守ることから環濠集落がつくられます。さらには、青銅器による武器の導入、また、鉄器の武器の導入などがあり、土地をうまく管理し、戦争に勝つことができる大集団がどんどん膨らんでいったようであります。

日本神話では、天孫降臨より北部九州の統治が始まり、紀元五七年に武帝より「漢委奴國王」の金印を賜った王、それから『後漢書』に書かれた紀元一〇七年に後漢の安帝に朝貢した王帥升、それから『魏志』倭人伝に書かれた卑弥呼や壹与などは中国江南から朝鮮半島を経由して何世代か経ながら北部九州に渡来して来た倭人の末裔であろうと思われます。

日本列島の「倭人（国）」とは、稲作を携えてやってきた朝鮮の倭種の人が日本列島にやってきて作った国です。それ以前の縄文時代には倭人の国はなかったのです。日本最古の水稲遺構が見られる菜畑遺跡や板付遺跡では、縄文式の土器が出土し、朝鮮の倭からやってきた人たちによって、縄文人を従えて水稲を収穫し蓄積する集団が出現し、それらの人々によって作られた国が「倭人（国）」なのです。したがって『論衡』の日本列島の「倭人」による「貢暢」などあろうはずがありません。「倭人（国）」がいつできたのかは弥生時代とする以外に明確なことはわかりませんが、『漢書』の「樂浪海中有倭人」の記述がなされ、その時、漢人により初めて日本列島の倭人（国）が知られるところとなったのです。

（5）卑弥呼の墓——筑紫王墓のゴールデンベルト

福岡県内の吉武高木遺跡、須久岡本遺跡、平原遺跡、三雲南小路遺跡、井原鑓溝遺跡は倭国王の王墓群であると私は思います。

中山平次郎博士（一八七一〜一九五六年）は須玖岡本遺跡の古鏡研究家として有名です。博士は、三雲遺跡と須玖岡本遺跡出土の鏡・剣・玉がともに中国製であるとし、前者を前漢代に在位した伊都国王、後者を金印「漢委奴国王」を授かった奴国王の先代の墓であると結論づけました。須久岡本遺跡は地元では奴国の王墓とされており、遺跡一帯の一部は現在奴国の丘歴史公園となっています。ところが、実際には奴国の位置は単なる推測であり、そう簡単に結論付けるのは早計に過ぎます。さらに金印「漢委奴國王」印は委の奴国と読むのではなく、実は委奴国と読み、倭人国の意味であることは第４章において詳しく述べます。遺跡の出土品の質の高さ、量の多さから考えれば、須久岡本遺跡は倭国の王墓であると推測されます。また、三十五面の前漢鏡を出土した三雲南小路遺跡や井原鑓溝遺跡についても伊都国王の墓と考える人もいるようですが、これもまた、鏡の多さから判断すれば、須久岡本遺跡と同様に倭国王の墓と推測されます。

まず、福岡市内にある墳墓群で一番古い王墓として知られる吉武高木遺跡群を見てみましょう。吉武高木遺跡群は、早良平野の中央部を流れる室見川の中流に位置します。特に弥生時代前期末～後期初頭の甕棺墓、木棺墓は総数千二百基にも及びます。

吉武高木遺跡では、弥生時代前期末～中期初頭の甕棺墓・木棺墓等十一基より構成されています。吉武高木遺跡では弥生時代前期末～中期後半の甕棺墓三十四基、木棺墓四基、土壙墓十三基が発見されました。墓域の西側からは甕棺墓八基と木棺墓四基から細形銅剣九口、細形銅戈一口、細形銅矛一口、多鈕細文鏡一面、銅釧二個、ヒスイ製の勾玉、碧玉製の管玉などが出土しました。特に、三号木棺墓からは細形銅剣二口、細形銅矛一口、細形銅戈一口、多鈕細文鏡一面、ヒスイ製勾玉、碧玉製管玉類が発見され、この墓群の中でも最盛期の中心的存在と思われる王を埋葬した墓と考えられています。多鈕細文鏡は朝鮮の鏡で、ここから朝鮮との交流がわかります。

吉武大石遺跡は吉武高木遺跡の北西側に位置し、弥生時代前期末～中期後半の甕棺墓二百二基、木棺墓八基、土壙墓十三基、祭祀遺構五基が発見されています。二百にも及ぶ甕棺群はまさに圧巻です。甕棺墓・木棺墓十三基より銅剣、銅戈、銅矛の武器、玉類が出土しました。また、磨製石剣の切先や磨製石鏃なども出土していて、これらは戦いで受けた傷痕と考えられ、戦士の墓とも考えられています。吉武高木遺跡は弥生前期の他の同時期の遺跡に比べて、その規模と副葬品の豪華さは比類がありません。それは金印「漢委奴國王」の委奴國王（倭人の国王）の系譜を引く王の墓と考えて差し支えないと思われます。

前原《まえばる》には平原遺跡、三雲南小路遺跡・井原鑓溝遺跡と三つの王墓が並んでいます。この三つの王墓は伊都国王の墓とする学者も多いですが、これもやっぱり他の弥生墓からは突出した副葬品が出ていますので、規模から見て倭国王の系譜を引く王墓と思われます。

この三つの中で最も古いのは三雲南小路一号甕棺墓です。出土品は、銅剣一、銅矛二、銅戈一、前漢鏡三十三面戦国鏡二面、金銅製四葉座金具八個、ガラス壁片六個体分、ガラス勾玉三個、ガラス管玉六十個以上などです。一号甕棺墓の北西のすぐ近くに二号甕棺墓があり、墓周辺の三分の一程度が破壊された状態で出土しています。副葬品は、前漢鏡二十二面以上、ガラス小勾玉十二個、硬玉勾玉一個、ガラス製垂飾品などです。「方形周溝墓」であるが、一・五メートル以上の盛り土の墳丘墓であることが確認されています。副葬品の内容から、一号墓は「王」、二号墓は「王妃」のものと推定されています。

次に古いのは井原鑓溝遺跡です。ここからは王莽の新代から後漢の時代にかけての鏡が二十一面出土しています。他に巴形銅器、鉄刀・鉄剣類が出ております。この遺跡は江戸時代の天明年間（一七八一～一七八八年）に発掘されているので、出土品には不明なところもありますが、鏡については青柳種信の著した『柳園古器略考』に記されておりますので正確な情報といえます。

次に、須玖岡本遺跡について説明したいと思います。

須玖岡本遺跡はその中心から甕棺墓百十六基、土坑墓・木棺墓九基が出土しています。墓は全部で約三百基出ています。王墓と見られる墓の上には大きな岩盤が載っており、この形から見れば支石墓であることは間違いないようです。

この墓から出土した銅鏡についていささか不可解な事情があります。この墓からは前漢鏡が三十二面出土しているのですが、この同じ墓から後漢末期と見られる夔《き》鳳《ほう》鏡が一面出土しています。この鏡については梅原末治の「筑前須玖遺跡出土の夔鳳鏡に就いて」（『古代学 PALAEO LOGIA』第八巻増刊号、一九五九年）に詳細な調査の記録が残っています。ベトナムのサイゴンに近い古《いにしえ》の扶南国の海港にあるゴ・オケ遺跡から同じ夔鳳鏡の破片が出ていて、同遺跡からは二世紀中葉のローマ時代の貨幣が出ています。梅原氏はパリノギメー博物館でこれらの鏡を調査し、須玖岡本の夔鳳鏡はゴ・オケ遺跡の夔鳳鏡より退化した様式に属し、それよりも新しいものと判断されました。したがってこの夔鳳鏡は後漢（二五〜二二〇年）以後と考えられます。これを正しい編年と考えると、須玖岡本の王墓が造られた時期は早くても二世紀前期以降に上限を置くことになります。ただし、須玖岡本遺跡の前漢鏡と魏晋前後の夔鳳鏡一面の時代の違う鏡を以て、須玖岡本遺跡をどの時代と捉えるかについて私にはよくわからない所もあります。梅原末治氏の夔鳳鏡一面は後から混入したという説や古田武彦氏の前漢鏡・夔鳳鏡一面同時埋葬説があります。須玖岡本遺跡は巨石下甕棺墓と言われ、支石墓と甕棺が特徴となっており、支石墓は日本では縄文晩期から弥生時代前期と言われており、甕棺は三雲南遺跡から平原遺跡まで一貫して見られる墓制です。須玖岡本遺跡は水稲田や甕棺を出土した板付遺跡にも近く、夔鳳鏡の存在を除けば、この地域の弥生前期から弥生中期に系統的につながる王墓であるように見られます。ただ、この墓ができた時期については、梅原氏の夔鳳鏡混入説も捨てがたいし、古田説も否定はできないのです。

また須玖岡本遺跡からは片磨岩製の小銅鐸型、銅矛五（細形四、中細形一）、中細銅戈一、銅剣二以上（多樋式一、中細形二）、ガラス璧片二、ガラス勾玉一、ガラス管玉十二が出ています。

その他に、須玖岡本遺跡にはもう一つ注目すべきことがあります。それは、この遺跡から絹房の断片が出ていることです。ブルーに染められていますが、中心部には赤みがあります。『魏志』倭人伝では、卑弥呼が魏より「親魏倭王」の「金印紫綬」を賜っており、「紫綬」は紫の紐であり、この絹房の断片は限りないロマンをかき立ててくれます。これらのことは古田武彦著『俾弥呼』（ミネルヴァ書房、二〇一一年、二百七十九〜二百八十頁）に詳しく書かれておりますので、参照ください。

次に平原遺跡について説明したいと思います。

遺跡は、方形周溝墓三基と、円形周溝墓二基で構成されています。出土品の中で特に目を引いたものは四つの四十六・五センチもの大型の日本で作られた内行花文八葉鏡です。これほど大きい鏡の出土は後にも先にも見当たりません。そのほかに後漢鏡が三十七面出土したのですが、ほとんどが破砕した形で出土しており、その理由は明らかではありません。ガラス製連玉も多数出土していますが、これもまた破砕された形で出てきています。武器としては、約七十五センチの鉄製素環頭太刀のみで、銅矛・銅剣・銅戈などは出土していません。その他に、ガラス製勾玉三個、ガラス製管玉三十個以上、ガラス製小玉六百個以上、瑪瑙製小玉一個、琥珀製丸玉千個以上、琥珀製管玉一個などのおびただしい玉類が出土しています。武具類が少ないところからこの墓の被葬者は女性ではないかと推測されます。また腕輪である銅釧の類が皆無であり、そのことは三雲南小路・須久岡本・井原鑓溝の各遺跡と共通しています。

平原遺跡を発掘した原田大六氏の『実在した神話』（学生社、一九六六年）によると、「土壙の東南壁と西北壁とのほぼ中央に一本ずつの柱穴があり、その外側にさらに一本ずつ柱穴が発見されました。西南と東北に四本の柱穴があり、東北には補柱穴二つがならんでいました。その大体から見ると、銅鐸や弥生式土器などの絵画に見うける棟持柱をもつ、切妻造りの柱の配置に、きわめて近いものであった。殯宮関係の遺構と思われる。このモガリノミヤの正面は、東北方に向いていたらしく、その方向に鳥居址らしい柱穴二個が、モガリノミヤの主軸線に平行して並んでいた。」とあります。棟持柱といい、鳥居といい私が西双版納の山奥の村で見た光景と相似通っています。平原王墓の主は中国から稲を携えてやって来た原倭人の末裔の墓であることは間違いがありません。

さて、私は五つの王墓について述べましたが、次代順に並べると、吉武高木遺跡が一番古く、次に、三雲南小路遺跡・井原鑓溝遺跡で最後が平原遺跡となります。須玖岡本遺跡はこれらの中で三雲小路遺跡と同等かやや古いかもしれないし、平原遺跡よりもやや古い遺跡かもしれず、判別の難しい墓です。

出土した副葬品より吉武高木遺跡がこの中で一番古いことは揺るぎません。鏡の出土より見た場合、三雲南小路遺跡からは前漢鏡三十三面・戦国鏡二面、須玖岡本遺跡からは前漢鏡が三十二面・魏晋前後の夔鳳鏡一面、井原鑓溝遺跡からは後漢鏡二十一面、平原遺跡からは後漢鏡三十七面と大型の国産鏡四面が出土しております。これらは先述しましたように、倭国の王墓かあるいはそれに準ずる階層の人物の墓と思われます。ここで注目すべきは、三雲南小路遺跡・須玖岡本遺跡・井原鑓溝遺跡・平原遺跡が卑弥呼・壹与の前後の時代に当たっていると思われることです。これらの墓から前漢鏡・後漢鏡が出土していますが、その鏡が中国で作られた年代が即これらの墓のつくられた年代と同じであることではないと思われます。中国側が倭人に鏡を供与する場合、倭人のために鏡を作るのでなければ、彼らが保有する古い鏡を送ることも十分に考えられます。また、前漢鏡と同じ型式の鏡が後漢代に製作されることもあり得ます。須玖岡本遺跡の前漢鏡三十二面と後漢後期以後の夔鳳鏡一面の出土が考古学的に難しい問題を孕《はら》んでいます。(夔鳳鏡が後漢期以降のものであることは古田武彦氏が証明されている(『よみがえる九州王朝』角川選書、一九八三年、八十四~百二十頁))。それよりも一番大事なことは、三雲南小路遺跡・井原鑓溝遺跡・平原遺跡の三王墓は副葬品の豪華さから見ても、弥生中期から後期に比定できるように思えることです。弥生前期から中期を経て後期になるにしたがって副葬品の質が高くなるのは当たり前の道理です。したがって、この三王墓を含む範囲は『魏志』倭人伝のいう「邪馬壹国」の近い距離にあると私は思います。九州に固有な銅戈・銅剣・銅矛の最密集地もまた「邪馬壹国」内と見ても然るべきです。また、先述した甕棺墓の中心地域はこの五王墓と重なっており、北九州において卑弥呼の祖先にあたる倭人の国を統一した集団は大型甕棺の墓制を踏襲した集団であったと思われます。甕棺の分布領域はそのまま『魏志』倭人伝に記述のあった国々である可能性が高いとも思われます。

はたして、五王墓の中に卑弥呼の墓が含まれているでしょうか。私の今の力量では、なんとも答えられません。ただ、『魏志』倭人伝による卑弥呼の墓は「冢」また「陘百餘歩」とあり土盛りがされた円墳であるので違うかなと思われますが、須玖岡本遺跡・三雲南小路遺跡・井原鑓溝遺跡・平原遺跡を見れば副葬品の質量において弥生時代後期にこれらに勝る遺跡はなく、その点では倭人国の倭王の系譜を引く卑弥呼かあるいは壹与、あるいはこの両人に非常に近しき関係のある人が被葬者である可能性が高いと思います。

第4章

金印「漢委奴国王」について

張　莉

はじめに

『後漢書』東夷傳・倭に「建武中元二年、倭奴國奉貢朝賀、使人自稱大夫、倭国之極南界也。光武賜以印綬（建武中元二年、倭奴国、奉貢朝賀す。使人自ら大夫と称す。倭国の極南界なり。光武、賜ふに印綬を以てす）」とある。江戸時代に金印「漢委奴國王」が発見され、これが『後漢書』にいう「印綬」であることは疑いなく、日本の古代史の中では最も有名な金石文となった。建武中元二年（五七年）に光武帝より授与された金印「漢委奴國王」の「委奴」について、その意味を述べてみたいと思う。

従来の「金印」説は、「委奴」を音で読むという見識で、「漢の委《わ》の奴《な》の国王」としたり、「漢の委奴《いと》国王」とする見解であった。『魏志』倭人伝には「奴国《なこく》」が出ているのでそのような考えが生じたのであろうし、また同じく『魏志』倭人伝に邪馬壹国に次ぐ重要な国として「伊都国」が出てくるので、「委奴《いと》」であるという考えが生じたのであろう。本論文では、それらの誤りを正し、漢字学的・言語学的な観点から「委奴」は音で読む熟語ではなく意味を合成した熟語であることを考察した。そして、その意味を探るには『漢書』から『三国志』「魏志」倭人伝に出てくる「倭人」の意味を明確にすることが必要とされる。そのことは、今までの歴史学者が気づかなかった盲点であったように思われる。まず、『魏志』倭人伝における「倭人」とは日本列島における主要国の国名の意味であることを論証し、その次に「倭人国」と「委奴国」は同じ意味であることを本論文で論証したいと思う。

※以下の「金印『漢委奴国王』について」の記述は、張莉が『中国文字（英語版）JOUNAL OF CHINESE WRITING SYSTEMS』（SAGE）に掲載予定の論文の元原稿です。

（１）金印「漢委奴國王」の「委奴」の従来説

「漢委奴國王」は「漢の委《わ》の奴《な》の國王」と訓ずる三宅米吉説が最も有名である。「漢の委奴《いと》國王」と読んで「伊都國王」に比定する説も多く支持されている。「委の奴」の読みは、本居宣長が『馭戎慨言《ぎょじゅうがいげん》』において『魏志』倭人伝の奴国を儺県《なのあがた》、那津《なのつ》に比定したことに起因する論である。「漢の委奴《いと》國王＝伊都國王」は江戸時代に藤貞幹・上田秋成が唱えたもの。古田武彦氏は『失われた九州王朝』（角川書店、一九七九年）において「漢の委《わ》の奴《な》の國王」つまり「AのBのC…」と読む国名の「三段細切れ独法」は古代中国の印文には他に存在しないことを述べた。これに関して反論がある。京都の大谷大学に「漢匈奴悪適尸逐王」と刻まれた銅印があり、これを三段の国名と考える人がいるのである。一見すると「漢の匈奴の悪適尸逐の王」と三段に見えるが、これは「悪適尸逐王」という匈奴の王号であって、三段国名ではない。また、金印は銅印の「漢匈奴悪適尸逐王」に比べて別格の格上であり、東夷のかなり広い地域と多数の人員を包括する王に与えられたものである。したがって、金印は特に、AのBのCなどという三段地名の小さな国に与えられるようなものではない。また「漢の委奴《いと》國王」という読みについて、古田武彦氏は「しかし、『委奴』を『伊都』と読むことはできない。したがって、志賀島の金印はやはり、二段国名であるとみなすほかありません。なぜなら、『三國志』の記載に従うかぎり、〝一世紀に伊都国が倭人の中心国であった〟という可能性は、全く認められないからである」（古田武彦『失われた九州王朝』角川書店、一九七九年、五十一頁）と述べ否定している。これは奴国についても全く同じことが言える。最終的に、古田氏は「委奴国＝邪馬壹国」（同上、五十三頁）という等式を樹立した。『旧唐書』倭国伝の冒頭にも「倭國者古倭奴國也（倭國は古《いにしえ》の倭奴國なり）」とあり、「倭国」が「倭奴國」を出自とすると語られている。漢の武帝は、日本列島内のいくつかの小国を統合した国として「委奴國」を認めたからこそ金印を授与したのであり、一小国の奴国や伊都国に金印を与えたとは考えにくい。

（2）『漢書』『三国志』魏志における「倭人」の意味

『魏志』韓伝・倭人伝の中で「倭」は六回出現しそのすべてが朝鮮半島の「倭」であり、「倭人」は日本列島の国名として一回出ている。「倭人」が国名であることを以下に論述する。「倭」と「倭人」は明確に差別化されている。「倭」と「倭人」を国語的な解釈をしてそれらが同じだと言うのは間違いで、「倭」と「倭人」を状況語と捉えてそれぞれが『魏志』の中でどのように使われていたかを調べることが必要である。

倭人伝の「従郡至倭、循海岸水行、歴韓国、乍南乍東、到其北岸狗邪韓国、七千餘里（郡より倭に至るには、海岸に従って水行し、韓国を歴て、乍《あるい》は南し乍《あるい》は東し、其の北岸狗邪韓国に到る七千余里）」の「倭」は朝鮮半島における「倭」という国の概念である。「其北岸狗邪韓国」の「其」は「倭」を指しており、「倭」の定点の狗奴韓国までの距離が「其北岸狗邪韓国」なのである。

『魏志』の「倭人」が国名であると最初に認識したのは松本清張氏であった。しかし、そのことはほとんどの歴史家に認知されることがなかった。私は松本氏の論を掘り起こし、「倭人」が中国側によって付けられた当時の日本列島における国名を意味することを以下論証したいと思う。

『爾雅』釈地の九夷注に「李巡曰、一玄菟、二樂浪、三高麗、四満飾、五鳧更《ふこう》、六索家、七東屠、八倭人、九天鄙」と述べられている。一玄菟、二樂浪、三高麗……はすべて国名のカテゴリーであり、この中の「倭人」は同じカテゴリーの国名と解するべきである。李巡は、後漢の汝陽の人で、霊帝（一六八～一八九年）のとき、中常侍となった人で、彼の生きた時代は『漢書』から『魏志』の時代の間である。

『三国志』巻三十 烏丸鮮卑東夷伝には烏丸・鮮卑・扶餘・高句麗・東沃沮・挹婁・韓・倭の国名が列挙されている。この中の「倭」は朝鮮半島における「倭」という国を指す。従来の歴史観では、この「倭」は日本列島の「倭人国」とされているがそれは間違いである。なぜなら、『魏志』韓伝・倭人伝の文章で出てくる「倭」はすべて朝鮮半島の「倭」であるからである。「倭人」の名前が出てこないのは、朝鮮半島の「倭」と同じ倭種の人が住む国として、

「韓伝」の「倭」の延長線上で「倭人国」を記述したからである。『魏志』において国名が「倭」と「倭人」が異なっている以上これらは別の国と見るべきである。

さらに、『漢書』から『新唐書』における日本列島に関する記述の例を挙げる。

『漢書』「樂浪海中有倭人、……」
『魏志』倭人伝「倭人在帯方東南海之中、……」
『後漢書』倭伝「倭在韓東南大海中、……」
『宋書』夷蛮伝・倭国「倭国在高驪東南海中、……」
『晋書』四夷伝・倭人「倭人在帯方東南海中、……」
『隋書』俀国伝「俀国在百済・新羅東南、……」
『旧唐書』列伝二十三「倭国者、古倭奴國也。去京師一萬四千里、在新羅東南大海中」
『新唐書』列伝二十五「日本、古倭奴也。去京師萬四千里、直新羅東南、在海中」

この中で、枠で囲んだ語である倭人や倭や倭国を見てみよう。これらはみんな、国名である。このようにカテゴリー分類することによって中国の歴史書の状況語の意味が理解できる。すなわち、これらは中国の歴史書で国（あるいは地名）を言い表す定型的な文章なのである。したがって、この倭人は民族名ではあり得ない。即ち国名である。

「倭人」が国名であることの論証をさらに、ここに詳しく述べておきたいと思う。

① 『漢書』「樂浪海中有倭人」は「（場所）有（場所）」の構文である。したがって、この「倭人」は地域名もしくは国名と考えられる。この「倭人」が民族名であるということは構文上あり得ないと思われる。

② 『魏志』の「倭人」は『漢書』の「倭人」を踏襲したもの。したがってこの「倭人」も国名である。

③ 「倭人」は朝鮮の「倭」と差別化して作られた名称である。なぜなら、『魏志』韓伝に五つ『魏志』倭人伝に一つある「倭」はすべて朝鮮半島の「倭」であり、日本列島に単独の「倭」を用いた例がない。日本列島には「倭人」をただ一つのみ用いている。したがって朝鮮にある国としての「倭」と日本列島における「倭人」は『魏

志』において別の国と認識されているのである。

④　「倭」と「倭人」の使い分けの理由は『魏志』には書かれていない。それで推測するしかないのだが、私は朝鮮半島に住む倭種の国を「倭」とする表現が既に『山海経』の「倭」以来あって、それと日本列島の倭種の国を差別化するためにあえて国名の「倭人」と命名したのだと考える。その発端は『漢書』の「樂浪海中有倭人」の「倭人」である。

（3）「委奴」の明確な意味

『漢書』における「樂浪海中有倭人、分爲百餘國（楽浪海中に倭人あり、わかれて百余国をなす）」の「倭人」、金印「漢委奴國王」の「委奴」、『魏志』倭人伝における「倭人在帶方東南大海之中 依山島爲國邑 舊百餘國（倭人は帯方の東南大海の中に在り、山島に依りて国邑をなす。百余国）」の「倭人」は、三つとも同じ意味で使われている。これらの「倭人」「委奴」はいずれも国の名前であり、「金印」は『漢書』と『魏志』の間の時代にあるところからすると、「委奴」＝「倭人」である。『漢書』から『三国志』魏志の間は日本列島の主要国として「倭人」が国名として使われており、その間に使われた「委奴」という語も同じ意味なのである。

五七年に漢の武帝より賜った金印の「漢委奴國王」の「委奴」は「倭人」を卑下した言葉であり、「倭人」の意味である。『魏志』の「倭人在帶方東南大海之中」の「倭人」と「委奴」は、これらの時代の中で使われてきた同一の表現に属し、日本列島内部の九州北部の国名を表すという同じ意味に帰着する。つまり「委奴国王」＝「倭人国王」なのである。「委奴国」という言葉からも「委奴」は国名であることは間違いないと思われる。

金印「漢委奴國王」は「漢の倭人国の王」という意味である。「委奴」は中国側により日本列島のある一定地域を統一した国とみなされ、それ故に後漢の光武帝にとっては「委奴国」と国交を開く意味があったのであろう。中国側からすれば「委奴国」という表現は、まだ大国としては認めにくいが、辺境に住みいくらかの国を統合した倭奴国＝

倭人国として認めることを表している。

「委奴」は「奴国《なこく》」や「委奴国《いと》（伊都国）」のように音を借りた仮借で読まれる語ではない。「委」と「奴」の意味を合成した言葉ある。現代中国語では、ハンバーグは「汉堡包（hànbǎobāo）」、ホットドッグは「热狗（règǒu）」で表記される。「汉堡包」は漢字の音を借りた仮借であり、「热狗」の「热」は熱、「狗」は犬の意で、これは意味を熟語化したものである。「委奴」は「热狗」と同じ類である。また、コカコーラは「可口可乐（kěkǒukělè）」と書き、音と意味の両方を踏まえて表記する方法を用いている。中国の漢字表記では、音と義を微妙に使い分けるのは古代からの修辞法である。

従来の解釈の欠陥は、「委奴」を音読みして「奴国」や「伊都」のように『魏志』倭人伝にある国名にあて、それ以外の解釈はないとする点である。「委奴」は音が結合された語ではなく、意味を以て結合された語である。『魏志』倭人伝では意味を含めた名称が他にもある。最古の版である紹熙本では「對海國」とされ紹興本では「對馬國」とされたが、その「對海國」の「海」は意味を示す語であり、また「一大國」の「大」も同じ用法である。それと同様に、「委奴」という呼称は、発音で理解するのは間違いで、意味を表す熟語と考えるべきだと思う。

(4)「委奴」の奴と「匈奴」の奴

「委奴」の義について、更に考察を進めてみよう。「委奴」を語る前に、同じ「奴」という字を用いた「匈奴」について考察してみたいと思う。

殷代から周初に至る民族名はすべて一字名称で、春秋・戦国時代から北狄・東夷にあたる国名は、匈奴・鮮卑のように二字名称が使われている。匈奴が初めて歴史に登場するのは『史記』によると前三一八年で、秦の恵文王のときである。韓・趙・魏・燕・斉の諸国が、匈奴を誘って秦を攻めたという記述である。匈奴には恭奴（『漢書』匈奴伝）、凶奴（『蔡中郎集』黄鉞銘、『釈迦方志』巻上、『慈恩寺三蔵法師伝』、『三国史記』新羅紀）、兇奴（『大唐求法高僧伝』巻上）、胸奴（『塩鉄論』巻三十八）、降奴（『漢書』王莽伝）などの漢字表現があり、共通の音を漢字で表記していることがわかる。北方の胡族に対して胡奴という表現も見られる。『晋書』劉曜伝の中に「安引軍追武曰、叛逆胡奴、要當生縛此奴、然後斬劉貢（安は軍を引き、武を追って曰く、叛逆した胡奴、もし此奴を生縛すれば、然る後に劉貢を斬る）」の例がある。胡奴、此奴の「奴」は人を蔑んだ表現であることは間違いないであろう。

『漢書』王莽伝に「東夷王度大海奉國珍、匈奴単于順制作、二名去。（東夷の王は大海を度《わた》りて国珍を奉じ、匈奴の単于《ぜんう》は制作に順い二名を去る）」とあるように、明らかに「匈奴」の王単于と「東夷の王」すなわち日本列島の王は対比して語られている。筆者は、「漢委奴國王」について、その「奴」は漢の北方の匈奴と対比して付けられた「奴」であると考える。

（5）「委奴」「匈奴」の「奴」は入れ墨をした「人」を表現したもの

「匈奴」の「匈」は『説文』九上に「膺也（膺《むね》なり）」とあり、胸の初文で、胸に×形の文身（入れ墨）を加えた人の側身形を表す象形文字である。「匈奴」とは、漢字から察するとおそらく胸に文身をした民族で、周以後中国の王朝を北方から荒す集団であり、そのため蔑称の「奴」字を使用したものと思われる。『史記』巻百十、匈奴列伝五十に「漢使王烏等窺匈奴。匈奴法、漢使非去節而以墨黥其面者不得入穹廬。王烏、北地人、習胡俗、去其節、黥面、得入穹廬。（漢は王烏《おうう》等をして匈奴を窺《うかが》わしむ。匈奴の法に、漢使の節《せつ》を去りて墨を以て其の面に黥《げい》する者に非《あら》ざれば穹廬《きゅうろ》に入るを得ず。王烏は北地の人にして胡の俗を習う。其の節を去り黥面《けいめん》して穹廬に入るを得たり。）」とあり、匈奴に墨黥の習慣があったことが知られる。

白川静博士によると、「文」は「人の正面形の胸部に文身の文様を加えた形」で、「凶礼のときにも胸に×形を加えて呪禁とすることがあり、凶・兇・匈・恟・胸などはその系列字である」と述べている。「文」は甲骨文に「」・「」などがあり、殷代の甲骨文が作られた頃には、胸に入れ墨をしていたのであろう。北九州の古い海人族であ

る宗像《むなかた》氏は『古事記』に「黥形」と書かれ、胸に入れ墨をした部族であったようである。

「奴」は『説文』十二下に「奴婢、皆古《いにしえ》の辠《ざい》（罪）人なり」とあり、奴隷・奴婢などの熟語を形成するから一番低い階層にある人を指しており、かつ、辠《ざい》は鼻に入れ墨をすることを言い、奴婢には罪人としての入れ墨が施されていたようです。『魏志』倭人伝に「男子無大小、皆黥面文身（男子は大小と無く、皆黥面文身なり）」とあり、「倭人」の入れ墨の風習が知られる。「倭人」もまた、「匈奴」と同じく文身（入れ墨）の風習があり、このような対比の上で「委奴」と称されたものであろう。

顔師古は『漢書』地理志の「樂浪海中有倭人、分爲百餘國、以歳時來獻見云（楽浪海中に倭人あり。わかれて百余国となる。歳時を以て来たりて獻見すと云ふ）」の「倭人」について次のように注釈している。「如淳曰、如墨委面在帯方東南万里。臣瓚曰、倭是國名、不謂用墨。故謂之委也。師古曰、如淳云如墨委面、蓋音委字耳。此音否也。倭音一戈反。今猶有倭國。魏略云、倭在帯方東南大海中。依山島為國。度海千里、復有國。皆倭種。（如淳曰く、如墨委面は帯方東南の万里に在り。臣瓚曰く、倭は国名なり、用墨を謂わず。故に是を委と謂ふなり。師古曰く、如淳、如墨委面を云ふに、蓋し音は委字のみ。此の音は否なり。倭音は一戈切なり。今猶ほ倭国有り。魏略に云ふ、倭は帯方東南大海中に在り。千里を度《と》海《かい》し、復た国有り。皆倭種なり。）」。如淳は三世紀中頃の魏の人、臣瓚は三~四世紀にかけての晋の人、顔師古は七世紀の唐の人である。

臣瓚が言ったように、如淳は「倭」の意を踏まえた「委」を使っていると私は考える。如淳は『漢書』地理志の「樂浪海中有倭人（楽浪海中に倭人あり）」を受けて「如墨委面在帯方東南萬里（如墨委面は帯方東南萬里に在り）」と注釈している。この二つの文章を対照すると「如墨委面」は「倭人」のことになるので、「委面」の「委」は「倭人（国）」の意味を捉えたものである。また、西晋時代に書かれた『三國志』魏書烏丸鮮卑東夷傳第三十には「践粛慎之庭、東臨大海。長老説有異面之人、近日之所出、遂周観諸国、采其法俗、小大区別、各有名号、可得詳紀（粛慎の庭を践《ふ》み、東、大海に臨む、長老説くに、異面之人有り、日の出づる所に近し。遂に周《めぐ》りて諸国を観《み》、其の法俗、小大の区別、各《おのおの》有する名号を采り、詳らかに紀を得る可し）」とあり、『三國志』魏書の「異面之人」は発音からみて如淳の「如墨委面」と同意の記述であると思われ、黥面の倭人を意味したものと考えて間違いはないであろう。

『後漢書』東夷傳倭に「安帝永初元年、倭國王帥升等獻生口百六十人、願請見（安帝の永初元年〈一〇七年〉、倭の國王帥升等、生口百六十人を獻じ、請見を願ふ）」とある。唐初に書かれた『翰苑』には「後漢書曰、安帝永初元年、有倭面上國王帥升至（後漢書曰く、安帝永初元年、倭面上國王帥升が至る有り）」とあり、「倭面上國王帥升」と記されている。また、『後漢書』の「倭國王帥升」が十一世紀に書かれた『通典』北宋版によると「倭面土國王帥升」とあり、更に唐類函・変塞部倭国条所引の『通典』には「倭面土地王帥升」となっている。

「倭面上」「倭面土」もまた、「異面之人」「如墨委面」と同意の語であろう。「倭面上」「倭面土」は、顔の上に入れ墨をした倭人の意である。『通典』の「倭面土地王」は、「土」を「土地」と解釈したもので、一連の「異面之人」「如墨委面」から意味が離れており、何らかの間違った解釈による記載と思われる。

そのように考えると、「倭面土」の「土」は土の顔料を顔に塗ることを意味し、「委奴」の「奴」と同じ入れ墨という意味に帰着するのである。中国の歴史書を著した代々の著者は、必ず以前の文献を見ており、それに対して注釈を加えたり、現在わかったことを書き加えたりするのは常例である。したがって、「委奴」「異面之人」「如墨委面」「倭面土」は明らかに一連の同義語なのである。また、末尾に「奴」のつく匈奴・胡奴・委奴・俀奴・倭奴の「奴」は「人」を卑下した語としてすべて同じ意味で使われている。（俀奴・倭奴については次項で説明する。）

(6)金印の「委奴」に類する『隋書』俀国伝の「俀奴國」

「委奴國王」は「人」を意味する蔑称「奴」を「委」に付け足したものであって、「倭人国の王」の意味と解せられる。『隋書』俀国《とういこく》伝に「安帝時、又遣使朝貢、謂之俀奴國（安帝の時、又使いを遣わして朝貢す、之を俀奴國と謂ふ）」とある。※俀国の「俀」は中国の発音では tui である。「たい」の読み方は、tui という読み方が当時の日本になかったため「tai」と呼び、それが現在に至ったものと思われる。

「俀奴国」とは『後漢書』に見る安帝（在位一〇六〜一二五年）に朝貢した倭国王帥升のことである。『隋書』には当時の日本列島の国のことを「俀奴国」としている。『隋書』の「俀奴」という表現は古い時代の「委奴」と同じ表現である。「委奴国」「邪馬壹国」「邪馬臺国」「俀国」と踏襲された一系の国の「俀国」の「俀」を「委」の代わりに嵌めたものである。『翰苑』にある「倭面上國王帥升」という記述から見れば「倭面上國」も「俀奴國」と同じ意味である。「俀奴」は「俀人」を卑下した呼称であるから、「委奴」も全くこれと同じ言い回しであると言ってよい。ここからも音で読もうとする「漢の委《わ》の奴《な》の國王」や「漢の委奴《いと》國王」と読めないことは明らかである。

また『宋史』日本伝には「日本國者本倭奴國也（日本国は本の倭奴国なり）」とあり倭奴国の名が見える。「倭奴国」はもと「委奴国」であり、後に「邪馬壹国」「邪馬臺国」「俀国」へと続く一系の国であることを示している。「俀奴」「倭奴」という表現は、「委奴」の時代の遥か後の時代の語であるけれど、「委奴」の意味を伝える語と考えられる。

（7）内藤文二氏の「倭奴國」＝「倭人國」論

上記の「委奴」の解釈については、すでに内藤文二氏が筆者と同じ考えを戦前に述べている。内藤氏は『歴史公論』（雄山閣出版、第五巻第二号、一九三六年、百七十九頁）の中で、「漢（カン）の委（ヰ或はワ）奴（ド）の国王」と読むべきであるとし、「奴」について「『奴』は『人』です。故に『倭奴國』も『倭人國』も『倭國』も同じ事である。『倭人國』は決して『倭の奴國（儺國）』ではあるまいと思ふ」と述べている。しかし、その後内藤氏のこの論がなぜか「漢委奴国王」の正しい見解としてその後、論議された形跡はない。

（8）『隋書』の多利思北孤は金印の存在を知っていた？

『法華義疏』の冒頭に「此是大委上宮王私集非海彼本（これは大委の上宮王の私集なり、海の彼の本に非ず）」とあります。ここに「大委」とある。日本の国名で「委」を使っているのは金印「漢委奴国王」と『法華義疏』の「大委」のみである。しかも「大委（国）」は「委国」すなわち金印の「委奴国」と一系の国であることを言ったものであり、それならば「上宮王」は「委奴国」「邪馬壹国」の系譜に連なる「俀国」の王として『隋書』に出てくる「多利思北孤」のことである。中国文献では三世紀中頃の魏の人である如淳の「如墨委面」があるが、それを「多利思北孤」が知っているはずはないであろう。当時の人は、金印の「漢委奴國王」を見ていなかったとすれば、金印にある「委」の字を用いた「大委国」と書くことはないだろう。ひょっとして「多利思北孤」は金印を見ていたのではなかろうか、という思いがよぎる。彼が金印を知っていたことは十分にあり得る話だと思われる。

おわりに

古代の歴史の出来事がどのようなものであったかを正確に言い当てることができるとすれば、それは古代文献と考古学的遺物に頼る以外に方法はない。「金印」は江戸時代に福岡県志賀島で発見され、それは『後漢書』の「建武中元二年、倭奴國奉貢朝賀、使人自稱大夫、倭国之極南界也。光武賜以印綬」と見事に符合する稀有な例である。したがって、古文献を十分精査すれば、必ず「委奴」の意味が明らかになるという思いが以前からあった。

私は、『漢書』『魏志』に出てくる「倭人」の意味を徹底して追い求めた。その時に、松本清張氏が『魏志』倭人伝の「倭人」を国名と捉えていることを知った。しかし、日本の歴史学会では、そのことを十分に認識する人はゼロに近く、現在でも松本説を振り返る人はほとんどいない。ところが、「倭人」国名説は非常に重要な歴史的事実であると思う。『魏志』では朝鮮半島内における「倭」と日本列島の「倭人」は明確に区別されている。朝鮮資料の『三国史記』と「好太王碑」には「倭」と「倭人」が別個のものとして表現されている。そうすると、「好太王碑」にある「倭」は朝鮮の「倭」であって、「倭人」は日本列島の人の軍隊を指すことになる。すなわち「好太王碑」は朝鮮半島の「倭」と高句麗の戦いを中心に記したものなのである。そして、『漢書』と『魏志』の間の時代にある「漢委奴國王」の「委奴」も「倭人」の意味と見て間違いがない。また、「委奴」は匈奴に対応する語としてつけられた名であることもこの論述の中で示した。更には、「奴」の古い解釈には入れ墨のニュアンスが含まれ、匈奴も日本列島の倭人も入れ墨をしていたことが古文献で知られる。私は、これらのことが総合的に解釈されたときに「委奴」の意味が明確になると考えた。私は漢字学が専門であって、歴史学の専門家ではない。論述の至らぬところがあれば、論文を読まれた方に批判を請いたいと思う。

参考文献：
『魏志』倭人伝（新訂魏志倭人伝・後漢書倭伝・宋書倭国伝・隋書倭国伝—中国正史日本伝（1）—編訳者石川道博、岩波書店、一九五一年）
『後漢書』（新訂魏志倭人伝・後漢書倭伝・宋書倭国伝・隋書倭国伝—中国正史日本伝（1）—編訳者石川道博、岩波書店、一九五一年）

第5章

中国・朝鮮半島に見られる古代の「倭」の民

出野　正

（1）倭人塼「有倭人以時盟不」について

安徽《あんき》省亳県《しょうはくけん》の曹操宗族墓群の中の「元宝坑村一号墓」から多量の字磚が出土しましたが、その中の一枚に「倭人」という字を含む「有倭人以時盟不」という文章があります。この「元宝坑村一号墓」は曹一族の曹胤《そういん》の墓と言われ、築造年代は後漢の建寧年間（一六八～一七二年）です。後に魏を建国した曹操はこの地の曹一族を出自とします。安徽省亳県は安徽省の北西部の亳州市に位置します。元宝村の辺りには後漢代の古墳群があります。

第1章で『論衡』の「倭人貢暢」の「倭人」が南中国の「倭人」であることを論証しました。従来は、「倭人」と言えば日本列島の「倭人」を指すことが常識的になっているために倭人塼の「倭人」も日本列島の「倭人」とみる見方が大勢だったようです。しかし、この「倭人」が日本列島の「倭人」なのか、南中国の「倭人」なのか、それを以下検討してみたいと思います。

まず、この文章における「盟」の意味について考察してみたいと思います。

「盟」は『説文』七上に「周禮曰國有疑則盟悦諸侯再相與會十二歳一盟北面詔天之司慎司命盟殺牲歃血朱盤玉敦以立牛耳（周禮に曰く、國に疑わしき有る時は、すなわち盟《ちか》ふ。諸侯再び相與《あひとも》に会す。十二歳にして一たび盟《ちか》ふ。北面して天の司慎・司命に詔《つ》ぐ。盟ふときは牲を殺し血を歃《と》り、朱盤《しゅばん》玉敦《ぎょくたい》、以て牛耳を立つ）」とあります。意味は次の如くです。国に疑わしいことがある時は諸侯を一堂に会し、お互いの忠誠を誓い、十二年に一度の盟の会する。そのときには北面して天の司慎と司命の神に告げる。盟会には犠牲を殺して血をすすり、朱色の盤と敦〈盤の一種〉とによって犠牲の牛の耳を立てる。

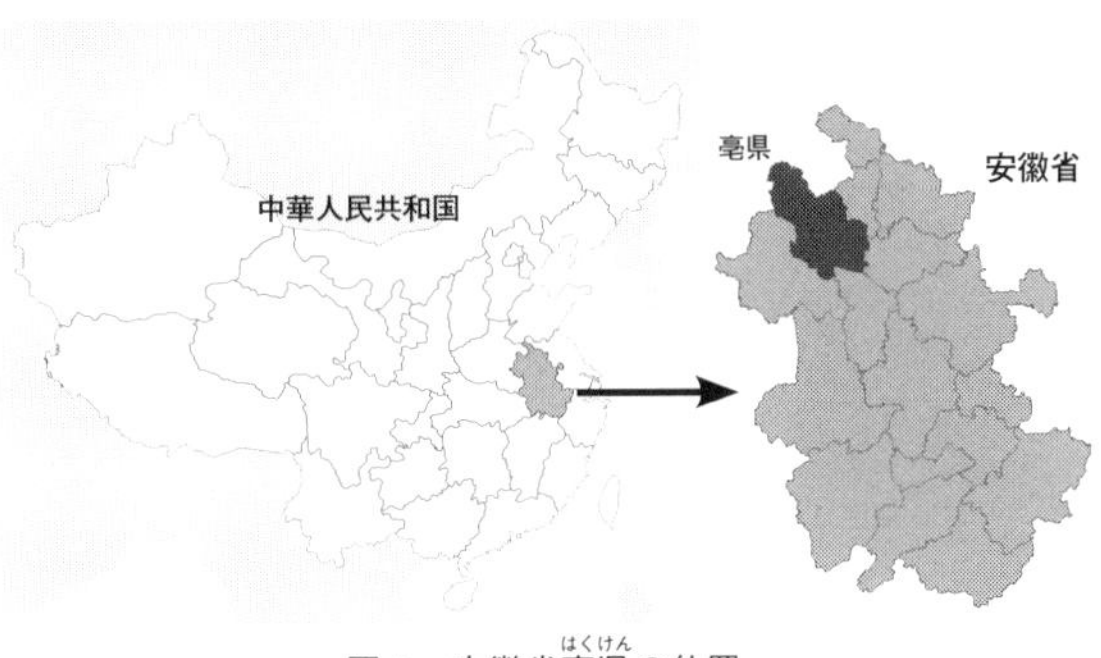

図1　安徽省亳県《はくけん》の位置

ここでは、王と諸侯の盟（誓い）が語られています。『左伝』襄十一年に、盟約の辞に続いて「この命に滝《たが》ふことあらば、司慎司命、名山名川、群神群祀、先王先公、七姓十二国の祖・明神之を殛《ころ》し、其の民を失わしめ、命を墜《おと》し氏を滅ぼし、其の国家を踣《たお》さん」とあり、盟を破ったときの罰則がいかに厳しいものかがわかります。白川静博士によると「盟」は「明と血に従う。明は神明。牲血を歃《すす》って誓うことをいう」（『字統』）とあります。「盟」を結んだもの同士は、お互いに約束を違えることはないように厳重な注意が払われています。このような「盟」が成り立つのは戦争の時の同盟以外にはあり得ません。

さて、この「盟」が周代の戦国時代頃から、国と国との盟の意味で多く使われています。それは、現在でいう同盟を意味します。たとえば、A国（大国）・B国（中国）・C国（小国）があったとします。そこで、A国（大国）がC国（小国）に「盟」を求めたとします。C国（小国）はA国（大国）と盟を結べば、近い将来は安心だけれど、その間にA国（大国）とB国（中の大きさの国）との戦争がありB国が滅んだとすると、今度はA国（大国）・C国（小国）だけになり、その状況下でA国（大国）に攻められれば、C国（小国）はひとたまりもありません。したがって、C国（小国）はA国（大国）と同盟すべきか、B国（中国）と同盟すべきか、一つ判断を間違えば国が滅んでしまうのです。「盟」とはこのように、国家の存亡に関わる重大事項なのです。「有倭人以時盟不」もたとえ公的な文章ではないにしても、そのような判断の岐路に立つ国の王の悩みを如実に顕しているものと考えられます。「盟」を金文で記録した青銅器が多いのも、国家の重要事項であることを裏付けます。

また一方において「盟」は同盟ですから、戦争が起きたときに直ちに同盟国と互いの軍隊が合流しなければなりません。したがって日本の地にある倭国と安徽省亳県にある一小国家が盟を交わすことはあり得ません。どちらかの国で戦争が起こったときに、双方のところまで応援に駆けつけるのに何日かかるでしょう。そういった意味合いから、少なくとも数日で駆けつけることができる距離でなければ、「盟」の意味が成立しません。ましてや、安徽省亳県にある一小国家が日本列島の倭国に兵を出すことは考えられません。よしんば盟ということを横においても、日本の地にある倭国と安徽省亳県にある一小国家が交流するメリットはお互いの国に全く存しません。

結論的には、「有倭人以時盟不」の「倭人」は安徽省亳県に居住する「倭人」としか考えようがありません。では、いったいこの「倭人」はどういった集団なのでしょうか。一つは従来から中国にいた倭人、もう一つは日本から中国に渡った私的集団としての倭人が考えられます。可能性としては中国南方から渡ってきた倭種の人の集団というのが一番強いと思います。安徽省亳県は安徽省の北部に位置し、中国の海岸に近いところではないそのような奥地に住んでいる「倭人」とは、早くに南中国からやってきた「倭人」の末裔である可能性が強いのです。『論衡』の「倭人貢暢」の「倭人」が南中国の鬱林に住む「倭人」であることを証明しましたが、「倭人」と言えば日本列島の「倭人」という見方は考え直した方がよいと思います。南中国の高床式住居文化を支えた倭種の人が日本の「倭人」のルーツであることを鳥越憲三郎氏の著書『原弥生人の渡来』（角川書店、一九八二年）、『倭族から日本人へ』（弘文堂、一九八五年）を読んで、再考された方がよいと思います。

また安徽省亳県は安徽省の北部で、日本列島の倭人ならば中国の海岸沿い及びそれに比較的近い地域に居住することが想像されますが、内陸部の魏の曹家の本元に近いところに居を構えることが果たしてあるだろうか、との疑問が残ります。

ご存知のように、中国の古代文献には中国大陸に住む倭人という明確な記事は出てきません。文献に出てくるのは東夷の倭人のみです。だから、中国には倭人はいない、倭人と言えばすべて日本列島の倭人だという考え方は、まさに九州王朝という表現が『古事記』『日本書紀』に書かれていないから九州王朝は存在しなかった、という論理を語る人と同じ考え方だと思われます。文献になくても、いろんな状況が総合的に正しく把握できれば、それはそれで正しいのです。

南中国の倭種の人は日本に来て定住しただけではなく、中国の倭種の民族の移動を考えれば、多くの倭種の人が中国のいろんな場所に散在していたものだということも間違いがないでしょう。そこから考えると、倭人塼の「倭人」は南中国から渡ってきた倭種の人の末裔である可能性が最も強いと思います。日本から渡ってきた倭人も考えられますが、その確率は低いと思います。それよりも、南中国から中国大陸の東及び東北の方面全般に移動した倭人及びその末裔の方が、日本列島の倭人よりずっと多人数だと思われます。山東省・安徽省・江蘇省などに定住した倭人は後に漢族に同化されたためその証拠は残っていないだけです。ここが大事なところです。文献的には、これ以上倭人塼の「倭人」は南中国の「倭人」なのか、日本列島の「倭人」なのかは確かめる術はありません。

また、よしんば可能性は限りなく少ないですが、安徽省亳県の倭人が万が一日本列島から来た倭人であるとしても、彼らは単なる倭人の集団であって、日本における政治集団としての日本列島の倭国とは切り離して考えるべきであるというのが私の考えです。

この文章を書いたあとで、中国の山東省曲阜で歴史を学ばれている青木英利氏から、曲阜の魯城で縄文の土器が多数発見されていることを教えられました。曲阜近くの平邑でその土器を作ったといいます。この事実には私も大変驚かされました。上記の内容とこの事実を考え合わせますと、これら中国に渡った縄文人も「倭人」ではありません。縄文人は「倭人」ではないのです。「倭人」とは南中国を出自とする民族の系譜をひく人たちなのです。したがって、縄文人の末裔が中国に散在していたとしても、「有倭人以時盟不」の「倭人」ではあり得ません。

(2)『漢書』地理志に見る「邪頭昧県」について

前著『倭人とはなにか』では「邪頭昧」の意味について、日本語的な語との私自身の思い込みがあり、あたかも「邪頭昧」の人々が日本列島の倭人であるかのような内容を書いてしまいました。今回、この本を書くにあたって「邪頭昧」の歴史について再び精査したところ、「邪頭昧」とは南中国から渡ってきた倭種の人たちを先祖とする集団に対して当時の漢人がつけた名前だと確信するに至りました。前著で紛らわしい記事を載せたことについて、深くお詫び申し上げます。以下に訂正記事を載せたいと思います。

『漢書』地理志の「郡国の部（地誌編）」に朝鮮半島の二十五の県名が記載されています。県名を羅列すると、以下のようになります。

「朝鮮・䛁邯・浿水・含資・黏蟬・遂成・増地・帯方・駟望・海冥・列口・長岑・屯有・昭明・鏤方・提奚・渾弥・呑列・東暆・不耐・蚕台・華麗・**邪頭昧**・前莫・夫祖」です。『漢書』の成立は永元四年（九二年）であるので、西暦五七年に後漢の光武帝が倭王に「漢委奴國王」の金印を授けた三十五年後に書かれた記事です。その頃の朝鮮半島における倭（あるいは九州の倭人）の記事が『三国史記』新羅本紀に述べられており、その記事を挙げておきたいと思います。

「倭人行兵欲犯邊聞始祖有神徳乃還（倭人兵を行《つら》ねて、邊を犯さんと欲す。始祖の神徳有るを聴きて、乃《すなわ》ち還る）」（『三国史記』新羅本紀、始祖赫居世居西千八年〈前五〇年〉条）

「十一年倭人遣兵舩百餘艘掠海邊民戸發六部勁兵以禦之（『三国史記』十一年倭人、兵舩《へいせん》百餘艘を遣わし、海邊の民戸を掠む。六部の勁兵を發して、以て之を禦ぐ）」（第一、南解次次雄十一年〈一四年〉条）

「倭人侵東邊（倭人東邊を侵す）」（『三国史記』第一、陶摩尼師今十年〈一二一年〉四月条）

「二十年夏倭女王卑彌乎遣使来聘（二十年夏倭の女王卑彌乎、使を遣わし来聘す）」（『三国史記』第二、阿達羅尼師今二十年〈一七三年〉三月条）

「倭兵寇東邊（倭兵、東辺に寇す）」（第二、助賁尼師今四年〈二三三年〉五月条）

「聞倭兵至理舟楫繕甲兵（倭兵の至るを聞きて、舟楫《しゅうしゅう》を理《おさ》め、甲兵を繕《つくろ》う）」（第二、儒礼尼師今六年〈二八九年〉五月条）

「倭人」は日本列島から来た兵隊、「倭兵」は朝鮮半島の倭国の兵隊を指します。（詳しくは、第6章「（4）『三国史記』『三国遺事』における「倭人」と「倭兵」の使い分けを検証する」（百二十八頁）を参照ください。）これらを見ると、『山海経』に記載された朝鮮半島の「倭」が燕に属していた時より、朝鮮半島内にある倭種の人或いは日本列島の倭人と朝鮮の交わりの歴史が、連綿と続いていることがわかります。そうすると、上記の『漢書』地理志の楽浪郡の二十五の県名の中にも、当然朝鮮半島内の倭種の人の国があるはずです。その中で注目すべきは、二十五県の中で唯一の三字名称である「邪頭昧」であろうと思います。

『後漢書』に「馬韓在西、有五十四國、其北與樂浪、南與倭接。辰韓在東十有二國、其北與濊貊接。弁辰在辰韓之

南、亦十有二國其南亦與倭接（馬韓は西に在り、五十四国を有し、その北は楽浪と、南は倭と接す。辰韓は東にあり十有二国を有し、其の北濊貊と接す。弁辰は辰韓の南にあり、亦た十有二國を有し、その南亦た倭と接す）」とあります。馬韓は後に百済となり、辰韓は後に新羅となります。倭は馬韓の南であるから、海に接する朝鮮半島の南岸にあることになります。『後漢書』の記述では「朝鮮・誧邯・浿水・含資・黏蟬・遂成・増地・帯方・駟望・海冥・列口・長岑・屯有・昭明・鏤方・提奚・渾弥・楽都」とあり、ここでは『漢書』にあった「呑列・東暆・不耐・蚕台・華麗・**邪頭昧**・前莫・夫祖」が消えています。『後漢書』では『漢書』記述の二十五県のうち「邪頭昧」が消えています。

平壌で出土した木簡『樂浪郡初元四年（前四五年）県別多少□簿』には、「邪頭昧戸千二百四十四」との記述があります。これを見ると、朝鮮半島の倭種の人の数としては少な過ぎ、おそらくは半島の別の地にまたがって倭種の人たちが別にいたのでしょう。『魏志』韓伝弁辰条に「國出鐵、韓濊倭皆従取之。男女近倭、亦文身（國に鐵を出《いだ》す。韓濊倭皆従がいて之を取る。男女倭に近し、亦文身なり）」とあります。「男女近倭、亦文身」は弁辰において、韓・濊人と倭種の人との混血がいたか、あるいは倭種の人と韓・濊人との共存の様を語ったものでしょう。私は倭種の人に特有な「邪頭昧」は頭に入れ墨を施した人を言う語で「倭面土（顔に顔料で紋様が描かれている）」に通じる言葉ではないかと考えています。「邪頭昧」という語が倭種の人の第一の特徴である黥面文身を示していると思うのです。ここで語られる倭種の人とは南中国からやってきた倭種の集団を祖先とする人たちのことです。「邪頭昧」の「邪」はおそらく邪神（例えば卑弥呼の鬼道のようなもの）を信仰する人たちのことを言った言葉であると思われます。『漢書』では朝鮮半島の「倭」の記述は全くありませんが、『漢書』以後の『魏志』倭人伝では朝鮮半島の「倭」があり、それらの人々は朝鮮半島で連綿と生活を続けていたのであり、『山海経』の「倭」から『魏志』の「倭」に至る過程のミッシングリンクの一つの例が「邪頭昧県」であったということになります。ただ、「邪頭昧県」の人たちが、その後朝鮮の「倭」に合流したのか、後にどこかの地に移動したのかなどその後のことは記録がないのでよくわかりません。

『後漢書』鮮卑伝の一八〇年頃の記で「聞倭人善網、於是東撃倭人國、得千餘家、徙置秦水上、令捕魚以助糧食

〈倭人は善く網捕するを聴く。ここにおいて東して倭人を撃ち、千余家を得、徙して秦水の上に置き、魚を捕え以て糧食を助けしむ〉」とあります。ところが、『三国志』鮮卑伝の裴松之の注では、この部分の「倭人」が「汙人《おひと》」になっています。「鮮卑衆日多、田畜射猟、不足給食。後檀石槐乃案行烏侯秦水上、廣袤数百里、淳不流、中有魚而不能得。聞汙人善捕魚、於是檀石槐東擊汙国、得千餘家、徒羽烏侯秦水上、使捕魚以助糧。至于今、烏侯秦水上有汙人數百戸。〈鮮卑の衆は日に多くなり、田の蓄えや射猟では、給食に不足あり。後、檀石槐乃ち案じ、烏侯秦水に行けり。〈烏侯秦水は〉広袤《こうぼう》〈東西南北〉が数百里、淳《じゅん》〈水が注ぐこと〉流れず、中に魚有るも得る能わざりき。汙人善く魚を捕うと聞き、是に於いて檀石槐汙国を東撃し、千余家を得、徙〈その人たち〉を烏侯秦水に置き、魚を捕らえしめ、糧を助くる。今に至り、烏侯秦水には汙人数百戸あり〉」という記述です。熹平六年（一七七年）のことと見られます。烏侯秦水はどこにあるかわかりにくいですが、北から攻める鮮卑とその南にあった後漢との戦闘により鮮卑が獲得した土地でありますから、中国国内の中原にあたるところでしょう。『後漢書』での「倭人」が『三国志』では「汙人《おひと》」になり、この両者は同じものです。ですから、後漢の時代には「汙人」と呼ばれた倭人が中国国内に住んでいたことになります。この「汙人」が後によく似た字形の「汗人」に誤写され、「汗人《かん》」の名で使われるようになります。現在の中華書局版『三国志』裴松之注では「汙人《お》」が「汗人《かん》」になっています。

「汙《お》」について『説文』十一上には「薉也」と記されており、『説文』十一下の「鮸」・「魵」の項に「出薉邪頭國〈魵薉《かい》に出ずる。邪頭國なり〉」という記述が見え、段玉裁『説文解字注』「魵」には「薉邪頭國也、穢貊也〈薉は邪頭國なり、穢貊なり〉」とあります。また、「汙《お》」は「wo」の発音で中国南方の「倭」の発音と同じです。「薉」は「濊《わい》」のことで、「邪頭國」と紛れが生じた理由は、「邪頭國」が濊と同じ地に共存していたものと私は考えます。これは、『説文解字』が書かれた紀元一〇〇年以前の朝鮮半島の記述です。ここに「倭」を意味する「汙《お》」と「邪頭國」が重なって書かれています。汙《お》人は南中国からやってきた倭種の人〈倭族〉の末裔たちだと思います。

既に早くに穢貊の地にやってきた「邪頭昧国」の人たちは中国の地からさらに朝鮮半島に東進した人たちであったと思われます。その後に烏侯秦水にいた汙《お》人＝倭人も南中国から来た倭種の人の末裔たちだと思います。上記の文意よりこの両者を安易に結びつけることはできません。ただ南中国からやってきた倭種の人々は中国や朝鮮半島のいろんなところにいたでしょうし、早くから倭種の人が朝鮮半島に移り住んだのでしょう。そういう朝鮮半島における倭種の人たちの状況がこの二つの事例から浮かび上がってきたことだけは確かであると思います。

第6章

朝鮮古文献・金石文に見る「倭」「倭人」

出野　正

私は、朝鮮古文献については『三国史記』『三国遺事』、金石文は「好太王碑文」を参考にしています。『三国史記』は高麗十七代王仁宗の命を受けて金富軾らが著・監修したもので、一一四五年に完成し、全五十巻よりなります。朝鮮半島に現存する最古の歴史書です。『三国遺事』は十三世紀末に高麗の高僧一然によって編集された私撰の歴史書です。

新羅では真興王六年（五四五年）の時に、異斯夫の上奏を認め、居柒夫に命じて国史の撰修を行わせました。百済では近肖古王（在位三四六～三七五）の時に、高興に書記として記録をとらせたとあります。また、高句麗では嬰陽王（在位五九〇～六一八）の時に李文真に命じて、『留記』百巻の整理を行い『新集』五巻を編纂しました。『三国史記』はこれらの資料をベースとして出来上がった歴史書と言われています。

これらの文献にある「倭」と「倭人」の記述を考察していくと、白村江の戦いの前後までこの二つの語は使い分けられております。そのことを以下論証したいと思います。また、「好太王碑文」は四世紀末の韓国の状況を正確に映し出した一級資料だと思います。この碑文においても「倭」と「倭人」の使い分けがあり、それについても論述したいと思います。

（1）『三国史記』「新羅本紀」に見る「倭人」と「倭兵」の使い分け

「新羅本紀」における「倭人」「倭兵」の全記録を以下に記述して、この二つの言葉の意味を分析したいと考えます。

「新羅本紀」※『三国史記倭人伝』（佐伯有清編訳、岩波文庫、一九八八年）より

・**倭人**、兵を行《つら》ねて、辺を犯さんと欲す。（前五〇年）

・……辰韓の遺民自《よ》り、以て卞韓・楽浪・**倭人**に至るまで、畏懐せざるは無し。……（前二〇年）

・瓠公は、未だ其の族姓を詳らかにせず。本、**倭人**にして、初め瓠を以て腰に繫《か》け、海を渡りて来る。故に瓠公と称す。（前二〇年）

・**倭人**、兵船百餘艘を遣わし、海辺の民戸を掠《かす》む。（後一四年）
・**倭人**、木出島を侵す。（七三年）
・**倭人**、東辺を侵す。（一二一年）
・都の人、訛言す。**倭兵**、大いに来ると。（一二二年）
・竹嶺を開く。**倭人**、来聘す。（一二三年）
・**倭人**、大いに饑《う》う。来たりて食を求むる者千余人なり。（一九三年）
・**倭人**、境を犯す。（二〇八年）
・**倭人**、猝《にわ》かに至りて金城を囲む。（二三二年）
・**倭兵**、東辺に寇す。（二三三年）
・伊飡《いさん》于老《うろう》、**倭人**と沙道に戦う。（二三三年）
・**倭人**、舒弗邯《じょふつかん》于老《うろう》を殺す。（二四九年）
・**倭人**、一礼部を襲い、火を縦《はな》ちて之を焼き、人一千を虜にして去る。（二八七年）
・**倭兵**の至るを聞きて、舟楫を理《おさ》め、甲兵を繕う。（二八九年）
・**倭兵**、沙道城を攻め陥《おと》す。（二九二年）
・**倭兵**、来たりて長峯城を攻む。（二九四年）
・王、臣下に謂いて曰く。**倭人**、屢々《しばしば》我が城邑を犯す。（二九五年）
・**倭兵**、猝かに風島に至り、辺戸を抄掠す。（三四六年）
・**倭兵**、大いに至る。（三六四年）
・**倭人**、衆を恃《たの》み、直進す。伏せるを発して其の不意を撃つ。（三六四年）
・**倭人**、大いに敗走す。追撃して之を殺し幾《ほとん》ど尽く。（三六四年）
・**倭人**、来りて金城を囲む。（三九三年）

・**倭兵**来りて明活城を攻め、克たずして帰る。（四〇五年）

・**倭人**、東辺を侵す。（四〇七年）

・王、**倭人**が対馬島に営を置き、貯うるに兵革資粮を以てし、以て我を襲わんことを謀ると聞き、我は其の未だ発せざるに先んじて、精兵を揀《えら》び、兵儲を撃破せんと欲す。（四〇八年）

・**倭人**と風島に戦い、之に克つ。（四一五年）

・**倭兵**来りて東辺を侵し、明活城を囲む。功無くして退く。（四三一年）

・**倭人**、南辺を侵し、生口を掠取して去る。（四四〇年）

・**倭兵**、金城を囲むこと十日。糧尽きて、乃ち帰る。（四四四年）

・**倭人**、兵船百余艘を以て東辺を襲い、進みて月城を囲む。（四五九年）

・**倭人**、襲いて活開城を破り、人一千を虜にして去る。（四六二年）

・**倭人**、歃良《そうりょう》城を侵し、克たずして去る。（四六三年）

・王、**倭人**が屢々《しばしば》彊場《きょうじょう》を侵せるを以て、縁辺に二城を築かしむ。（四六三年）

・**倭人**、東辺を侵す。（四七六年）

・**倭人**、兵を挙げて、五道に来り侵す。竟《つい》に功無くして還る。（四七七年）

・**倭人**、辺を侵す。（四八二年）

・**倭人**、辺を犯す。（四八六年）

・**倭人**、辺を犯す。（四九七年）

・**倭人**、長峯鎮を攻め陥《おと》す。（五〇〇年）

・是に於いて仁軌、我が使者及び百済・耽羅・**倭人**の四国の使を領し、海に浮かびて西に還り、以て会して泰山を祠る。（六六五年）

（2）「新羅本紀」における「倭人」と「倭兵」の違いについて検証する

「新羅本紀」に登場する「倭人」は、ほとんどが新羅を攻めている軍隊です。「倭人」のほかに「倭兵」という言葉も出てきます。「倭人」を朝鮮半島の「倭」の人と解釈するならば、「倭兵」near ＝「倭人」になります。ところが、それは大変不自然です。なぜなら、より明確な概念である「倭兵」より「倭人」が多く、まさに「倭人」のオンパレードだからです。朝鮮資料には百済人・新羅人はほんの少ししか出てこないのに、この「倭人」の羅列は不自然だと思われます。なぜなら、このような倭人の羅列は他の歴史資料では例を見ないからです。ここから、私はこの「倭人」は「倭兵」とは別の意味をもつ言葉であると考えました。これらの「倭人」は、同一文献における同じ言葉は同じ概念であるという原則からすれば日本列島の倭種の集団を指していることがおわかりいただけると思います。

（3）『三国史記』「新羅本紀」の「倭兵」の記録は四四四年まで、それ以後は「倭人」のみ

「新羅本紀」に出ている「倭人」「倭兵」を見ますと、「倭人」が三十二回、「倭兵」が十回出てきます。漢文において、これらの「倭人」と「倭兵」は使い分けられていると見るべきです。もし「倭兵」と「倭人」が同じ概念の語だとすれば、同じ概念の語をアトランダムで相違する語で使うことは中国・朝鮮の古文献では通常はあり得ません。これを全く顧慮せずに、「倭人」と「倭兵」が同じものと考えることは明らかに漢文の訓み方として問題があると言わざるを得ません。

「新羅本紀」では、「倭兵」の記録が四四四年を最後に終わっていて、それ以後は白村江の戦いまですべて「倭人」の記録となっています。四四四年までに「倭兵」十回、「倭人」が二十三回、それ以後は「倭人」九回のみで「倭兵」のみならず「倭」「倭国」はゼロとなります。白村江の戦い以後は「倭人」もゼロ回になります。この記録は「倭兵」を朝鮮の「倭」の兵、「倭人」を日本列島の「倭人（国）」の兵と見ると、五世紀中頃から朝鮮の「倭」が衰え、やが

て白村江で倭人が壊滅状態へといたる過程とよく対応しています。

（4）『三国史記』『三国遺事』における「倭人」と「倭兵」の使い分けを検証する

「百済本紀」の記述に「劉仁軌及び別帥杜爽・扶余隆、水軍及び粮船を帥《ひき》い、熊津江自り白江に往き、以て陸軍と会し、同じく周留城に趨《せま》る。倭人と白江口に遇い、四戦して皆克ち、其の船四百艘を焚く。煙炎、天を灼き、海水、丹《あか》く為れり」（六六二年）「王子扶余忠勝・忠志等、其の衆を帥《ひき》いて、倭人と与《とも》に並び降る」（六六二年）の「倭人」は、どう見ても『魏志』倭人伝「倭人在帯方東南海之中」の「倭人（『魏志』では国の名称であり、朝鮮資料では日本列島に住む倭種の人の集団を意味したもの）」につながるように思うのですが、いかがでしょうか。私は『三国史記』における「倭人」はすべて『魏志』の「倭人」と共通の概念に貫かれた語であり、日本列島の「倭人」だと考えています。同じ書物に書かれた「倭人」は、同じ概念で通貫されています。中国・朝鮮の古文献は厳密に書かれています。『三国史記』では四四四年前後には朝鮮における「倭」の記録が最後で、それ以後の「倭人」は日本列島の「倭人」以外には考えられません。

このことは、朝鮮の「倭」が消滅した後、日本の「倭人」が朝鮮で暗躍したことを示しています。時代的に見て、「倭」と「倭兵」は同時期に現れますが、「倭」は五世紀半ばからは姿を消し、それ以後記述される「倭人」とは概念を異にすることは明瞭であります。これらによって、朝鮮資料の「倭人」は日本列島の「倭人」、「倭兵」は朝鮮半島の「倭」の兵を指すものと考えられます。

白村江の戦い以前は、朝鮮資料の「倭人」はすべて、日本列島の倭人国の人たちを表しますが、下記のように地域名を表すこともあります。

『三国遺事』に「新羅の第二十七代善徳王の即位五年にあたる貞観十年丙申に、慈蔵法師、西に学ぶ。……蔵、曰く。我が国は、北は靺鞨に連なり、南は**倭人**と接す。麗・済の二国は、迭《たが》いに封陲を侵し、隣寇縦横なり。是れ民の梗《うれい》と為ると」という記事があります。貞観十年丙申は六三六年です。白村江の戦いが六六二年ですから、その二十六年前になります。「南は**倭人**と接す」とありますから、この「倭人」は地域名です。私はこの「倭人」は白村江に至る前の日本列島の「倭人国」の兵の軍事拠点であると思います。この「倭人」は朝鮮半島の「倭人国」の人々が住む領域と考えた方がよく意味が通ります。

（5）『三国史記』における「倭人」の記述の終焉

「新羅本紀」で「倭人」と書かれている最後の記事は「是に於いて仁軌、我が使者及び百済・耽羅《たんら》・**倭人**の四国の使いを領し、海に浮かびて西に還り、以て会して泰山を祠《まつ》る」（六六五年）です。その次に出るのは「倭国、更めて日本と号す。自ら言う。日出づる所に近し。以《ゆえ》に名を為すと」（六七〇年）という記事です。つまり、六七〇年の天智天皇の時代には「倭人（国）」はなくなって「日本」国になったという認識です。

「新羅本紀」列伝第二、金庚信中に「百済、倭人と与《とも》に皆降る。大王、倭人に謂《かた》りて曰く。惟うに我と爾《なんじ》の国とは海を隔てて疆《さかい》をわかち、未だ嘗《かつ》て交構せず。但《ただ》、好《よしみ》を結び和を講じて、聘問《へいもん》交通せり。何が故に今日、百済と与《とも》に悪を同じくし、以て我が国を謀らんとするや。今、爾の軍卒は、我が掌握の中に在《あ》り。之を殺すに忍びず。爾、其れ帰りて爾の王に告げよと。其の之《ゆ》く所に任す。兵をわかちて諸城を撃ち之を降す」（六六三年）とあり、その後には「大暦十四年己未、命を受けて日本国を聘《と》えり」（七七九年）とあり、「日本国」が登場します。ここから読み取れることは、ある段階までは「倭人」の表記があり、後に「日本国」の表記に変わり、「倭人」の表記は見られなくなることです。

（6）朝鮮資料『三国史記』『三国遺事』は中国文献の『魏志』をベースとしている

朝鮮資料では、歴史の概念上、『漢書』『魏志』『爾雅』の「倭人」を無視して、「倭」の人を「倭人」と書くことはまず無いと思われます。なぜなら、そのことによって生じる紛れを、朝鮮の歴史の記録人は必ず頭に置くでしょうから。つまり、『三国史記』『三国遺事』の「倭人」はやはり、『魏志』の「倭人」を踏襲した同じ概念ではないかと思えるのです。そして、それに対して朝鮮の「倭」の兵隊を「倭兵」としたものと考えます。そのように考えて『三国史記』『三国遺事』を読むと、何ら矛盾した事例が出てきません。

ですから、何度も言うようですが、もし日本列島の「倭人」が朝鮮半島の「倭」と同じ概念であると言うなら、それを証明する必要があります。その証明なくして「倭人」が「倭」の人であるとは言えません。古田武彦氏をはじめとするいろんな歴史家は「倭人」＝「倭」を自明のこととしてその証明をされていません。初めて「倭人」と「倭」を別概念としたのは、松本清張氏の卓見であると思います。

（7）『三国史記』における「倭国」の記録

①「新羅本紀」における「倭国」の記述

ここで「新羅本紀」の「**倭国**」の記述を見てみます。

・脱解は、本、多婆那国の所生なり。其の国、**倭国**の東北一千里に在り。（五九年）
・**倭国**と好《よしみ》を結び、交聘す。（五九年）
・**倭国**と和を講ず。（一二三年）
・**倭国**と交聘す。（三〇〇年）
・**倭国**王、使を遣わし、子の為に婚礼を求む。阿飡急利《あさんきゅうり》の女を以て之に送る。（三一二年）

・**倭国**、使いを遣わし婚を請えり。辞するに女、既に出嫁せるを以てす。（三四四年）
・**倭国**と好を通じ、奈勿王の子、未斯欣を以て質と為す。（四〇二年）
・王弟未斯欣、**倭国**自《よ》り逃げ帰る。（四一八年）
・百済の先王、逆順に迷い、鄰好を敦くせず、親姻に睦まず、高句麗と結託し、**倭国**と交通し、共に残暴を為し、侵して新羅を削り、邑を剽《おびや》かし、城を屠る。（六六五年）
・**倭国**、改めて日本と号す。自ら言う。日出づる所に近し。以《ゆえ》に名と為すと。（六七〇年）
・竜朔三年に至り、摠管孫仁師《そんじん》、兵を領し来たりて府城を救う。新羅の兵馬、亦発して同征す。行きて周留城下に至る。此の時、**倭国**の船兵、来り百済を助く。（六七一年）
・又、消息を通ずるに云く。国家、船艘を修理し、外《そと》、**倭国**を征伐するに託し、其の実は新羅を打たんと欲すと。百姓之を聞き、驚懼して安からず。（六七一年）
・均貞に大阿飡を授け、仮に王子と為し、**倭国**に質となさんと欲す。（八〇二年）

②「百済本紀」における「倭国」の記述

「百済本紀」の「**倭国**」の記録を見ていきたいと思います。
・王、**倭国**と好《よしみ》を結び、太子腆支を以て人質と為す。（三九七年）
・使を**倭国**に遣わして、大珠を求めしむ。（四〇二年）
・**倭国**の使者、至る。王、迎えて之を労《ねぎら》うこと特に厚し。（四〇三年）
・腆支王。〈或は直支という。〉……阿莘の在位第三の年に立ちて太子と為る。六年、出でて**倭国**に質す。（三九六年）
・**倭国**、使を遣わして夜明珠を送る。王、優礼して之を待《あしら》う。（四〇九年）
・使を**倭国**に遣わし、白綿十匹を送る。（四一八年）
・**倭国**の使、至る。従者は五十人なり。（四二八年）

・隋の文林郎裴清《はいせい》、使して**倭国**に奉ずるに、我が国の南路を経たり。（六〇八年）

・王、**倭国**と好を通ず。（六五三年）

・武王の従子福信、嘗て兵を将《ひき》い、乃ち浮屠道琛《ふとどうちん》と与《とも》に周留城に拠りて叛す。古《もと》の王子扶余豊、嘗て**倭国**に質たる者を迎えて、之を立てて王と為す。（六六〇年）

・時に福信、既に権を専らにす。……使を高句麗と**倭国**に遣わして師を乞い、以て唐兵を拒まんとす。（六六二年）

上記の例だけでは、なかなか「新羅本紀」「百済本紀」の「倭国」が日本列島の国なのか朝鮮の国なのかはわかりにくいと思います。

「新羅本紀」の白村江の戦い以後の六六五年、六七〇年、六七一年、八〇二年の記事や「百済本紀」の六〇八年、六六〇年の記事の「倭国」は日本列島の国であることは間違いないと思います。なぜなら、この時には朝鮮の「倭」はすでに滅んでいるのですから。『三国史記』では、白村江の戦い以後は、「倭国」という語は日本列島の「倭国」として使われています。しかし、朝鮮の「倭」の消滅以前は、「新羅本紀」「百済本紀」の「倭国」は朝鮮半島の「倭」を指すものと私は見ています。「新羅本紀」（三一二年）の「倭国王使を遣わし、子の為に婚礼を求む。阿飡急利の女を以て之に送る」の「倭国王」は朝鮮半島の「倭」の王と思われます。後述で、朴堤上説話（上記の「新羅本紀」の未斯欣の事件のこと）や「百済本紀」の腆支王の記事を読み解くことで、「倭国」が朝鮮半島の「倭」であること及び「倭王」が朝鮮半島の「倭」の王であることを再論証し、かつ朝鮮の「倭」が『三国史記』において「倭国」と記されていることを論証したいと思います。

③「新羅本紀」『三国遺事』の「倭兵」と「倭国」

「新羅本紀」と『三国遺事』に、共通の地名の事件が掲載されています。

・**倭兵**来たりて**明活城**を攻め、克たずして帰る。……「新羅本紀」（四〇五年）

・**倭兵**来りて東辺を侵し、**明活城**を囲む。功無くして退く。「新羅本紀」（四三一年）

・己未の年、**倭国**の兵、来たり侵す。始めて**明活城**を築き、入りて来るを避く。梁州の二城を囲むも、克たずして還る。『三国遺事』（王暦第一、第二十慈悲麻干条、四七九年）

この三つの記事から**倭兵＝倭国の兵**であることが定立できます。**倭兵**が朝鮮半島の**倭の兵**であることは前述しました。

倭兵＝倭国の兵であり、しかも**倭国＝朝鮮半島**の**倭**であるならば、**倭兵**は朝鮮半島の**倭の兵隊**であることになります。「新羅本紀」を含む『三国史記』も『三国遺事』の記述も当時何らかの残存していた歴史資料に依拠したものであると考えられます。それらが現在では逸書になって残っていないだけです。したがって、『三国史記』も『三国遺事』も同じく、朝鮮半島に存在した歴史書から引いてきた記述であるならば、上記の記述も一連のものとして捉えても何の矛盾も無いと思われます。よって、**倭兵＝倭国の兵＝倭の兵**という定立が可能であると思われます。つまり、『三国史記』『三国遺事』においては、朝鮮半島の「**倭**」は「**倭国**」とも呼ばれていたということになります。それに対して、日本列島の国の軍隊や人を「**倭人**」と呼んでいました。

（8）『三国史記』の「倭」の意味

『三国史記』列伝に次のような記述があります。

A「百済人、前に**倭**に入りて、新羅と高句麗が謀りて王の国を侵さんと讒言せり」

B「**倭**、遂に兵を遣わして、新羅の境外を羅戍《らじゅ》す」

C「会々《たまたま》、高句麗が来り侵し、並びに**倭**の邏人（見回りの兵）を虜殺す」

この記事の前後に朴堤上の事件のことが書かれていますので、おそらくは四〇〇年代初め頃の記事でしょう。ちょうど、好太王碑の高句麗と「倭」の戦いの頃です。A「百済人、前に**倭**に入りて」の「**倭**」は朝鮮半島の「**倭**」であると思われます。これが日本列島の「**倭**」を指すなら、「**倭**に入りて」とは言わずに「**倭**に度《わた》りて」になると思います。百済と陸続きの隣り合わせに「**倭**」があったから、「入りて」という表現になったと思われるからです。また、ここに出てくる「**倭**」はすべて朝鮮半島の「**倭**」とした方が、リアリティがあります。Cを見ても、四〇〇年代の初め頃に、高句麗が日本列島の倭人国を攻めてきたという記録はありません。したがって、この文章の「**倭**」は朝鮮半島の「**倭**」です。また、中国史書の『太平御覧』（十世紀、宋）には、東晋の安帝義熙《あんていぎき》九年（四一三）に「倭国」が朝貢に際して朝鮮人参と貂皮《てんぴ》を献じていることが載せられています。この「倭国」は朝鮮半島の「倭」に間違いないと思われます。

(9)「倭」の滅亡の後の「倭兵」「倭」の記録

朝鮮における「倭」の滅亡の後の「倭兵」の記録が一つ見つかりました。『三国遺事』紀異第二、万没壱岐笛に、「第三十一、神文大王、諱は政明、金氏なり。開耀《かいよう》元年辛巳七月七日に即位す。聖考文武大王の為に、感恩寺を東海の辺に創《はじ》む。〈寺中記に云く、文武王、**倭兵**を鎮めんとす。……〉」とあります。開耀元年は六八一年で、天武天皇の在位期間に当たります。この頃には、「倭人（国）」は既に唐・新羅軍に敗れ、日本列島は国家の統治が混沌としていた時代であります。白村江の戦い前後を最後として「倭人（国）」の表現がなくなり、この時期にあって新羅は日本列島の国の主体である「倭人（国）」が滅んだと見て、日本列島の国を「倭」「倭国」と呼び、その兵を「倭兵」と呼んだのかもしれません。なぜなら、白村江の戦い以後は日本列島の国を「倭国」と呼ぶ表現が『三国史記』にたびたび見られるからです。

ここで、五世紀半ば以後の資料に記載された唯一の「倭」について考察します。

『三国史記』列伝に「龍朔三年癸亥、百済の諸城、潜《ひそ》かに興復を図《はか》る。其の渠帥《きょすい》、豆率城《ずりつじょう》に拠《よ》りて、師を**倭**に乞い援助と為さんとす」（第二、金庾信、中条）とあります。龍朔三年は六六三年であり、「倭」が出てきます。そのすぐ後に同年の「八月十三日、豆率城に至る。百済人、**倭人**と与《とも》に陣を出づ。我が軍、力戦して、大いに之を破る」（第二、金庾信、中条）とあり、こちらには「倭人」とあります。龍朔三年には四〇〇年代に既に消滅した「倭」が出てきますが、これは二つの文章の時間的経過を見ても「倭人」の間違いだと思われます。後文に出てくるのは「倭人」、すなわち日本列島を出自とする倭人国の兵です。白村江の戦いの前後までは、すべて日本列島の兵隊や人々を「倭人」という言葉で統一されています。当時、百済は日本列島の「倭人」に援助を乞うていた時代であったのです。

(10)『三国史記』列伝 朴堤上説話を解読する

次に、有名な朴堤上の説話について説明しておきたいと思います。この説話は四一七年のことです。朝鮮半島の「倭」に人質として捕らえられていた新羅の奈勿《なもつ》王の子未斯欣を救出に行った朴堤上が、対馬の人たちをだまし未斯欣を舟に載せて新羅に返し、自分がいなくなれば疑われるので時間稼ぎのために対馬に残り、その後処刑された話です。

『三国史記』列伝に次のような記述があります。

「又、『羅王〈新羅の王〉、未斯欣と堤上の家人を囚《とら》う』と聞き、堤上、実に叛せりと謂《い》えり」「是《ここ》に師を出して将《まさ》に新羅を襲わんとす。兼ねて堤上と未斯欣を差《えら》びて将と為し、兼ねて之をして郷導せしむ。行きて海中の山島に至る。倭の諸将、新羅を滅ぼして後に、堤上と未斯欣の妻孥《さいど》を執らえ、以て還らんことを密議す」「堤上、之を知りて、未斯欣と舟に乗りて遊び、若し魚鴨を捉うれば、倭人之を見て、以て無心に喜ぶと謂《おも》う。是《ここ》に於いて堤上、未斯欣に潜《ひそ》かに本国に帰らんことを勧む。未斯欣曰く、『僕、将軍を奉ずること、父の如し。豈《あに》独り帰る可《べ》けんや』と。堤上曰く、『若し二人倶《とも》に発すれば、則ち恐らくは、謀《はかりごと》は成らざらん』と。未斯欣、堤上の項《うなじ》を抱き、泣き、辞して帰る。堤上、独り室内に眠り、晏《おそ》く起き、未斯欣をして遠く行かしめんと欲す。諸人問う。『将軍、何ぞ起くるの晩《おそ》きや』と。答えて曰く、『前日、行舟して労困す。夙《つと》に興《おきあ》がるを得ず』と。出ずるに及んで、未斯欣の逃げしを知る。遂に堤上を縛《ばく》し、行航、之を追う。適《たまたま》煙霧晦冥《かいめい》、望むも及ばず。堤上を王の所に帰し、則ち木島に流す。未だ幾ばくならざるに、使人、薪火を以て支体を焼爛せしめ、然る後之を斬る。大王、之を聞きて、哀慟《あいどう》して、大阿飡を追贈し、其の家に厚賜《こうし》せすべく、未斯欣の娶を使わす」（傍線は筆者）

「新羅本紀」に「王弟未斯欣、倭国自り逃げ還る」（第三、訥祇麻立干二年〈四一八年〉秋条）とあるので、四〇〇年代の前半に起きた事件です。これらの記事について考えてみます。『日本書紀』神功皇后摂政三年に、朴堤上の事件の記事が載っています。堤上は「毛麻利叱智《もまりしち》」、未斯欣は「微叱許智伐旱《みしこちかん》」の名で出てきます。「毛麻利叱智《もまりしち》」が「微叱許智伐旱《みしこちかん》」を逃がしたのは対馬の鉏海《さいのうみ》（鰐浦か）だとしています。『三国史記』では「行至海中山島（行きて海中の山島に至る）」とありますので、「海中山島」は対馬のことだと思われます。又、「倭の諸将」の「倭」は朝鮮の「倭」であると思われます。「若し魚鴨を捉うれば、倭人、之を見、以て無心に喜ぶと謂《おも》う」の「倭人」は『日本書紀』にあるように対馬にいる倭人でしょう。この話について、未斯欣と堤上が日本列島にいたとしますと、朝鮮から相当離れているので渡航はかなり困難を極めますが、対馬ですと新羅まで行き着くのはそれほど難しくありません。『日本書紀』では、奈良に本拠をもつ大和朝廷に二人が捕らえられて対馬にいたことになっていますが、朴堤上の事件は近畿天皇家に関わるものではなく朝鮮半島の「倭」と新羅の間に起きた事件です。『日本書紀』では微叱旱岐《みしかんき》（未斯欣）が新羅に舟で逃れたのちに「そこでだまされたことがわかり、新羅の使い三人を捕らえて、檻の中に入れ火をつけ焼き殺した。」と書かれています。朴堤上事件の一端をリアルに伝えていると思います。

「新羅本紀」に「王、倭人が対馬島に営を置き、貯うるに資粮《しろう》を以てし、以て我を襲わんことを謀ると聞き、我は其の未だ発せざるに先んじて、精兵を揀《えら》び、兵儲《へいちょ》を撃破せんと欲す。舒弗未斯品が曰く。臣、聞くに、兵は凶器にして、戦いは危事なり。況や巨浸を渉り、以て人を伐つをや。万一、利を失わば、則ち悔るも追うべからず。嶮に依りて関を設け、来たらば則ち之を禦《ふせ》ぎ、侵猾《しんかつ》するを得ざら使め、便なれば則ち出でて之を禽《とら》うるに若かず。此れ所謂《いわゆる》、人を致して、人に致されざる策の上なりと。王、之に従う」（四〇八年）とあります。未斯品は未斯欣のこと。未斯欣が舒弗邯（官位一等の伊伐飡の別名）になったのは四〇三年のことです。この記事は未斯欣が人質として捕らわれる前のことですが、この記事から見ても未斯欣が捕らわれたのは対馬と思われます。

また、『三国遺事』に「堤上、但《ただ》手を揺らして駐《とど》めずして、行きて**倭国**に至る。是に於いて、王、第三子美海〈一に未叱喜に作る〉を使て、以て**倭**を聘《と》わしむ」とあります。美海（未叱喜）は『三国史記』の朴提上説話の未斯欣を指します。この文章の「倭国」「倭」は日本列島の倭人（国）の意味ではなく朝鮮半島の「倭」という国のことです。

朴提上は「新羅本紀」によると、「木島」で殺されますが、『三国史記倭人伝』（佐伯有清編訳）には「木島」は「新羅本紀」に見える「木出島」、慶州南道蔚山市の目島であるとの説が載せられています。蔚山市は金海と新羅の都である慶州の中間地点の海岸にあります。『三国史記』列伝に「提上を王の所に帰《おく》る。則ち木島に流す。……然る後に、之を斬る」とあります。「木島」は文章内の「王」のエリアですから、この「王」は朝鮮半島の「倭」の王のことで、もし、木島の位置が蔚山市にあるとするなら、「木島」は朝鮮半島の「倭」のエリアと考えて然るべきだと思います。また『三国遺事』に「倭王、（朴提上が）屈すべからざるを知りて、木島の中で焼き殺せり」とあります。この「倭王」もまた、朝鮮半島の「倭」の王です。朴提上が日本列島に捕らえられていたならば、なぜ日本列島にいる提上をわざわざ朝鮮半島の「倭」の湾岸近くにある「木島」にまで連れて行って殺すのか、全く不自然です。また、『三国史記』新羅本紀に「王弟未斯欣、倭国より逃げ還る」（四一八年）とあり、この「倭国」はすでに述べたように、朝鮮の「倭」という独立国のことですので、未斯欣が捕らえられていたのは朝鮮半島の独立国である「倭」ということになります。おそらく、朝鮮半島の「倭」が日本列島の「倭人」に依頼して対馬に未斯欣を幽閉していたのでしょう。

（11）「百済本紀」腆支王説話を解読する

①腆支王説話とは

次に、「百済本紀」の記述から、「倭」と「倭人」の使い分けを確かめたいと思います。

「腆支王。〈或は直支王と云う。〉……阿莘の在位第三年に立ちて太子と為る。六年、出でて倭国に質《しち》す」（第三、腆支王即位前紀）　※腆支王《てんしおう》（生年不詳～四二〇年）は百済の第十八代の王（在位四〇五～四二〇年）。

「十四年、王薨《みまか》る。王の仲弟訓解《くんかい》、政を摂《す》べ、以て太子の国に還《かえ》るを待つ。季弟碟礼《せつれい》、訓解を殺し、自ら立ちて王と為る。腆支、倭に在りて訃《ふ》を聞き、哭泣《こくきゅう》して帰らんことを請う」（同右条）「倭王、兵士百人を以て衛《まも》り送らしめ、既に国界に至らしむ。漢城の人、解忠《かいちゅう》来たり、告げて曰く、大王、世を棄つ。王弟碟礼《せつれい》、兄を殺して自ら王とす。願わくは太子、軽《かろがろ》しく、入ること無かれと」（同右条）※漢城は今のソウル。「腆支、倭人を留めて自ら衛《まも》り、海島に依りて以て之を待つ。国人、碟礼を殺し、腆支を迎えて位に即《つ》かしむ」（同右条）

参考までに『日本書紀』の記述も挙げておきます。

『日本書紀』応神天皇十六年「是の歳《とし》、百済阿花王薨ず。天皇、直支王を召《め》して謂ひて曰く、汝、国に返りて位を嗣げ。仍《よ》りて且《また》東韓の地を賜ひて、之を遣わす」※直支王は腆支王のこと。

この話の筋は次の如くです。百済の王阿莘が没し、王の真ん中の弟訓解が摂政となって倭国に人質に出されていた太子の長男腆支の帰国を待っていたが、末弟の碟礼に殺され、碟礼が王になります。腆支王は朝鮮の「倭」に人質となっている時に父王の訃報を聞き、泣いて帰国を請います。「倭王」は腆支王に百人の兵士をつけて国境に向かわせました。漢城からやってきた解忠に朝鮮の「倭」と「百済」の国境で会います。解忠は腆支王に、王の季弟の碟礼が仲弟の訓解を殺し自ら王になったことを告げ、「軽々しく、入ること無かれ」すなわち、今はこのような状況だからあなたは帰ってこないでほしいと告げたのです。解忠はどうやら腆支王の味方であったようで、後に腆支王が王位についたとき百済の重鎮になっています。

②腆支王説話の「倭国」は朝鮮半島の「倭」

この文章から以下、解読してみたいと思います。

「倭国に質す」の「倭国」は朝鮮の「倭」です。「倭王、兵士百人を以て衛《まも》りて送らしめ、既に国界に至らしむ」は『三国史記倭人伝』（佐伯有清編訳、岩波文庫、一九八八年）では「倭王、兵士百人を以て衛《まも》り送らしむ。既に国界に至る」となっています。原文は「倭王兵士百人衛送既至国界」です。佐伯有清氏の翻訳は、おそらく「倭王」が日本列島の「倭王」と見て、文章を無理やり二つに分けたのだと思われます。そうすることによって、「既に国界に至る」の主語が「兵士百人」のようなニュアンスになります。すると、「倭王」は日本列島に居る「倭王」と解釈しても矛盾がなくなるのです。しかしこの文章の読みは文章の構造からすれば、「倭王兵士百人衛送、既至国界」の主語は「倭王」であると見るべきです。この構文はＳ（主語）Ｖ（動詞）Ｏ（目的語）、Ｖ（動詞）Ｏ（目的語）で、後ろのＶＯの主語が変わるなら、その主語を入れなければなりません。したがって、この文の主語はすべて「倭王」で「倭王、兵士百人を以て衛《まも》り送らしめ、既に国界に至らしむ」が正しい読み方です。そうすると、この文章の「倭王」は日本列島の「倭王」ではないことになります。なぜなら、「倭王」の兵士が腆支を守って送っていったのが朝鮮半島の「倭」と「百済」の国境であるので、日本列島にいる「倭王」ならば、碟礼側から腆支王に呼びかけがあった短かい日時の間にこのような細かい指示を出せるわけがありません。腆支王は父王が崩御したので、王位を継ぐためにいち早く帰国する必要があったのです。また日本列島の王が朝鮮に行っているとすれば、これも不自然です。なぜなら、政治の要である王が日本列島を離れることはあり得ないからです。したがって、この「倭王」は朝鮮の「倭」の王です。

「腆支、倭人を留めて自ら衛《まも》り、海島に依りて之を待つ」はきわめて難解です。この「倭人」はおそらく日本列島の倭人国の兵隊で、「海島」は対馬のことであると考えます。前述の朴堤上説話と近い状況と思われます。対馬以外の島である可能性もありますが、「倭人」とありますので対馬の可能性が高いと考えたわけです。九州を指すならば、「海島」とは言わないでしょう。「海島」は海に浮かぶ小島のイメージです。腆支が朝鮮半島内にいるなら刺客に襲われる可能性もあり、言語が違うので百済人が来れば一目でわかる安全な対馬に倭人の兵をつけて腆支をかくまったものと思われます。『日本書紀』には応神天皇十六年に「この年百済の阿花王が薨《こう》じた。天皇は直支王《とき》（阿花王の長子 腆支王）を呼んで語って言われた。『あなたは国に帰って位につきなさい』と」とあります。『日本書紀』の記事は、「腆支（直支王）」の話を朝鮮半島の「倭」から大和朝廷にあった話にすりかえて記述したものと思われます。

(12)「多婆那国」はどこにあったか？

「新羅本紀」に「脱解、本多婆那國館生也。其國在倭國東北一千里（脱解、本、多婆那国の所生なり。其の国、倭国の東北一千里に在り）」という記述があります。

多婆那国の王女が妊娠してから七年後に大きな卵を生みました。王は王妃に対して、人が卵を生むのは不吉とし卵を捨てるように言いました。しかし王妃は卵を捨てるに忍びず、卵を絹に包んで宝物と一緒に箱に入れて海に流しました。箱は金官国に流れ着き、さらに流れて、新羅の阿珍浦の浜辺に流れ着きました。その地の老婆が箱を開けると、中から一人の男の子が出てきました。この子が脱解です。脱解はやがて立派な成人に育ち、新羅の第四代の王（在位五七年～八〇年）となりました。

さて、この「多婆那国」は日本列島にあるという考え方が通説ですが、私は朝鮮における「倭」だと考えます。『三国史記』・『三国遺事』等の朝鮮文献では「倭国」は朝鮮半島の「倭」のことです。この「倭国」を筑紫にあて、多婆那国を下関あたりにあてますと対馬より東側に位置しますので、どう考えても日本海流の流れからすると出雲のほうに流れてしまいます。この地点から舟を流したとすれば、その舟が新羅の国に流れることは確率的にはまずないと言ってよいでしょう。ところが、「倭国」を朝鮮にあてますと、日本海流が対馬に当って二つに分岐した北上する方のルートに乗って脱解を入れた箱が、倭国の東北一千里にある多婆那国から阿珍浦（現在の慶尚北道慶州市）に流れ着くのはごく自然だと思われます。佃収氏も私と全く同じ考え方をしています。佃氏は多婆那国の位置を釜山の西側を下流とする洛東江の上流の地域と見て、その上流の川縁に脱解を流したと考えています。そうすれば「倭国の東北一千里」も理解できます。興味深い考え方だと思います。

多婆那国について、『三国遺事』には「龍城（多婆那国）は倭の東北一千里にあり」とあります。「多婆那国」が日本列島にあるとする人は、「新羅本紀」の「倭国」、『三国遺事』の「倭」が日本列島の国を指すことを立証しなくてはなりません。私はこの「倭国」「倭」が朝鮮半島内の国である「倭」を指し示すと論証していますから、「多婆那国」

は朝鮮半島にあったことになります。この「倭」「倭国」の意味を無視して、「多婆那国」がどこにあったかを論じることはできません。従来の歴史家はこの視点が欠落していたと言えましょう。

閔周冕（一六二九～一六七〇年）の編になる『東京雑記』には「脱解、母の助言に従い、駕洛に行くが金官加羅国の始祖と伝えられている首露王（四二～一九九？）と競って負け、新羅に行ってその技を認められて、王女を娶り、倭の東北一千里の王位を奪う」と書かれています。首露王は朝鮮における金官加羅国の王ですから、脱解もまた朝鮮半島内部にいた人であったと考えられます。脱解が新羅に到着した時に瓠公の家を謀略で奪ったという瓠公という人物について、『三国史記』新羅本紀第一に「未だ其の族姓を詳らかにせず。本、倭人。初め、瓠ひさごを以て腰に繋ぎ、海を渡わたって来たる。故に瓠公と称す」とあります。この瓠公は「本、倭人」とあるので、もともとは日本列島の倭人であったと思われます。朝鮮半島の「倭」の地域には日本列島の倭人（国）を出自とする「倭人」もいくらかいたでしょうから、別に不思議な話ではありません。

『三国遺事』によると脱解が新羅に到着した時に瓠公の家を謀略で奪ったという話では、瓠公の家の傍に礪炭《れいたん》（鍛冶場の痕を示す砥石と炭を意味する）を埋めておき、役所に訴えて礪炭を証拠に自分の家にしてしまいました。その時に脱解は「私どもはもと鍛冶屋であったが、しばらく隣の村に行っていたあいだに、他人が奪って住んでいる。ここの地を掘ってみればわかることだ」と語っています。すなわち脱解は朝鮮に住む鍛冶屋であったと見るのが正しいように思います。

「倭」は『三国史記』においてすべて同じ意味で使われていますから、多婆那国の脱解説話の「倭」も同じ朝鮮半島の「倭」です。ですから、脱解説話の「倭」が日本列島の地域を指すという従来説が正しいとされるなら、私が先に論証した朴提上・未斯欣事件及び腆支王事件における「倭」・「倭王」が日本列島の主勢力に属するという論証をするべきです。

(13)好太王碑の「倭」と「倭人」について

①好太王碑には「倭」が六回、「倭人」が一回

好太王碑（四一四年建立）では「倭」が六回、倭人が一回、倭賊が一回、倭寇が一回出てきます。碑文の中に「倭人」の記述があるということは、その二つを使い分けているということになります。ここでの「倭」は朝鮮にある「倭」の国、「倭人」を日本列島の倭の軍隊の人たちとして間違いないように思います。

図1　好太王碑（右）　碑文（左）（ウィキペディアメディア・コモンズ）

碑文に「百残新羅舊是属民、由来朝貢、而倭以辛卯年、来渡海、破百残□□□羅、以為臣民（百残・新羅は、旧《もと》是れ属民にして、由来朝貢す。而るに倭は、辛卯の年を以て来たりて海を渡り、百残・□□・□羅を破り、以て臣民と為す）」とあります。この文章の読みには異説があります。「百残新羅舊是属民、由来朝貢、而倭以辛卯年、来渡海……」の文章について高句麗を主語としてここで文章を切り、「破百残□□□羅、以為臣民」の主語を再び高句麗とするものです。「百残（百済）」と新羅を破ったのは高句麗とする訓み方です。つまり「倭が辛卯年に海を越えてやってきたために、高句麗は百済・新羅を破り臣民とした」と解釈するのです。しかし、これはおかしい。この記事では「而るに」以後の主語は「倭」で、「破百残□□□羅、以為臣民」の主語も「倭」です。漢文は「而S（主語）V（動詞）O（目的語）、VO」の構文です。二つのVの主語Sは同じです。主語が変わる場合には、新たな主語が記載されなくてはなりません。百済・新羅が高句麗の「是舊属民」であったのだが新しく「倭」の「臣民」になったことからも、そのことは裏付けられます。この文章の意味は

次のようです。「百残・新羅は旧《もと》高句麗の臣民であり、今まで朝貢を続けてきました。しかしながら、倭が辛卯年に海を渡ってやってきて、百残・新羅を破って臣民にしました」。文章の前後の意味はきちんと噛み合い、この解釈に何の疑問もありません。

好太王碑には「倭」と「倭人」という二つの言葉が出てきます。そこでは、「倭」と「倭人」は明確に区別されています。既に論証した『三国史記』の「倭」と「倭人」の使い分けから演繹すると、好太王碑の「倭」は朝鮮半島の「倭」ということになります。『魏志』に「倭」が六回、「倭人」が一回出てくることから考えれば、高句麗の好太王と戦っていた主力の兵は朝鮮半島の「倭」であることになります。従来の歴史学者は、この「倭」を日本列島で統治権をもつ「倭人（国）」と考えています。この「倭」が朝鮮における「倭」であって、朝鮮半島の「倭」が船を出して百残（百済）・新羅を攻めたと考えれば矛盾がありません。

「百済人、前に**倭**に入りて、新羅と高句麗が謀りて王の国を侵さんと讒言せり」「新羅本紀」
「**倭**、遂に兵を遣わして、新羅の境外を羅戍《らじゅ》す」「新羅本紀」
「会々《たまたま》、高句麗が来り侵し、并びに**倭**の邏人（見回りの兵）を虜殺す」「新羅本紀」
（※これらの例は前述したものです。）

とあり、朴堤上説話記事が上記の例の文章の前後にあることから、好太王碑の立てられたすぐ後の記事で、これらの「倭」は好太王碑の「倭」と同じ概念、すなわち朝鮮半島の「倭」であると思われます。好太王碑に「安羅人戍兵□新羅城□城。倭□□潰（安羅人戍兵《じゅへい》、新羅城・□城を□す。倭□□潰《つい》ゆ）」との記事があります。これは朝鮮半島の「倭」の一部である安羅の兵隊が新羅の城を攻めた記事です。

私たちは好太王碑の「倭」と「倭人」が使い分けられているのを見て、朝鮮半島の「倭」と日本列島の「倭人」の使い分けられていることが正確であることを再確認しました。なぜなら、好太王碑は金石文だからです。『三国史記』『三国遺事』の「倭」と「倭人」の概念とこの金石文の符合は、私の論証をさらに確認することにつながりました。

②藤田友治氏の解釈

藤田友治氏は『「邪馬台国」徹底論争』第2巻考古学・総合編（東方史学会／古田武彦編、新泉社、一九九二年）で好太王碑文の上文について次のように述べています。

「好太王碑文の倭は、辛卯年に高句麗の従属国であった百済や新羅に来ているので、高句麗はそれと交戦することとなったのです。つまり、倭は日本列島のみであれば、当然に海を越えて行くこととなり、碑文は『渡海而来』（『三国史記』新羅本記始祖三八年条）や『渡海来征』（『三国遺事』巻三宝蔵奉老の条）のような表現になるはずです。決して『来渡海』とはなりません。従来説の理解ですと、倭は来ているのに、また『渡海』すると、日本へ帰ってしまい、自国を破るというナンセンスなことになります。

ということは、倭は九州を根拠地としながら、壱岐・対馬で橋渡しをし、朝鮮半島南部に広がっていたと捉えなければなりません。そして、この理解こそが、今まで文献上調べてきました倭の地理的認識と一致するのです。」（四十九～五十頁）

この文から解釈しますと、藤田氏も好太王碑の上文の「倭」（藤田氏はこの「倭」を日本の国と理解している）の位置を朝鮮半島に定めています。ただ、藤田氏のいう「倭は九州を本拠地としながら」とは規定できないと思います。なぜなら、朝鮮の「倭」は日本列島の倭人（国）とは別の独立した国であったからです。朝鮮の「倭」はこの頃までは、百済や新羅に対して十分に対抗し得る国力をもった国であったと思われます。それに加えて日本列島の「倭人」の応援があったものですから、朝鮮半島内部では「倭人」は一目置かれた存在であったはずです。

好太王碑には「王巡下平穰、而新羅遣使白王云、倭人満其國境、潰破城池、以奴客為民、歸王請命。（王、平壌に巡下す。而《すなわ》ち新羅、使いを遣わして、王に白《もう》して云く。倭人、其の国境に満ちて、城池を潰破し、奴客を以て民と為せり。王に帰して命を請うと）」という記述があります。「其の国境」を「倭人の国境」と見て朝鮮の「倭」と「倭人（国）」は同じなのだという考え方をされる方もおられますが、「其の国境」は文意から見て新羅の国境です。「倭人」は日本列島の兵隊ですから、朝鮮の「倭」に日本列島の兵隊が大勢応援に来ているものと解釈されます。好太王碑には別個所に

「新羅城倭満其中」の表現もあり、ここから見ても「倭」と「倭人」は使い分けていると解釈すべきです。「倭」と「倭人」を無差別に同じ意味で書くことは、金石文や文献上ではあり得ないと思います。

(14) 従来の好太王碑についての解釈は間違っている

日本では好太王碑に登場する「倭」は日本列島の「倭」であることが通説になっています。好太王碑は倭の五王の時代ですから、朝鮮の「倭」は日本列島の倭国が管理していた属国と見たのだと思います。『日本書紀』の神功皇后が新羅を攻め落とした記事や応神天皇三年の条の使者を派遣して百済の人に辰斯王を殺させ阿花《あくえ》を立てて王とした記事がありますので、それらのイメージに引っ張られて日本列島の軍隊が直接新羅・百済を攻めたことが常識化したように思われます。しかし、状況把握を正確にしようとするなら、大和勢力の正当化のために内容が歪曲された『古事記』や『日本書紀』などの日本の文献以外の朝鮮資料によって論ずるべきです。それらは朝鮮半島の「倭」と日本列島の「倭人（国）」についての中国文献・朝鮮文献・金石文（好太王碑）を正確に把握せず、ごっちゃにした考え方から出た結論です。

私は、好太王碑の「倭」は朝鮮半島の「倭」で、一回出てくる「倭人」は日本列島の「倭人」だと思います。歴史論の根拠は文献か考古学資料のうちのどちらかしかありません。したがって、これらの中から、歴史の実像を実証的に導くべきです。また、好太王碑については、在日朝鮮人の考古学者の李進熙氏は「高句麗好太王碑文の謎」（『思想』五七五号、一九七二年）にて、碑が日本軍部により石灰が塗布され改竄《かいざん》されているとの論文を発表しました。しかしながら、古田武彦氏は著書『失われた九州王朝』（角川文庫、一九七九年）において、碑の改竄がなかったことを綿密に検証されています。興味ある方はご参照下さい。佐伯有清著『古代史の謎を探る』（読売新聞社、一九七三年）を読みますと、当時、好太王碑を日本に搬送するという計画があったそうですが、この計画は成就しませんでした。碑はやっぱり元の場所にあるのがよい。歴史のもつ重みと臨場感がより鮮烈に伝わりますから。高句麗を祖と仰ぐ朝鮮民族の方々にとっては、好太王碑は自分たちの歴史のアイデンティティだと思われますから、もと好太王が居た所にあって然るべきものです。

(15) 朝鮮半島の「倭」は独立国である

『三国史記』暦四四四年までは「倭」「倭国」「倭兵」が出てきますが、それ以後は出てきません。「倭」「倭国」「倭兵」はすべて朝鮮半島の国である「倭」に通じる概念です。『三国遺事』では「倭国」「倭」が四二五年を最後としてその後には出てきません。また、『三国遺事』では四七九年に最後の「倭国」が出てきます。『三国史記』では「倭」に代わって、四四四年以後は金官・加羅といった名称が出てきます。これは、「倭」を構成していた連合体が消滅して、金官・加羅が独立して各々の自治を行ったということを示します。「倭人」は白村江の戦いを最後にして、『三国史記』にはそれ以後は出てきません。そうすると、一つの言葉は一つの歴史書の中では意味が通貫されているという原則から見ると、最初の出現した「倭人」から白村江の戦いの「倭人」までは、一貫して日本列島の「倭人」の意味であることが論理的に証明できます。

既に先述したことですが、大事なことなので以下再び記しておきます。『太平御覧』には晉書安帝紀の義熙九年(四一三年)の「是歳、高句麗、倭國、及西南夷銅頭大師、竝獻方物(是歳に、高句麗、倭國、及西南夷銅頭大師、竝びに方物を獻ず)」の義熙起居注曰「倭國、獻貂皮・人蔘等。詔賜細笙麝香。」(義熙起居注に曰く「倭國、貂皮・人蔘等を獻ず。詔して細笙麝香を賜う」)(太平御覧麝条)を見ると、義熙起居注の「倭国」は西晋に貢献しており、この「倭国」は朝鮮半島の「倭」です。「倭」が西晋に貢献しているということは、日本列島の倭人国とは別の独立国であることが明白になります。

よく、朝鮮半島の加羅国、伽耶国は日本列島の主勢力の領土であるとか、属国であったとかいったような歴史観を耳にします。おそらく、そのような見識を正しいとする考え方が今の日本では多数意見です。『日本書紀』を見ても、そのようなニュアンスで書かれていると言ってもいいでしょう。しかし、それが本当に事実かどうかは朝鮮の歴史をより詳しく調べて判断すべきです。以下『三国史記』の「新羅本紀」の記述より検証したいと思います。

「新羅本紀」に次のような記述があります。

「六年春二月、加耶國和を請ふ」（奈解尼師六年、二〇一年）※『三国史記』上（朝鮮研究会、一九一四年）参照

朝鮮半島の「倭」に属する加耶が新羅に和を請うています。これは、日本列島の倭人（国）とは別の独立国であることを示しています。「新羅本紀」では二〇八年に「倭人、境を侵す」とあり、列島の「倭人」が新羅に攻撃をしています。二一二年には「加耶より王子を送り（新羅に…筆者注）質と為す」とあります。新羅を攻める「倭人」と新羅に歩み寄る「倭」の加耶は違った政治形態に属しているとしか思われません。

「十四年秋七月、浦上の八國謀って加羅を侵す。加羅の王子來つて救を請ふ、王、太子于老と伊伐湌利音とに命じ、六部の兵を擲《おくつ》て往て之を救わしめ、八国の擲軍を撃殺し、虜する所の六千人を奪ひ之を還す」（奈解尼師今十四年、二〇九年）

この記事の浦上八国と加羅は昔は朝鮮半島の「倭」を構成する国でした。浦上八国と加羅が日本列島の倭人国に属すなら、当然倭人国がこれらの調停に入ることになりますが、加羅は新羅に救援を依頼したことが書かれています。二〇八年には日本列島の「倭人」が新羅を侵す記事が「新羅本紀」に出ています。したがって、これらの記事を読む限り、浦上八国と加羅は日本列島の倭人国とは別の政治形態の独立国であるということができます。

「新羅本紀」には次のような記事があります。

「十八年春二月、加耶國白雉を送る、尾の長さ五尺」（炤智麻立干十八年、四九六年）

「九年春三月、加耶國王使を遣わして婚を請ふ、王、伊湌比助夫の妹を以て之に送る」（法興王九年、五二二年）

「十九年、金官国の主仇亥及び三子（長を奴宗と曰ひ、中を武徳と曰ひ、季を武力と曰ふ）と與に、國帑寶物を以て來り降る、王之を禮待し、位上等を授け、本國を以て食邑と爲す、武力仕へて角干に至る」（法興王十九年、五三二年）

「加耶、叛す、異斯夫に命じ之を討たしむ」（真興王二十三年、五六二年）

四九六年に加耶国が新羅に白雉を送った記事が見えます。そして、五二三年新羅に政略結婚を求め、新羅がその求めに応じました。五〇三年には、「倭」の金官国が食邑となり、すなわち新羅の領土に組み込まれ、金官の一番年の若い王子武力が新羅に仕えたとあります。

加耶はこの頃には新羅と接近を図っていますが、五六二年には新羅に呑み込まれてしまいます。この頃の「新羅本紀」には日本列島の「倭人」の記事が全くありません。

また、『南斉書』によると「倭」が消滅した後の加羅国が四七九年南斉へ朝貢しています。そのことは加羅が日本列島の「倭人（国）」とは別の独立した国と見て間違いありません。

「新羅本紀」では「倭兵金城を囲む。倭兵と独山で戦う（四四四年）」という記事の後には朝鮮の「倭」「倭国」「倭兵」の記録がなくなり、かわりに加羅、金官国などの名称で記述されるようになります。このことは統一自治勢力としての「倭」の勢力が衰え、加羅や金官国といった「倭」を構成する地域がそれぞれに自治を行ったことを示しています。

日本列島の「倭人」は四八二年、四八六年、四九七年、五〇〇年に新羅を侵しています。列島の主勢力はこの頃には百済と親交を深めていき、それに対して朝鮮の「倭」の諸国は新羅に接近していたようです。五世紀に入ると、朝鮮の「倭」にあたる地の遺跡には新羅的な埋葬や副葬品・土器が多く見られるようになったことからも、加耶や金官と新羅の接近が見られ、やがて「倭」は新羅に併合されます。明らかに加耶の動きと列島の「倭人（国）」の動きには相違が見られます。

以上の歴史を見る限り、朝鮮半島の「倭」の諸国は日本列島の倭人国には属していないことがわかります。加耶も金官国も「新羅本紀」で見る限り、自国の政治運営を自らの判断において遂行しています。日本列島の指図を受けて行動している様子はありません。

朝鮮の「倭」と列島の「倭人（国）」は同じ倭種の国ですから、古くから双方に交流があります。また、朝鮮の地には前方後円墳も多く見られます。それらは列島の「倭人」たちが、いかに多く朝鮮半島に居住していたかを示すものと思われます。朝鮮の「倭」と列島の「倭人（国）」の関係はまだ不明なことも多く、特に任那がどんな国であったかはよくわかっていません。まだまだ、日朝の歴史には解明されていないことが多いので今後の課題と言えそうです。

(16) 任那とはなにか

古代の朝鮮と日本列島の倭人国と朝鮮の関係史を長年研究された井上秀雄氏は著書『任那日本府と倭』（東出版、一九七三年）の中で、「朝鮮諸国では倭を加羅地方および北九州などの日本列島の住民と見ていた。加羅と北九州など日本との住民が共通の文化をもち、政治的な連係のある集団とみなして倭と呼んだのではないかと思う」、「倭人が新羅と陸続きの加羅地方の住人とする説は古く『魏志』韓伝にはじまり、広開土王陵碑文の倭に続き、六・七世紀の新羅人にも受け継がれていたことがわかる」（いずれも同書四百八頁）と書いています。井上氏の朝鮮の「倭」と日本列島の「倭人（国）」の関係はやや不透明です。「倭」を「新羅と陸続きの加羅地方および北九州などの日本列島の住民」とするのは、曖昧な表現で、加羅と日本住民が同じ国か、違う国かは不明確です。ただ、広開土王碑の「倭」については加羅地方の人を「倭人」と呼び、日本列島の「倭人」と朝鮮半島の「倭」の混同が見られます。井上氏がこの著書を書かれた時には、まだ古田武彦氏の『「邪馬台国」はなかった』（角川書店、一九七七年）は世に出ておらず、九州王朝の視点がなく、『日本書紀』の近畿王朝下での認識の上に立って任那の状況を考えておられます。古田氏は私の言う朝鮮の「倭」と日本列島の倭人国を同じものとしています。井上氏や古田氏が、私の著書『倭人とはなにか』や本書を読まれたら一体どのように解釈されるでしょうか。できれば一度、生前のご両人と論争してみたかったと思います。

井上英雄氏は著書『古代朝鮮』（講談社、二〇〇四年）の中で、次のように述べています。

『魏志』韓伝に倭の記載があり、この倭を新羅や百済では加羅諸国の別名としていた。ここでは新羅や百済に国を奪われた加羅諸国を倭と呼び、その政治力を結集していた政治機関があった。『百済本紀』の編者は加羅諸国の倭を日本列島の倭人と結びつけ、さらにその倭人を支配する大和朝廷の新国日本と結び付けた。『百済本紀』の記事を読めばわかるように、任那日本府と大和朝廷は直接何の関係もない。ただその名称が編者の意図するように大和朝廷の勢力が朝鮮南部を侵略しているかのような印象を与えるに過ぎない。」（百七頁）

井上氏は『魏志』韓伝では、加羅諸国を倭の別名と規定し、日本列島とは別の独自の政治機関があったとします。しかし、「百済本紀」では加羅諸国の倭を日本列島の倭人と結びつけていると言います。「百済本紀」のどこにそんなことが書いてあるのでしょう。それはともかくとして、井上氏は著書を通じて『三国史記』の「倭人」がどのような意味なのかが極めてあいまいです。私は、「新羅本紀」で「倭人」が白村江の戦いの記述の中に出てくるので、日本列島の「倭人」であり、それは『三国史記』全体に貫通された意味であると述べました。さらに、「新羅本紀」で「倭」「倭国」「倭兵」の記述は四四四年を最後として消滅し、その後加羅や金官の都市名が出てくることから、「倭」を構成している都市連合が消滅し、加羅や金官が独自に政治機関をもったとしています。

また任那について井上氏は次のように書いています。「任那地方には任那・卓淳・安羅等十餘國の国名が伝わり、それに対して哆唎・帯沙等の郡県名が見えている。この国名と郡県名との区別は百濟側資料ではさほど明瞭でないが、日本側資料ではかなり明瞭に見られる。このような相違は百濟にとって、任那諸国とその郡県との間に特別な相違を認める必要がなかったのに対して、大和朝廷側からはその区別が必要であったためとしか考えられない。すなわち、百済からすれば両者は共に大和朝廷の勢力範囲であるが、大和朝廷にすれば、前者は特別な保護をしていたとしても一応独立国であり、後者は直轄的な存在であって、その関心のあり方なりにおいても明瞭に区別されていたからではあるまいか」（『任那日本府と倭』八頁）。※波線は筆者

任那については、井上氏の言うように任那が日本列島の主勢力とどのような関係であるのかは、それを記述した資料がないので何とも言えないと思います。言えることは任那に本拠を置いた人々は日本列島に出自をもつ倭種の人であったということです。しかし、任那と日本列島の主勢力の関係は文献上に一切見えず、よくわかっていません。

『三国史記』に出てくる「倭人」が任那を経営しているのであって、「倭」は朝鮮半島の倭種の人が統治する独立国です。朝鮮半島には「倭（「新羅本紀」四四四年以後は加羅・金官などの都市国家）」と日本列島の倭種の人を示す「倭人」の直轄地である任那があるのみです。朝鮮半島の「倭」と「任那」は同じ倭種の集団であり、井上氏が言うように政治的に連携することもありましたが、別の国なので通常では単独に行動していました。百済の腆支王説話を見ても、朝鮮半島の倭の王は単独で政治の舵をとっています。ただ、朝鮮の「倭」と日本列島の王朝は同じ倭種の民族ということもあり、友好的な関係にありましたと思われます。

任那について、一番最初に登場する歴史資料は好太王碑であるとの見解があるが、原文は「百殘新羅舊是屬民由來朝貢而倭以耒卯年來渡［海］破百殘□□□羅以為臣民」とある□の三字の欠落部分に「任那・新」と推測し、任那・新羅の二国としたもので、それが正しいかどうかは結論がつけられていない未決の問題です。これを任那・加羅とする説もあります。好太王碑には倭（朝鮮半島の独立国）と倭人（日本列島の倭人国の兵）との記載があるので、これらすべての記述は国名であり、ここに都市名である加羅が入るわけがありません。ここに加羅が入るならば、この時期にすでに加羅という国があったことになりますが、その当時、加羅は朝鮮の「倭」の一部の都市であって国ではありません。文章の冒頭に「百殘（百済）新羅」とあるので、□の三字の末尾に入るのは「新」で「新羅」となるであろうと思われます。しかし、好太王碑に倭人の表記があるからと言って任那がここに入る可能性もあるが、決定はできません。なぜならここは欠落部分であるからです。

『魏志』韓伝弁辰条に「その瀆盧国倭と界を接す」とあり瀆盧国の南に「倭」の国があったとされています。弁辰の中にはやがて後に倭となる都市の名が出てきます。南中国から渡来してきた倭種の人々の末裔がやがて「倭」という国を作ったのです。この弁辰について書かれた『魏志』韓伝辰韓に「國に鐵出でて韓濊倭皆從って之を取る」とあります。『宋書』では「弁辰」が消えて、四三八年条に「任那」が見え、四五一年条に「任那、加羅」と二国が記されます。ただ、弁辰が「倭」にどのような経緯で吸収されていったのか、「倭」以外に弁辰の国が残っていたのかその様子がよくわかりません。

唐の時代に書かれた『翰苑』（張楚金撰、雍公叡注）の一部が大宰府に残っています。その『翰苑』の蕃夷部の新羅の項に次のような記述があります。

・今、新羅の耆老に訊《たず》ぬるに、云ふ。「加羅・任那は昔新羅の為に滅ぼさる。其の故（故地）、今並びに国の南七八百里にあり」と。

・此れ、新羅、辰韓・卞辰《べんしん》廿四国及び任那・加羅・慕韓の地を有するなり。

この文章から考えられることは、任那と加羅は近しいところにあり、新羅の「南七八百里」の距離にあることです。また、任那は朝鮮の「倭」の地域（加羅や金官を含む地で、弁辰二十四国のある地域）とともにある時期、新羅に滅ぼされたという事実がここから明らかになります。『日本書紀』崇神紀には「任那は筑紫国を去ること二千余里。海を阻《へだ》て、以て鶏林の西南にあり」とあります。鶏林は新羅の異称と考えてよいでしょう。そうすると、『翰苑』も『日本書紀』崇神紀も任那の位置を新羅の南あるいは西南としていて、任那が加羅の地と近いところにあったと解釈できそうです。『魏志』倭人伝では狗邪韓国から邪馬壹国まで五千余里とあるので距離が一致していません。これは『日本書紀』を編纂した人の誤認によるものでしょう。

『宋書』倭国伝によると、四五一年に、宋の文帝は、倭王済に「使持節都督倭・新羅・任那・加羅・秦韓・慕韓六国諸軍事」の号を授けたとの記述があり、また、四七八年に、宋の順帝は、倭王武に「使持節都督倭・新羅・任那・加羅・秦韓・慕韓六国諸軍事、安東大将軍、倭王」の号を授けたという記述があります。朝鮮資料の『三国史記』列伝巻第四六の「強首」に「臣本任那加良人」とあり任那・加良（加羅）の文字が見えます。

このように、中国・朝鮮・日本の歴史資料の中に任那の名前が見え、その実在は疑うべくもなく、事実であったと思われます。

私は、任那について『三国史記』に頻出する「倭人（日本列島の倭種の人）」の陣営の中心地であったと解釈しています。倭の五王の最後に登場する武は宋より「使持節都督倭・新羅・任那・加羅・秦韓・慕韓六国諸軍事、安東代将軍、倭国王」に叙せられたといいます。これらは国家として認識された六国ですが、任那のみは日本列島を出自とする倭種の人の運営する朝鮮半島の地域という特殊な存在です。よく加羅・伽耶・金官を任那と同じとしてしまう解釈も見受けられますが、加羅・伽耶・金官は朝鮮半島の「倭」の末裔の国、任那は日本列島の倭人の運営するところと住み分けをする方が正しいと思います。また『宋書』で任那・加羅とあるのは朝鮮の倭（連合）が消滅して加羅という都市が独自に政治的に運営されていることを示しますから、ここでは任那は加羅とは別の国家領域であることが示されています。

（17）朝鮮の「倭」と日本列島の「倭人（国）」を同一の国家とする論の誤りについて

日本の歴史学会では、「倭」と言えばすべて日本列島の民族を指すという見解が主流です。私は、既述の認識からそれは間違っていると考えてきました。その考えについて以下にまとめてみます。

武田幸男編『古代を考える　日本と朝鮮』（吉川弘文館、二〇〇五年）所収の木村誠著「朝鮮三国と倭」という文章に次のような記事があります。

「だが、新羅本紀以外では『倭人』『倭国』が同一記事に混在する例があり（朴堤上伝・百済本紀）、表記の違いによって倭の実体を強いて区別する必要はない。『倭人』『倭兵』『倭国』はともに『倭』という同一実体を指しており、記事の内容によって各表記が使い分けられたに過ぎないのである（田中俊明「『三国史記』にみえる『倭』関連記事について」『歴史公論』八－四、雄山閣出版、一九八二年、など）。」（同書九十七頁）

田中氏は「倭人」「倭兵」「倭国」はともに「倭」という同一実態を指していると言いますが、「倭」という語が「倭人」「倭兵」「倭国」を同一的に貫通した意味とする国語的な解釈をされたのでしょうか。「倭人」「倭兵」「倭国」の「倭」は南中国の倭族（鳥越憲三郎氏の用語）と朝鮮半島の「倭」と日本列島の「倭人」に共通する民族的な「倭種」の意味でくくられますが、この三つの概念が同じ意味というわけではないのです。『三国史記』を通して、「倭人」「倭兵」「倭国」の熟語としての各々の意味を逐一調べることなしに、この三つの概念が同じとは言えないはずです。漢字学の研究者ならば、「倭人」「倭兵」「倭国」と言葉が使い分けられており、それらは別の意味であるという認識から出発します。このように、学問の姿勢によって一般的な歴史学者と漢字学を志すものとは考えを異にするのです。

「倭」というのは国名で、正確には「倭」の民族は倭種という言葉で表されます。そして、彼らはどのような民族であるかと言えば、中国南方から稲と高床式文化を朝鮮半島や日本列島に伝えた人です。私は、そのことを確かめるために二〇一二年に中国の西双版納の哈尼《ハニ》族や布朗《フラン》族の部落を訪ね、千木や鰹木のある高床式の建物住居や木製の鳥の彫刻が左右についた村門（鳥居の原型）や、米文化や赤飯・ちまき・豆腐・こんにゃく等の伝統食を見て歩き、これが日本列島に住む倭種の人たちの文化の原型であることを確認しました。

縄文人は倭種の人ではありません。中国南部の倭種の人は、縄文時代に桜町遺跡（富山県矢部市、今から約千二百年前から二千三百年前までの縄文集落遺跡）に足跡を残しています。しかし、そこには水稲の田の遺跡がなく、倭種の人々が大きい国作りをしたという形跡はありません。つまり、面としての国ではなく点としての国の遺跡です。私は、『論衡』の「倭人暢草」の「倭人」は中国南部の「鬱人」であることを論証しましたが、従来の学者は日本列島の倭人と解釈する人も多いです。それならば、「倭人暢草」の行われた紀元前一〇〇〇年ぐらいの時に日本列島に倭種の人が大きな範囲で生活していた痕跡があるかどうかを明らかにすべきです。そんなものは今のところ全く見当りません。つまりその頃には日本列島に倭種の人が統治した大きな国はないのです。その頃は縄文人が各地に部落をつくっていた時代で、そこに点として中国の倭種の人が住み着いた可能性はありますが、「倭人」という言葉でくくられるような国の存在は証明することができません。

日本に倭種の人が統括する大きい国ができたのは、縄文後期から弥生時代にかけて水稲の技術が朝鮮半島より伝わったことが発端だと考えられます。水稲の実施の際に多くの縄文人を労働力として使ったことや、それにより得た稲米の食糧確保が倭種の人が国を作る原動力になったのです。それ以前は縄文時代であり、日本列島に倭種の人の国はなかったのです。日本列島の倭種の人の国、すなわち倭人国は弥生時代に朝鮮の倭種の人が水稲の技術を日本列島に持ち込みやがて九州北部に一大勢力を作った国なのです。

倭種の人々が紀元前に朝鮮半島や日本列島にやってきましたが、最初に中国に認知されたのは『山海経』の朝鮮半島に近い「倭」でした。次に『漢書』『魏志』に出てくる「倭人」、『魏志』に出てくる「倭」です。この「倭」は朝鮮半島の「倭」です。日本列島の国は『魏志』では「倭人」と称され、朝鮮の「倭」とは区別されています。朝鮮の「倭」と日本列島の「倭人（国）」は同じ倭種の人々が中心になっている国ですが、別の国です。

従来説では、この両者は同じ国とされています。しかし、よく考えてみましょう。日本列島に水稲の技術を朝鮮半島の倭種の人がもたらしたことは、水稲の伝わった地から朝鮮の無文土器が出土するのでほぼ確実と言えるでしょう。日本列島に水稲をもたらした人は、朝鮮の倭種の国の王族かそれとも単なる一員かはよくわかっていません。わかっていることは水稲を伝えた人が縄文人を従えて、『魏志』倭人伝に言う「倭人（国）」を作り上げたということだけなのです。そして、日本列島の「倭人（国）」が朝鮮半島の「倭」を制圧してこれらが一つの国になったとか、また、逆に朝鮮半島の「倭」が日本列島を制圧したとも歴史書のどこにも載っていません。私は、日本列島の「倭人（国）」と朝鮮の「倭」を一つの国とされる方に、それらが同じ国であることを論理的に証明してくださいと言ったら、「そんな決まっていることを証明する必要はない」と言われました。しかし、歴史の探求に「自明」とすることは論理上できません。何らかの文献的あるいは考古学的実証が必要なのです。それどころか、『魏志』倭人伝には日本列島の「倭人」と朝鮮半島の「倭」は両方とも国名であり、その二つは明確に区別されています。ということは、これら二つの国は別の国であると考えるほかありません。

『魏志』に続く『晋書』では東晋に朝貢した「倭国」の記述があり、これについて『太平御覧』には「義熙起居注曰『倭國、獻貂皮・人参等。詔賜細笙麝香』（義熙起居注に曰く『倭國、貂皮・人参等を獻ず。詔して細笙麝香を賜う』）」（太平御覧麝条）という注が書かれています。私はこの「倭国」は朝鮮半島の「倭」であると論じました。『晋書』宣帝紀には卑弥呼の女王国を「東倭」と書いており、また『晋書』には日本列島の国を「倭人」とも記述しています。朝鮮の「倭」が東晋に朝貢しているならば、これは日本列島の「倭人（国）」とは別の国の証明になります。なぜなら、同じ国の二カ所から、晋国に朝貢するはずはありませんから。さらに、また、『南斉書』によると、「倭」が消滅した後の加羅国が四七九年南斉へ朝貢しています。そのことも加羅が日本列島の「倭人（国）」とは別の独立した国と見てよいでしょう。

従来の歴史家は、上記のような説明には全く触れていません。朝鮮の「倭」と日本列島の「倭人（国）」が同じであるという根拠に、朝鮮半島における前方後円墳や『宋書』における倭王武の上表文「渡りて海北を平らげること九十五国」を挙げる人もいました。しかし前方後円墳は被葬者が倭人国の人か朝鮮の倭の人かわかっておらず、墓制は真似られることもあり明確に論じるにはさらに詳しい論証が必要と思われます。また、倭王武は自ら「使時節都督倭・新羅・任那・加羅・秦韓・慕韓七国諸軍事、安東代将軍、倭国王」と称したと言います。この「倭」は朝鮮の倭の消滅以後のことですので日本列島の国を指しております。また、倭王武が「新羅」を制圧した歴史など文献にはどこにもないので、「九十五国」も疑いをもって見るべきです。そのような根拠をもって朝鮮の「倭」と日本の倭人国（倭国）が同じ国であると論理的に説明することは論証不足だと思います。

(18)「倭」と「倭人」の使い分けに関するまとめ

①『魏志』における「倭」と「倭国」の違い

某氏は「親魏倭王」の「倭王」を「倭の王」と考えて、私が「倭」を朝鮮の「倭」と限定したところから、「それでは、出野さんは卑弥呼が朝鮮の倭の王と言われるか？」という質問をされました。それについてお答えします。

『魏志』倭人伝には複合名称として「倭国」「倭地」「倭水人」「倭女王」「倭王」「倭大夫」という語が出てきます。古田武彦氏はこの中の「倭国」を「倭」と同じであるとし、朝鮮の「倭」と日本における「倭人（国）」が同じと解釈されたようです。同じように「倭の水人」「倭の女王」「倭の王」と解釈すれば、日本国の国名は「倭」になってしまいます。『魏志』で使われている「倭種」という言葉は朝鮮半島の「倭」及び日本列島の「倭人」の民族を総称して言った言葉であると思われますが、それ故に「倭」と「倭人」は同じと解釈する学者も多いのです。しかしながら、それは間違いです。以下、そのことを論証したいと思います。

「倭」と「倭国」は国語的に同じだということにはなりません。これらの中の熟語の「倭」は朝鮮半島における単独名称の「倭」とは意味を異にすると思われます。そこのところを古田氏も誤読している節があります。漢文は実に難解ですが、逆に言えばこういったところまで差別化していることに緻密性を感じます。ここはなかなか見抜きにくい盲点だと思われます。

『魏志』倭人伝には一方で「倭人」の表記があり、また一方で「倭国」の表記があるのだから、「倭国」は「倭人(国)」の意味です。したがって、「倭国」の「倭」は実は「倭人(国)の」を意味しているものと考えます。『魏志』倭人伝に「倭人在帯方東南大海之中……」とあり、この「倭人」は国名を表しています。つまり「倭国」を「倭の国」、「倭王」を「倭の王」と読むのは間違いと言えるでしょう。ですから、「倭王」は「倭人(国)の王」、の意味になります。「親魏倭王」の「倭王」を「倭」と「王」にわけて、その「倭」を朝鮮の「倭」とすることはできません。すなわち、「親魏倭王」は「親魏倭人(国)王」の意味なのです。「倭国」「倭女王」など『魏志』記載の熟語は国語的に分解することは間違いで、熟語そのままの形で『魏志』の中でどのような概念として使われているかが正確な把握なのです。「倭国」「倭地」「倭水人」「倭女王」「倭王」「倭大夫」という言葉は熟語として、状況語、すなわち『魏志』の中でどのような言葉として使われているかという視点が正解なのです。「倭国」は「倭人国」、「倭地」は「倭人国の地」、「倭水人」は「倭人国の水人」、「倭女王」は「倭人国の女王」、「倭王」は「倭人国の王」、「倭大夫」は「倭人国の大夫」と解されるべきです。

『魏志』倭人伝の「倭」と「倭人」の使い分けについては、朝鮮資料の『三国史記』『三国遺事』の「倭」「倭国」「倭兵」と「倭人」の使い分けを認識することにより、私の心の中では確信となりました。

②私の歴史を読む二つの道しるべ

私の歴史を読む二つの道しるべは「同一歴史書の同じ言葉は、(一定期間において)同じ概念である」と「語句が微妙に違っていれば意味が差別化されている」です。ただし、長期にわたる歴史書には同一書でも同じ概念ではない例外もあります。例えば、『三国史記』では、「倭国」は朝鮮において「倭」が滅亡するまでは朝鮮の「倭」を指し、白村江の戦い以後には日本列島の国を指しています。

古田武彦氏は『倭人伝を徹底して読む』（朝日文庫、一九九二年）の中で、次のように述べています。

「そこで私としては、松本氏がいっておられることを理解できないというのでは困るので、この問題をこのさいしっかり考えてみようと思ったわけです。

なぜわたしは『古代史疑』のときにわからなかったのかということを自分で考えてみると、要するに『倭』と『倭人』は常識的に考えてべつであるはずがないと考えていたからです。つまり、『倭』というのは国の名前であり、その国（＝倭）に住んでいる人間が倭人であるというのは、言葉の構成から考えて当たり前のことです。」（百十九頁）

「このような『三国志』の表記は、確かに一つの理解の方法には違いないのですが、その場合、松本氏の認識の盲点が一つありました。それは『倭国女王卑弥呼』です。これは斉王紀に出てくる文章で、しかも『三国志』の中で一番最初に出てくる個所でもあります。中国の歴史書の書き方は、まず帝紀があって、その次に列伝、最後に夷蛮伝があるというのが普通です。

…中略…

そして夷蛮伝の一番最後に出てくるのが倭人伝です。ところが『魏志』の一番先頭の帝紀に一回だけ「倭」という字が出ている。それについては松本氏は全然ふれていない。『古代史疑』でも『清張通史』でも気づかれていないようです。そこにははっきりと『倭国女王卑弥呼、使を遣わして奉献す』と出てくるのです」（同書百二十二頁）

これを読むと、古田氏は「倭人＝倭の人」とそれが自明であるとの解釈し、日本列島の倭人は倭の国に住む人としています。すなわち、古田氏に従うと、倭＝倭国で朝鮮の倭も日本の倭人（国）もすべて同じ「倭」なのです。

したがって、古田氏の「倭国女王卑弥呼」の「倭国」をもって「倭」であるとし、「倭国＝倭」とされたのは間違いと言えます。古田氏は国語的に「倭国」は「倭」の人が住む国と解釈したところに間違いがあったと思われます。なぜなら、『魏志』の「倭国」は陳寿が規定した意味をもった「倭人（国）＝倭国」なのですから。古田氏は朝鮮半島の「倭」と日本列島の「倭国」を同じものとしますが、どうもこのロジックを見抜けなかったようです。また、ここにこそ日本の従来の歴史家が朝鮮半島の「倭」と日本列島の「倭国」をごっちゃに解釈した誤謬の起点があったのです。『魏志』には朝鮮半島の倭種の国を「倭」と書き、日本列島の倭種の国を「倭国」と書き、決してその混同はありません。それは「倭」と「倭国」という互いの言葉が明確に差別化されていることにほかなりません。その差別化の意味を探求する。それが、学問としてのあるべき方向です。

新旧の歴史書は原則的には同一の概念を一貫して引き継ぐものが多くあります。「倭人」はどうでしょう。『魏志』倭人伝の「倭人在帯方東南大海之中」の「倭人」は『漢書』での「樂浪海中有倭人」を踏襲した同一概念と私は考えます。漢代の金印「漢委奴國王」の「委奴」も同時代の表現で「委奴」＝「倭人」の意味です。また「樂浪海中有倭人」を見ますと「樂浪海中（地名）有倭人（地名）」という構文になっています。したがってこの「倭人」は地名もしくは国名を表すものと解釈しなければなりません。ただし単なる地名とは考えにくいので、やはり国名と解釈するべきだと思われます。このことはいろんな人から疑問を投げかけられましたが、それはその人が「倭人」のもつ国語的な意味に捉われるから理解できないだけの話です。

ではなぜ日本列島の倭種の人が住む国名を「倭人」としたのでしょうか。正確なところは私にもわかりませんが、この「倭人」は朝鮮半島の「倭」と区別してつけた記号的な意味だと思われます。国語的な先入観を捨てて、「倭人」を単に記合的な国名と解するべきです。

朝鮮半島の「倭」は『魏志』韓伝に記述があり、古くは『山海経』にあります。『漢書』には「倭」の記録がないが、「汙《ヲ》人」（『後漢書』では「倭人」）や邪頭迷国の記述があります。「汙」と「倭」の古音はどちらも「wo」でありま す。『漢書』では「倭人」を日本列島の国名としているので、「倭人」とは書くことはできないので「汙人」としたものだと思います。このように『漢書』『三国志』は厳密です。ところが『後漢書』では「倭人」の表記はなくなって、朝鮮の「倭」が消滅した後に日本列島の主勢力の名を「倭」に替えています。また、『後漢書』では朝鮮半島の古い時代の「倭」という記述も見えるので、その点では読者にとって紛らわしい記述になっています。

古田武彦氏は朝鮮半島の「倭」と日本列島の主勢力を含めて「海洋国家」とされましたが、私は認めることができません。なぜなら、そうであるためには「倭」と「倭人」が同じものであるという論拠を示さねばなりません。ところが、私の知る限り古田氏が「倭」と「倭人」を同じとする明確な論拠は存じ上げておりません。さらにいえば『魏志』のみで、朝鮮の「倭」が日本の「倭人（国）」の一部であると証明するのはいかに古田氏と言えども無理です。『魏志』にはそんなこと一言も書いてありませんから。日本列島の「倭人（国）」と朝鮮半島の「倭」が同じ国と主張される方に幾人か出会いましたが、「その根拠は何ですか」と質問して明確に答えてくれた人はいまだにいません。それを答えないのは、どう考えてもおかしいのです。

(19) 朝鮮半島の「倭」とはどのような国か

朝鮮半島には南中国からやってきた倭種の人たちが住んでいました。一番古い例では『山海経』に見られる紀元前の「倭」でしょう。それから、二世紀後半になりますが、中国の安徽省の倭人塼の「倭人」や中国の烏侯秦水に見られる「汙《お》人（＝倭人）」などが歴史文献に登場します。また、同じ二世紀後半には朝鮮半島の邪頭昧国の存在があります。これらの人の共通の特徴は、南中国から中国の華中や華北地方を経て、或いは直接朝鮮半島にやってきた倭種の人であるということです。後に朝鮮半島の南に興る伽耶・加羅と呼ばれる地域に住む人たちも、その系譜を引く民族だと思います。朝鮮の「倭」と日本の「倭人（国）」は同じ倭種の国として、政治的に連携した関係を続けますが、政治形態としては別の国です。

この朝鮮半島の「倭」の人たちの一部が日本に渡来して、「倭人（国）」を作ったのでしょう。『三国遺事』に書かれた『駕洛国記』によると、後漢の光武帝の建武十八年（四二年）に亀旨峰の六個の金の卵から首露王が生まれたとする建国神話が載せられています。始祖金首露王は、現在の金海市の北方にある霊峰亀旨峰《クジボン》に降臨したとされます。これと我が国の記紀で天孫降臨の地とされる高千穂の「くしふる峰」が発音的に似通っている事実から、駕洛の血を引いた人たちが日本の「倭人（国）」の建国に関与していることがうかがわれます。

稲作の列島への受容の始まりの時期に使われていた土器は突帯文土器です。この土器は朝鮮半島の無文土器の影響を受けて出現したものとされています。突帯文土器とは、口縁部や土器の上部に突帯と呼ばれる粘土の帯を貼り付けた甕のことです。壺・鉢・高坏などの日常に使う土器を伴うことが多く、これらの総体を突帯文土器様式といいます。突帯文土器様式が従来の縄文土器と異なっている特徴は、壺という土器の型式です。壺というのは従来の縄文土器にはない器種で、朝鮮半島の無文土器の影響を受けて出現したものとされています。また、貯蔵用の壺・煮沸用の甕・高坏・浅鉢は朝鮮の無文土器の構成そのものですから、朝鮮から相当の影響を受けていると見なければなりません。

上記のような朝鮮と日本列島の文化交流を考えてみれば、初期の稲作は朝鮮半島を経由して日本列島に受容されたものと考えるのが妥当だと思われます。もっと正確に言えば、朝鮮半島に住む倭種の人によって稲作が伝えられたというべきでしょう。なぜならその稲作技術の内容は南中国の倭種の人々が伝えた南中国の稲作の反映と見られるからです。水稲耕作が北九州沿岸部に最も早く伝播したことは、菜畑形跡・板付遺跡や糸島半島の曲り田遺跡などの水田跡の調査内容を見るとまず間違いがないようです。この辺りは、朝鮮半島からやってきた倭種の人たちが最初に創生した「倭人（国）」の地域と見て間違いがないように思います。

また、「新羅本紀」において「倭人」が二十二回、「倭兵」が十回出てきます。「倭兵」よりも「倭人」の方がずっと多く、このことは日本列島の「倭人」がいかに多く朝鮮に在住していたかを示しています。朝鮮半島に多く見られる前方後円墳は果たして「倭人」のものか、朝鮮の「倭」の王族あるいは豪族のものかはよくわかりませんが、「倭人」の在住人口の影響を考えれば、うなずけます。この前方後円墳を以て、朝鮮の「倭」は列島の「倭人（国）」の統治下に含まれるという考え方をする人もおりますが、それは間違いです。それらの前方後円墳は、おそらくは日本列島から朝鮮半島に渡った人たちのものですが、墓制は模倣されることもあるので朝鮮半島の「倭」（のちには加羅や金官）の人たちのものである可能性があります。ですから、そのことは朝鮮半島の「倭」が列島「倭人」の統治下にある証明にはなりません。『三国史記』では、先述したように朝鮮の「倭」は「倭人（国）」とは別の統治をしております。『三国史記』を詳しく精査することが必要なことは言うまでもありません。

(20) 朝鮮文献の「倭」「倭人」は中国文献の「倭」「倭人」と同じ

私の解釈による「倭」と「倭人」、「倭国」の使い分けを一覧にしてまとめてみました。

	日本列島	朝鮮半島	備考
山海経	――	倭	
漢書	倭人	――	中国文献では、この期間のみ日本列島の主たる政治国を「倭人」「委奴」と表現している。（漢書・金印・魏志）
金印	委奴	――	
魏志	倭人・倭国	倭	
晋書	東倭・倭人	倭国	
後漢書	倭・倭国・倭奴国	倭	
宋書	倭・倭国	任那・秦韓・慕韓	
南斉書	倭・倭国	任那・加羅・秦韓・慕韓	
三国史記	倭人（白村江の戦いまで）	倭・倭国（『三国史記』暦四四四年まで）	
三国遺事		倭国（『三国遺事』四七九年まで）	
好太王碑	倭人	倭	

この一覧の作成の後、私は『三国史記』『三国遺事』の「倭」「倭人」の意味するところが『魏志』の「倭」「倭人」と同じであることを確認しました。このことは、『魏志』の「倭」が朝鮮半島の国であり、「倭人（国）」が日本列島

の国を指すことを証明しています。すなわち、朝鮮歴史資料は『漢書』から『魏志』にいたる中国歴史資料をベースにして記載した資料なのです。このことは起こりうべきことです。なぜなら、過去の歴史資料を踏襲しながら新たな歴史を書き加えるという手法は、同じ大陸内にある朝鮮においても当然あると思われるからです。

(21) 松本清張氏の「倭」と「倭人」の解釈は正しかった

右記で示しましたように、朝鮮文献における「倭」と「倭人」は明確に使い分けられております。初めてこのことを説いた松本清張氏の考え方は、まさに卓見だったわけです。社会派推理作家として名高い松本氏ならではの慧眼だと思います。私も、このことを実証するまでは大変慎重でした。なぜなら、この見解は歴史学の世界では松本氏以外は誰も口にすることが無く、もはや過去の論として忘れ去られていたからです。改めて松本氏に敬意を表したいと思います。

私は、松本氏の論を証明するために、『魏志』『晋書』『三国史記』の内容を調べました。その研究過程はいままで誰も実現していなかったため、私にとって非常に困難を極めるものでした。しかし、あきらめずに続けたおかげで、輪郭が見えてきました。本書で前著『倭人とはなにか』の足らざるところを補完することができたのも、もし自分の考えが正しければ、新たに見つかってくる歴史資料が今まで正しいと考えてきた自分の論拠に矛盾なく整合するはずだとの信念からでした。

(22) 朝鮮の「倭」と日本列島の「倭人(国)」の差別化のまとめ

従来の日本の歴史解釈において『魏志』倭人伝に出てくる朝鮮の「倭」と日本列島の「倭人（国）」は自明の論として同一視されてきました。しかし、私は、朝鮮半島の「倭」と日本列島の「倭人」は別の国だと論証しました。その根拠を以下にまとめておきます。

①『論衡』の倭人貢暢の倭人が南中国の鬯人であることを論証した通り、もともと倭種の人が南中国に住んでいました。それらの南中国の倭種の人が朝鮮半島や日本列島に波状的にやってきました。朝鮮半島にやってきた倭種の人は「倭」の国を作り、朝鮮半島から日本列島にやってきた倭種の人が「倭人（国）」を作りました。

②日本の稲作は朝鮮半島の倭種の人より伝えられました。朝鮮半島より稲作を伝えた集団が、北部九州を征圧して作った国が「倭人（国）」です。以上の歴史から見ると、朝鮮半島の「倭」と「倭人（国）」は別の国です。これが同じ国であるということは「倭人（国）」が朝鮮の「倭」を制圧したか、逆に、朝鮮の「倭」が九州の小国を制圧して「倭人（国）」を作ったのかを証明しなければなりません。しかし、『魏志』では明確に朝鮮の「倭」と日本列島の「倭人（国）」は用語として差別化されているので、この二つの国は別の国として見なされなければなりません。同じ国ならばどちらかの名前に統一すべきです。

③『三国史記』では朝鮮半島の「倭」を意味する「倭」・「倭国」・「倭兵」と日本列島の人々を意味する「倭人」が使い分けられています。これら二つの別々の言葉が同じ意味であるなら一つの言葉に統一されて然るべきです。それらが違う意味であるから別の言葉が使われていると解釈できます。

④朝鮮資料の『三国史記』においては四四四年まで朝鮮の「倭」「倭国」「倭兵」の記述があり、それ以後は「倭」「倭国」「倭兵」の語の表現はなくなり、それらは「加羅」や「金官」というような分裂した都市国家として表現されています。

⑤『三国史記』では白村江の戦いに至るまで「倭人」という語がずっと頻繁に現れます。白村江の戦いに登場する「倭人」は日本列島の人々であることは確実です。同じ歴史書における一つの言葉は同じ意味が貫通されており、それまでに登場するそれ以前の「倭人」はすべて日本列島の人々であります。ただし、白村江の戦い以後に「倭人」が壊滅的に打撃を被った後、「倭」という言葉が出てくるような例外もありますが、それはその状況に照らして解釈すればよいのです。

⑥『晋書』の義熙九年（四一三年）是歳条に「是歳、高句麗、倭國、及西南夷銅頭大師、竝獻方物（この歳に、高句麗、倭國、及西南夷銅頭大師、竝びに方物を献ず）」（晋書安帝紀）の記事には「倭国」として朝鮮半島の「倭」が載せられています。そのことを書いた記事が『太平御覧』麝条にあり、「義熙起居注曰、倭國、獻貂皮・人參等。詔賜細笙麝香」によって、朝鮮の「倭」と解釈されます。日本列島の「倭人（国）」とこの時の朝鮮半島の「倭」が同じ国であったならば、同じ国の二つの地域から中国王朝に朝貢することはあり得ません。したがって朝鮮半島の「倭国」は日本列島の「倭人（国）」とは別の国です。また、『南斉書』によると「倭」が消滅した後の加羅国が四七九年南斉へ朝貢しています。そのことは加羅国が日本列島の「倭人（国）」とは別の独立した国と見て間違いありません。

朝鮮半島の「倭」と日本列島の「倭人（国）」が同じであるという方は、ぜひその事実を古代文献の中から証拠を見つけて論証してください。それが自明であるということは学問上、絶対にあり得ません。それができなければ、少なくとも朝鮮半島の「倭」と日本列島の「倭人（国）」が同じであるとは言えません。

第7章

『魏志』倭人伝の行程から歴史を解読する

出野　正

(1) 帯方郡から狗邪韓国の行程は水行か陸行か?

『魏志』倭人伝の「従郡至倭循海岸水行歴韓國乍南乍東到其北岸狗邪韓国七千餘里（郡より倭に至るには、海岸に循《したが》って水行し韓国を歴《へ》て乍《あるい》は南し乍は東し其の北岸狗邪韓国に到る七千餘里）」について、ここで少し詳しく述べてみたいと思います。

私は、郡より狗邪韓国にいたる行程は陸行ではなく、水行であると思います。なぜか。

A. 古田武彦氏は『「邪馬台国」はなかった』（角川文庫、一九七七年）の中で、「『海岸に循《したが》ひて水行す』といって、『水路』部分を述べたあと、『韓国を歴《ふ》るに』とのべて、『陸地』に移転したことをしめしているのである」と述べています。古田氏の言う、朝鮮半島の水行→陸行→水行→日本列島の水行について考えてみます。

おそらくはこの船は、帯方郡を出発地点として日本列島に行く人員と鏡・刀・錦などの下賜品を搭載していたであろう。水行して途中のどこかから陸行したとなると、この船はどうしたか。下賜品を搭載していた船だけ狗邪韓国に渡り、人員だけ歩いて行ったとすれば、おかしな話ではないでしょうか。水行→陸行→水行は、どう考えても陸行の合理的な説明ができないように思います。

B. そこには深い意味での古田氏の解釈上の間違いがあって、古田氏は『魏志』倭人伝の「倭」を日本列島の「倭」と見ていたのです。古田氏は「郡より倭に至る」の「『倭に至る』とは『倭国の首都』に至る、という意味だ」（同書二一二頁）と述べています。

「郡より倭に至るには」の「倭」を日本列島の「倭」とした場合、主語「郡より倭に至るには」の述語は何であるか不明確になります。ある人とこのことを論議したら、「海岸に循《したが》って水行し」より約三百文字を含んだ「水行十日陸行一月」か、あるいは約五〇〇文字を含んだ「郡より女王國に到る万二千余里」までが述語であるという答えが返ってきました。しかし、こんな長い述語は見たことはありません。これらの文章の中には完結した文がいっぱいあるのではないでしょうか。それらを含めて述語だというのは基本的におかしいと思います。

『魏志』倭人伝の文章は、帯方郡→狗邪韓国→対馬という風に順繰りに邪馬壹国に到る行程を書き、最後に「郡より女王國に到る万二千余里」で締めくくった文章です。その中で、「郡より倭に至るには、海岸に循《したが》って水行し、韓国を歴《へ》て乍《あるい》は南し乍は東し其の北岸狗邪韓国に到る七千餘里（述語）」は一つの文章として完結したものと見るのが正しいと思います。そうすると、この「其」は朝鮮半島の「倭」となり、帯方郡から「倭」の狗邪韓国までの距離が「七千餘里」の意味になります。この文章の主語は書かれていませんが、「帯方郡使」だと思います。

（2）「歴」「歴観」の意味

上記の『魏志』倭人伝の「従郡至倭循海岸水行歴韓國乍南乍東到其北岸狗邪韓国七千餘里（郡より倭に至るには、海岸に循《したが》って水行し、韓国を歴《へ》て、乍《あるい》は南し乍は東し、其の北岸狗邪韓国に到る七千餘里）」について、ここで少し詳しく述べてみたいと思います。

私の上文に対する意味の理解は以下の通りです。

「（帯方郡使が）郡（帯方郡）より倭に至るには、海岸に従って水行し、韓国を経由して南に、また東に航行し、倭の北岸狗奴韓国に至る。その距離は七千余里である。」

古田氏はこの「歴」を「歴観」の意味と述べています。そして、帯方郡から、少し船に乗り陸地に上陸してから朝鮮半島を陸行して狗奴韓国まで至ったとします。

しかし、「韓国」は通常陸地だからといって、陸行したとは限りません。なぜなら、船で狗邪韓国に行き、いくつかの陸地に停泊したと解釈すれば、「歴韓国」の意味が通じるからです。また古田氏は、「韓国を歴《ふ》るに」と述べて、さらに「歴」を歴観の意味としていますが、それは納得しかねます。「歴」は「歴る」か歴観かどちらか一方の意味で解釈されるべきです。

『三国志』において歴＋地名の三つの例が記述されています。

①…塞外道絶不通、乃山堙谷五百餘里、經白檀、**歴**平岡、渉鮮卑、東指柳城。〈魏書一〉

②**歴**任城、汝南、東海三郡、所在化行。〈魏書一〉

③星行**歴**十二次國、天子受命、諸侯以封。〈魏書二〉

これらの中の「歴」はすべて歴＋地名の構造文で「歴《へ》て」の意味です。

これに対して「歴観」の例を挙げておきます。

洛陽、**歴観**舊物、見典論石在太學者尚存、……。〈魏書四〉

歴観九州山水之體、追覧上古得失之風（『後漢書』馮衍伝）※體…ありさま

歴観前後来入軍府（『應據』與徒弟君苗君書）

歴観古今功名之士、皆有積累殊異之迹。（『韋曜』博奕論）

「歴観」は閲《けみ》する（あらためて見る、調べる）の意味です。「歴」が単独で「歴観」の用法で使われている例を見ると「歴周唐之所進爲法」（『漢書』劉向伝）のように閲《けみ》する対象が目的語になります。上記の「歴観」もその目的語が「舊物・九州山水之體・前後来入軍府・古今功名之士」など、非常に具体的な特定の調査細目です。それら歴観の例と比べてわかるように、「歴韓国」は閲する特定調査細目を目的語とするものではなく、「韓国」は上記の「歴観」の例と比べてあまりにも漠然としすぎています。「歴韓国」は「歴＋地名」のカテゴリーに属し、上記の四つの「歴 地名」の例と意味を同じくします。「歴 地名」にあたる「星行歴十二次國」の例は複数の地名を巡る意味であり、『魏志』の「歴韓国」も、帯方郡から狗邪韓国に遂行して、その途中で（おそらくは停泊するために）朝鮮半島のいくつかの寄港地に立ち寄ったのであろうと思われます。歴韓国の韓国は広いエリアですので、上記の複数の地を経由するという例と同じと解釈しても問題はないと思われます。それ故に『魏志』倭人伝の「従郡至倭循海岸水行歴韓國乍南乍東到其北岸狗邪韓国七千餘里」の「歴」は歴観ではなく、「歴＋地名」のカテゴリーに属します。したがって「歴韓国」は「韓国を経て」の意味になります。

『王力古漢語辞典』には「歴」の歴観の意味について「察看。爾雅釈詁下：〃歴、相也。〃禮記郊特性：〃簡其車賦、而歴其措卒伍。〃」と記載されています。これによると「歴」の「歴観」の意味は『爾雅』では「相也」としていて「相」は白川静著『字統』の項（五百五十九頁）によると省視の意味で詳しく調べる意味であり、「歴観」は巡省・巡察のように諸国を見回ってその国の内情のある項目を調べる意味なのです。「歴其措卒伍（其の卒五を惜しむを歴《けみ》する）」は「兵隊を差し出すことを惜しんでいるかどうかを調べる」という意味です。この様に「歴」の詳しく調べる（閲《けみ》する）対象は、例えば戸籍とか地形とか、軍隊の内容などであり、「歴韓国」の「韓国」のような漠然とした対象ではあり得ないのです。

また、『魏志』の性格から見て、もし韓国を歴観するなら、それは『魏志』韓伝に書かれるべきであり、『魏志』倭人伝においては、帯方郡から倭人（国）の首都、すなわち邪馬壹国へ至る行程をのみ書くのが主題ですので、帯方郡から狗奴韓国へはその行程のみが簡略的に書かれたものであると考えるのが正しい見方でしょう。

また、「乍《あるい》は南し乍は東し」について古田氏は、この「乍」に「たちまち」という意味を当て、「歴」をつぎつぎと方向を変えて歩行すると飛躍して解して、階段状に陸行するという解釈をしたのですが、この「歴」の解釈はどう考えてもおかしいと思います。古田氏の言うように、階段状に陸行するという解釈は極めて不自然です（『「邪馬台国」はなかった』角川書店、一九七七年、二百二十頁）。階段状の道など現実的にあるはずがありません。「歴」は古田氏の言うように陸行の意味ではなく、「歴《ふ》る」の意味に解釈した場合、すべて整合的に意味のつじつまが合います。

古田氏は「Aに循《したが》ひてBす」という『魏志』の例を引き、「Aの地形にそいつつ、Bの行為をする」意味であるとしています。その例は「八月、帝、遂に舟師を以て、譙より（自《より》）渦《か》に循《したが》ひ淮《わい》に入り、陸道より（従《より》）徐《じょ》に幸《こう》す」（『「邪馬台国」はなかった』、二百二十頁）の意味であるとしています。しかしこの例は、「陸道より」という語が入っているので、舟師による遂行の後、「陸行」に転じたのは当然のことです。「従郡至倭循海岸水行歴韓國乍南乍東到其北岸狗邪韓国七千餘里（郡より倭に至るには、海岸に循《したが》って水行し韓国を歴《へ》て乍《あるい》は南し乍は東し其の北岸狗邪韓国に到る七千餘里）」の主語は「帯方郡使」で、この文章に句読点を打つなら「（帯方郡使〈S主語〉）従郡至倭循海岸水行（V動詞）歴韓國乍南乍東、到（V）其北岸狗邪韓国七千餘里」が妥当だと思います。これについて、「歴 地名」はすべて「韓国を経て」の意味であることを立証させていただきました。「歴韓国」の「歴」は動詞ではありますが、この文章の中では英語の「through（〜を通って）」のような使われ方であり、「従郡至倭循海岸水行（V）歴韓國乍南乍東」が一体になった文章だと解するのが正しいと思います。

古田説に従うなら、「水行し」で意味を区切って「韓国を歴《へ》て」を陸行にあてるのですが、これが間違いだと思われます。もし、古田氏の言うように陸行ならば、「従郡至倭循海岸水行、〈然後陸行〉歴韓國乍南乍東到其北岸狗邪韓国七千餘里（郡より倭に至るには、海岸に循《したが》って水行し、〈然るのちに陸行し〉韓国を歴《へ》て、乍《あるい》は南し乍は東し、其の北岸狗邪韓国に到る七千餘里）」のように〈然後陸行〉といった文章を挿入する必要があるのです。「水行」を言うならば、必ずその次に「陸行」と入れなければ古田氏の言うように読めません。「従郡至倭循海岸水行歴韓國乍南乍東到其北岸狗邪韓国七千餘里」には「水行」しかなく「歴」に陸行の意味を求めるのは無理で、「歴韓国」は「韓国を歴《へ》て」と読み、韓国を経由するという意味に解釈すべきだと思われます。つまり、帯方郡から狗奴韓国に至るまでに、昼は航海し夜は何カ所かの朝鮮半島の陸地を停泊したことが「歴」の意味で、それはいくつかの陸地を経由していることを示します。

繰り返し述べますが、「歴」は動詞ですが、「○○を経て」を意味する英語の前置詞「through」のように挿入句的な使われ方をしたのだと思います。ですから、「水行」で切って「歴」から以下を「陸行」とする解釈は文法上無理です。記事には「水行」しかないわけですから、陸行の意味はありません。おそらく帯方郡から北岸狗邪韓国へは途中で何カ所か停泊したにせよ、船で行ったと考えられます。そうすると、「海岸に循って水行し」は朝鮮半島の海岸線近くを船で辿って半島の海岸に何泊か停泊し、帯方郡から狗邪韓国に水行したことに他なりません。正規の文章には「水行」しかないわけですから、この文章には陸行を認めることができないのです。まず、漢文の意味ありきです。前後の文章を組み合わせて解釈することや、自分の歴史観からこの記事の意味を逆に読み取るのは、文章解釈の方法上の間違いです。

「乍《あるい》は……乍は……」は佐藤進・濱口富士雄編『全訳 漢字海』(三省堂、二〇〇一年)では「二つの状態が交互に現われることを示す表現」としており、朝鮮半島の西側の沿岸を何泊か停泊しながら南に行き、然るのちに東に行く水行の航路だとしても何の不思議もありません。

さらに古田氏は上記の文章の後に次のように述べています。

「『韓国の周辺海域のみ』を指す場合には、『韓国西岸』『韓国南岸』といった、ていねいな表記を用いているのが『三国志』のルールなのです。この点から見ても、『帯方郡治——狗邪韓国』間を『全水行』とする見地は成立しがたい。韓伝に『韓は帯方の南にあり、東西海を以て限りと為し、南、倭と接す』とあるように、海に面しているのは『東西』だけです。半島の南岸は倭国に接していたのです。そうでなければ、『南、倭と接す』とは書けない。釜山や金海の部分だけが倭国に属していたのでは、この表記は適切ではない。『東・西・南の三方、海を限りとして為し倭と接す』となるべきなのである」(同書、二百二十一頁)

この文章を見ると、まず第一の大きな間違いは古田氏が朝鮮半島の「倭」と日本列島の「倭人(国)」を、何の論証もなしに同じと見なしていることです。単純に考えれば「倭(国名)」と「倭人(国名)」が違っているので、これは二つの違った国であることが明白です。それに、帯方郡から狗邪韓国に至る水行は、常識的に朝鮮半島の西側を通ることが自明であるので、古田氏の言うように、東海岸・西海岸・南海岸とことさら言わなくても読者は十分に理解できるのです。したがって、私は『魏志』の文章は何も不自然ではないと思います。

(3) 其北岸の解釈

「倭人在帯方東南大海之中、依山島為國邑、舊百餘國、漢時有朝見者、今使譯所通三十國。從郡至倭、循海岸水行、歴韓国、乍南乍東、到其北岸狗邪韓國、七千餘里。(倭人は帯方の東南大海の中に在り、山島によりて国邑をなす。旧百余国。漢の時朝見する者あり、今、使訳通ずる所三十国。郡より倭に至るには、海岸に循って水行し韓国を歴て乍は南し乍は東し其の北岸狗邪韓国に到る七千里)」

まず、「従郡至倭、循海岸水行、歴韓国、乍南乍東、到其北岸狗邪韓國、七千餘里」の主語は何かと言うと「帯方郡使」に間違いないと思います。その次に、この文章にある「其」は代名詞ですが、いったい何の意味なのでしょうか。

考えられるのは、この文章にある「従郡至倭」の「倭」か、あるいは「倭人在帯方東南大海之中」の「倭人」かです。前述にこの文章の「倭」は朝鮮半島の「倭」であり、「倭人」は日本列島の「倭人国」の意味であることを論証しました。狗邪韓国は『魏志』韓伝に見る弁辰狗邪国と見て間違いがなく、朝半島における「倭」の一部です。『魏志』では「従郡至倭(郡より倭に至る)」とあり、狗邪韓國が朝鮮半島における「倭」で郡より七千里行った先の「倭」の中の定点なのです。ですから、帯方郡の郡使は帯方郡から七千里行った倭の狗邪韓国についたとするのが漢文上の正しい読みです。狗邪韓国が日本列島の倭人(国)の一部として解釈している論をいくつか見受けられますが、それは明らかに間違いです。そんなことはどこにも書かれていません。

「従郡至倭」の「倭」は朝鮮半島の「倭」を示しているから、「其」は朝鮮半島の「倭」を示すと見て間違いがないと思います。「其」という代名詞の意味は「従郡至倭、循海岸水行、歴韓国、乍南乍東、到其北岸狗邪韓國、七千餘里」の中にあると考えるのが正しく、日本列島の倭人国の北岸という解釈はあり得ません。地図の上では日本列島(九州)から見た北岸は九州の玄界灘に面する北岸以外にはありません。また、「其」は「従郡至倭、循海岸水行、歴韓国、乍南乍東、到其北岸狗邪韓國、七千餘里」もしくはその前文にあるのが当たり前であり、そのあたりの文章と脈絡がない日本列島の倭人国の北岸と解釈することは不可能だと思います。その前に「其」が朝鮮半島の「倭」を指しているので、日本列島の倭人国を指すこと自体が間違いです。それらは私が前述したように、朝鮮半島の「倭」と日本列島の「倭人(国)」を何の論証もなく同じ国として規定するあやまちから出た間違いです。

その次に「北岸」の意味を見てみましょう。

「従郡至倭、循海岸水行、歴韓国、乍南乍東、到其北岸狗邪韓國、七千餘里」の主語は書かれていませんが、帯方郡使と考えて間違いがありません。そうすると、「北岸狗邪韓國」は帯方郡使が「狗邪韓国」に至る意味ですから、

「北岸」は郡使から見た方向であるのが道理です。帯方郡使が海岸に従って水行し朝鮮半島を経由して、倭の北岸の狗邪韓國に至るのが本文の正確な意味です。「北岸」は帯方郡使が船上から見て北の方向にある岸に至ることを示しています。古田武彦氏の言うように「歴韓国」を陸行として認めるならば、帯方郡使が主語とした場合、「到其北岸狗邪韓國」は「到其南岸狗邪韓國」でなければなりません。なぜなら、陸行の一行は南に歩いていって「狗邪韓国」へ到達するからです。

「其の北岸狗邪韓国に到る七千餘里」の北岸は帯方郡使が載った船が彼らから見て北の岸に到着することをリアルに表現したものと考えて差し支えありません。なぜなら、陸行の場合、狗邪韓国の内陸部から到達するのであり、北岸に到達するのは船以外に考えられないからです。

平野邦雄氏は著書『邪馬台国の群像』（学生社、二〇〇二年）の中で、「第四章で述べる弁辰南岸の『浦上八国』といわれた港湾の集落も、狗邪韓国と同じような性格があり、倭が倭の対馬・末盧・伊都・奴などの沿岸と向き合い、大なり小なり倭人が居住したであろうことは推測できよう。……もちろん、倭の政治社会は、対馬、一支から南にあることは、文脈上から明らかであるが、倭人の居住集団という観点から見れば、倭の北岸と考えても矛盾はない」と述べています。その後の文章に「狗邪韓国の倭人集団」という文が書かれています。まず第一に平野氏は『魏志』において日本列島の倭人国と朝鮮半島の倭種の国「倭」が差別化されて表現されているにもかかわらず、この両者を同じものとされています。平野氏は朝鮮の「倭」と日本列島の倭人国が同じであることを明確に立証すべきです。「狗邪韓国」は倭人国の一部ではなくて朝鮮半島の「倭」に含まれる国です。「到其北岸狗邪韓國」の「其北岸」は朝鮮の「倭」の北岸であり、倭人国の一部ではありません。したがって、倭人国からみた倭人国の北岸という解釈は成り立ちません。

中国語では、例えば「〇〇ビルの左で待ち合わせする」という場合には、中国人の感覚ではビルを正面から見て左手のことを指し、日本人の左右の感覚とは逆なのです。これは中国人である妻の張莉から教えられました。この場合は話し手（主語）の左右ということであり、「從郡至倭、循海岸水行、歴韓国、乍南乍東、到其北岸狗邪韓國、七千餘里」もまた、主語の帯方郡使（主語）の北岸とみる見方と全く同じです。

広東省に北海市という町がありますが、なぜ中国最南の地が「北海《ペイハイ》」と名づけられたかというと、ここに住む蛋家《たんか》（百越の一つと言われる民族）の漁民は船上生活者で、船上から見た北岸の町を北海村と名づけたのです。インターネットの「北海市」の説明にも「『北海』という名称は北岸にある同名の漁村『北海村』に由来する」とあります。そのように考えると、『魏志』の「其の北岸」は船上から見た「倭の北岸」の意味になります。「倭」の北岸が狗邪韓国であるならば、狗邪韓国は朝鮮半島の「倭」の一部であることになります。決して倭人（国）の北岸とはなりません。「到其北岸狗邪韓國」の北岸を日本列島の倭人国の北岸とする解釈がよく見受けられますが、何の説明もなしに突飛に倭人国の北岸と解釈することは考えられません。それに、狗邪韓國は朝鮮半島の「倭」であって、日本列島の倭人国とは違う国です。古田氏の韓国陸行説は、歴観の意味の解釈間違い、及び朝鮮半島の倭と日本列島の倭人国を論証なしに同じとするものであり、明らかに間違いであると言えるでしょう。

（4）「梁職貢図」倭国使の行程

梁代（五〇二～五五七年）の「梁職貢図」倭国使に「倭國在帯方東南大海中、依山島居。自帯方循海水乍南下東對其北岸。歴三十餘國。可万餘里。（倭国は帯方東南海中に在り、山島に依って居する。帯方自《よ》り海水に循《したが》って、乍《あるい》は南に下りて東し、其の北岸に対《む》かふ。三十余国を歴《ふ》る。万余里可《ばか》り）」とあります。私は前著『倭人とはなにか』を出版した時には、「梁職貢図」のことは知らなかったのです。しかし、それと同じ内容の行程記事の解釈を前著に載せていたことになります。

これを見ますと、この文の主語は帯方郡使であり、この帯方郡使が自らの北側の岸に到着することは明らかです。この記述は全体としては『魏志』の記事を受けており、「其の北岸」は「乍南下東」を受けるので『魏志』の狗邪韓国を指すと見て間違いありません。

「梁職貢図」倭国使の撰者は『魏志』の記述を引いて述べたことは間違いなく、この記事は「自帯方循海岸水行歴韓國乍南乍東到其北岸狗邪韓国」が一続きの文章でその行程を水行とする私の見方と同じです。また「對其北岸（其の北岸にむかう）」は、船がその北岸に向かうことを指しています。私は、この倭国使の記事を見る前にそのように考えたことが、後に同じ考えを「梁職貢図」に見出しました（前著『倭人とはなにか』で今回の原稿とほぼ同じ「從郡至倭、循海岸水行、歴韓国、乍南乍東、到其北岸狗邪韓國、七千餘里」について私と同じ解釈を書いています）。言わば偶然の一致ですが、私にしてみればこれは必然の一致なのです。つまり、私の読んだ『魏志』倭人伝の行程のこれしかないと論じた古代中国語に対する解釈と梁代の古代中国人の同文に対する古代中国語の解釈が、期せずして寸分たがわず一致したからです。すなわち、この文章の漢文の読み方に合理的必然性が存在することを示しています。

このことは、自分の考え方が間違いでないことを確信させるものでありました。しかしながら、その結論にたどり着くまでは何度も迷いかつ再考し、相当の時間を経ました。こうした思索的な繰り返しを経て自分の心の中で腑に落ちた瞬間正しいかどうかわかるのです。

『梁書』は『魏志』の撰者陳寿の約三百年後ですが、中国の史家にこのような見解があったことは注目してよいと思われます。自分の歴史論と合わない歴史家はこの記述を無視しますが、それはおかしいと思います。この記述が間違いならばなぜこのような間違いが生じたのか、について考えてみなければならないと思います。自分の意見と違うから、文献を無視するのは最もあってはならないことだと思います。ともかくも、中国の古文献を解釈しようと思う方は、少なくとも過去の用例が載っている漢字辞典を手元に置いてそれを確認しながら行うべきです。漢字辞典で調べることをせずに、ある論を本で読んで、自分の思惑に応じたものを正しいと信じ込んでしまうしかありません。有名な歴史学者の中にもこの点での多くの間違いが見られます。

中国人の謝銘仁は『邪馬台国 中国人はこう読む』（徳間文庫、一九九〇年）の中で、次のように述べています。

「『郡より倭に至るには、海岸に循いて水行し』とはっきり出ているし、中国文の表現法や文脈から判断しても、すべて沿岸航行（coasting）であることに疑問を抱く余地はあるまい。これはまた、次に述べる五つの事情からも論証される。

（一）帯方は馬韓とつらなり、馬韓はまた弁韓と隣り合っている。かりに帯方郡から馬韓のある地点までが水行で、残る韓地を陸路で東南方へ斜めに横断するのならば、出発当初から、すべて陸行をとるべきである。なにも、帯方郡～馬韓の西北部という僅かな距離だけを水行にたよって、『乍ち』南下することはない。（これは古田武彦氏の陸行論の批判と見られる、筆者注）

（二）『倭人伝』の路程記事は、はっきりと、『水行』『海行』それに『陸行』を区別して記載している。もし陸路をとったのならば、『陸行』の文字が入るはずである。……」（六十～六十一頁）

謝氏は別のところで「古田武彦氏によって強力に主張され、支持者も少なくない、水行ののち陸行したというBコースの説は、日本流の読み方であって、成立する余地がない。」（同書六十七頁）と書いています。私の判断する限りでは、謝氏の述べておられることは正しいと思います。

私は歴史の文献を読む人に対して、「『魏志』倭人伝を読むときに漢和辞典で用例を確認しながら読みますか」と尋ねますと、たいていの人は「いいえ」と答えるのです。私は、そのような人に対しては、学問的方法に疑問を感じます。ただ単に『魏志』を説明した解説者の本を読むだけでは、解説者の言い分を鵜呑みにするしかなくなるからです。よしんば、その人が幾種類の解説本を読んでいて幾通りかの論があったとすれば、その本質を確かめることをせずに自分のその時の判断でどれかを選ぶしかありません。そのどちらも間違っていれば、その人は一生本質的な解答にたどり着けないでしょう。ですから、真実を求めるならば、漢文を自分で辞書で引いて自分軸で解読する方法しかないのです。

(5)「水行十日陸行一月」の意味

古田武彦氏は「倭」を日本列島の「倭」とされましたが、そこに解釈の躓《つまず》きがあったと思います。『魏志』の韓伝では朝鮮半島の「倭」の記述があり、同じ文献上の「倭」は基本的には同じ意味で統一された概念と解するのが道理です。朝鮮半島の「倭」に対して、日本列島は「倭人（国）」として使い分けられています。『魏志』では日本列島内の記述において、日本列島の女王国に対する「倭」という語は一切使われていません。「倭人」と「女王国」・「倭国」のみです。私は『魏志』の「女王国」＝「倭人（国）」と解釈しました。この「倭人国」は朝鮮の「倭」とは明らかに差別化されて使われています。

ところが、私のいう帯方郡から邪馬壹国への水行行路は「水行十日陸行一月」の「陸行一月」にそぐわない。末盧国から伊都を通って陸行で邪馬壹国まで一カ月かかるのは不自然です。この不自然さ故に私の解釈は間違っていると指摘された人もおりますが、私はいちがいにそうとは思いません。なぜなら、「水行十日陸行一月」は、郡使たちが日本列島の人たちから聞いた情報とすれば別に不思議でもなくなります。つまり列島の人が朝鮮半島の南岸に船で渡り、そこから帯方郡に徒歩で旅をした時の行程であるという意味です。『隋書』俀国伝にも「夷人不知里数（夷人里数を知らず）」とあり、この時代までの日本列島の古代人は里数計算を知らなかったのです。また、陳寿が『魏志』倭人伝に「万二千余里」とあるのに、わざわざ重複して中国側から見た「水行十日陸行一月」と重ねて書く必要はないと思うのです。さらに、古田氏の言うように、帯方郡から狗邪韓国まで陸行したならば「水行十日陸行一月」ではなく行程の順序から言えば「陸行一月水行十日」になるのではないでしょうか。

「南至投馬國、水行二十日。官曰彌彌、副曰彌彌那利。可五萬餘戸。南至邪馬壹國、女王之所都、水行十日陸行一月。官伊支馬、次曰彌馬獲支、次曰奴佳鞮。可七萬餘戸（南投馬国に至る、水行二十日。官を弥弥といい、副を弥弥那利という。五万余戸ばかり。南邪馬壹国に至る、女王の都する所、水行十日陸行一月。官に伊支馬有り、次を弥馬獲支といい、次を奴佳鞮という。七万余戸ばかり）」。

『魏志』倭人伝のこの前の文章には、狗邪韓国から対馬国・一大国から末盧国を経て不弥国にいたる行程が書かれていますが、すべて○○里の表記です。それに続くこの「南至投馬國……水行二十日。……南至邪馬壹國、女王之所都……水行十日陸行一月」は距離を日数に換算した表記です。

「南投馬國水行二十日」「南至邪馬壹國女王之所都水行十日陸行一月」の記述の「水行二十日」「水行十日陸行一月」を距離とすると、いずれも帯方郡を起点として榎一雄氏の放射線型読法によると「方向・地名・距離」となるので、帯方郡より投馬国・邪馬壹国への放射線状の傍線行程になります（二百二十三頁参照）。つまり帯方郡から投馬国の距離が「水行二十日」で、帯方郡から邪馬壹国の距離が「水行十日陸行一月」になります。

投馬国と邪馬壹国は「南至」の表現が同じで、水行二十日と水行十日陸行一月は、**対句**と考えるのが妥当です。そうすると、「南至邪馬壹國、女王之所都……水行十日陸行一月」が帯方郡・邪馬壹国間を言うものとするものであるなら、「南至投馬國……水行二十日」も帯方郡・投馬国間とするものでなければなりません。したがって、投馬国から帯方郡までを水行二十日と考えるのが妥当です。これも、また投馬国のひとから聞いた情報であると思われます。古田武彦氏は投馬国までの水行二十日を不弥国からの距離とし、一方で至邪馬壹国までの水行十日陸行一月を帯方郡からの距離としますが、対句ということから見てそれはおかしいのではないでしょうか。

漢文は非常に厳密にできていますから、その真意をまず読み取るべきです。漢文の文意から見ると、「南至投馬國水行二十日」の意味するところは、明らかに投馬国から帯方郡への水行で間違いないと思います。

(6) 投馬国について

① 投馬国とは…

投馬国は『魏志』倭人伝に、一カ所のみ出てきます。

「南至**投馬國**。水行二十日。官日彌彌、副日彌彌那利。可五萬餘戸（南、投馬国に至る。水行二十日。官は弥弥と曰い、副は弥弥那利と曰う。五万余戸ばかり）南至邪馬壹國。女王之所都。水行十日陸行一月。官有伊支馬。次日彌馬升。次日彌馬獲支。次日奴佳鞮。可七萬餘戸（南、邪馬壱国に至る。女王の都とする所。水行十日、陸行一月。官は伊支馬有り。次は弥馬升と曰う。次は弥馬獲支と曰う。次は奴佳鞮と曰う。七万余戸ばかり）」

その前の文章は帯方郡から狗奴韓国に至ってさらに対馬・一大国・末盧・伊都・奴国・不弥国などを経由して邪馬壹国に至る行程が書かれています。

私はこの文章は、帯方郡から邪馬壹国へ至る行程の締めくくりの文章で、帯方郡・邪馬壹国間の距離が「水行十日陸行一月」であり、さらに帯方郡・投馬国間の距離が「水行二十日」であると解釈しました。

投馬国は日本列島内のどこにあるのか。それについて思うところを述べてみたいと思います。ただし、以下述べることは明確な論拠・考古学的証拠を得ていませんので、あくまでも仮説です。

まず、私は投馬国が出雲であることを提唱したいと思います。私は、投馬国が「可五萬餘戸」で邪馬壹国を首都とした倭人国が同じ「可」を使った「可七萬餘戸」であることに注目しました。その次に人口の多い奴国が「二萬餘戸」ですから、投馬国は当時の日本列島で倭人国について大きな国となります。そうしますと、倭人国より南の九州を見回してみますと、それだけ大きい国は『魏志』には出てきませんし、宮崎県の西都原遺跡のある「都万」説も、都万がそれほど大きい都市であったならそれに匹敵する遺跡が出てきそうですが、そのような大きい当時の遺跡は現在確認されておりません。

「南至投馬国」は帯方郡から南の方向となっていますが、朝鮮地図と日本地図から見ると出雲は帯方郡から見て南東というよりは正確にいうと南東東です。対馬から一大国は『魏志』倭人伝の記述では南の方角になっていますが、実際には南東の方向です。『魏志』倭人伝では帯方郡から邪馬壹国・投馬国への方向が同じ「南」との記述になっており、この点では投馬国の方向に疑問が残ります。しかし、陳寿が日本列島の九州から出雲への方向を明の建文四（一四〇二）年、李氏朝鮮で作成された混一疆理歴代国都之図《こんいつきょうりれきだいこくとのず》のように今よりも南の方向に考えていた可能性もあります。『魏志』倭人伝では対馬国から一大国への航行を「南渡一海千餘里」としています。今の地図では実際は南東の方向です。ということは、『魏志』倭人伝では東西南北の方位が時計回りの反対の方向に四十五度ずれていることになります。伊都国から奴国へは「東行」になっていますから、実際には北東の方位になります。末盧国から伊都国は「東南陸行五百里」とありますから、末蘆国から伊都国へは、実際は「東」の方向になります。『魏志』の行程が反時

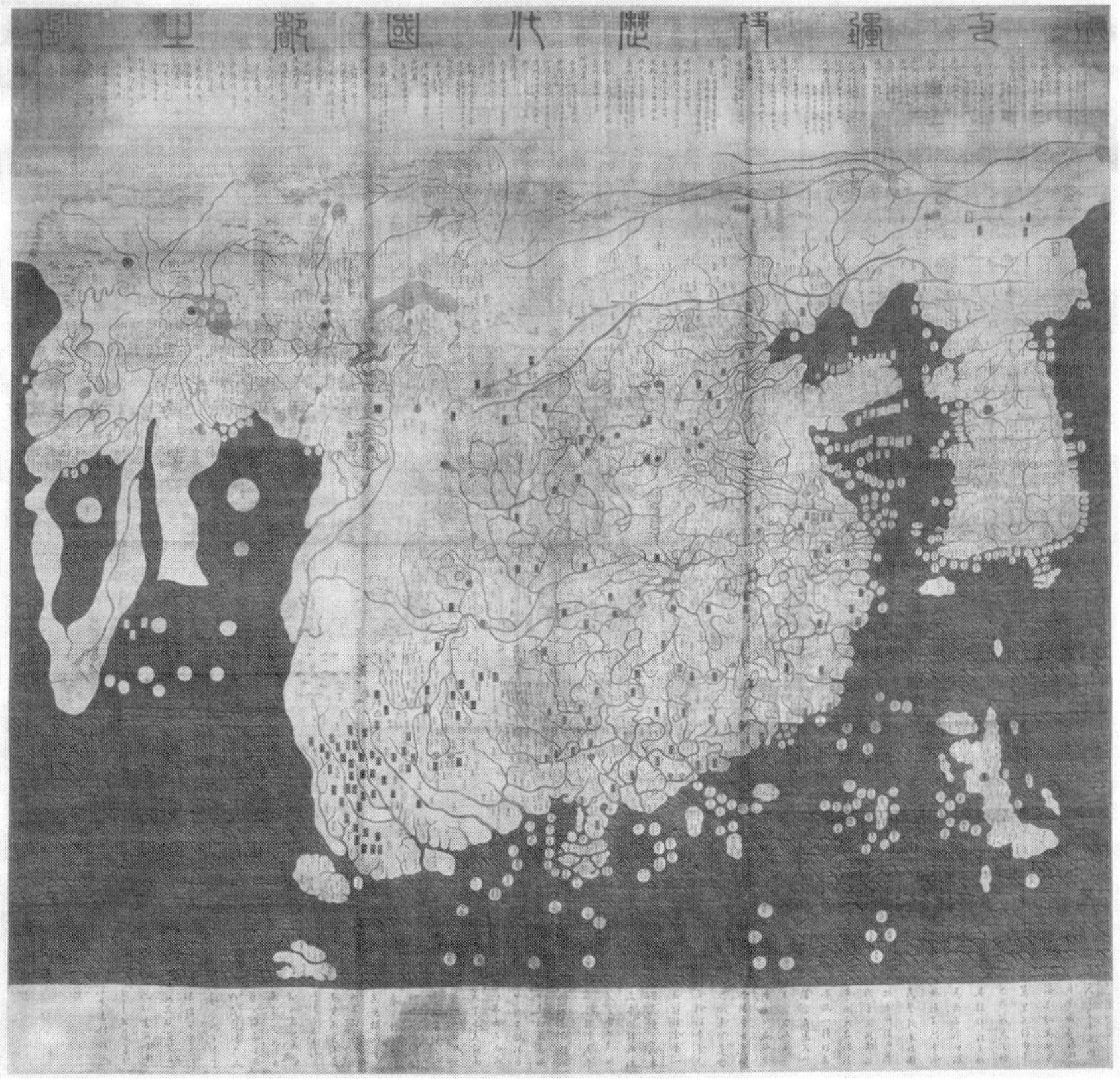

図１　『混一疆理歴代国都之図』
出典：龍谷大学図書館

計回りに四十五度ずれていることを勘案すれば、実測で帯方郡より南東に近い方角に位置する出雲＝投馬国は『魏志』においてはアバウトで「南南東」から「南」と記述されることになります。

②日本神話に見る出雲の歴史的意味

私は拙著『銅鐸祭祀から鏡祭祀へ』（東京図書出版、二〇一九年）の中で、日本の実際の神話の歴史はスサノウより始まったという前提をもとに検証しました。出雲の一族を打ち負かして出雲を掌握したスサノウとニギハヤヒが出雲を出発して北部九州を席巻し、その際にスサノウがアマテラスを九州における后として娶ったとする原田常治氏の考えは正しいと思います。九州における初期の銅鐸の片鱗はニギハヤヒの九州における足跡を示しています。また、北部九州にニギハヤヒ（幼名大年）の神社が多くあるのも、ニギハヤヒの足跡と見ることができます。ニギハヤヒはスサノウの死後アマテラスと戦い、やがて西方に移動し、やがて奈良の地に降臨します。山陽や瀬戸内海に面する四国に多くニギハヤヒを祭る神社が痕跡として残っています。ニギハヤヒが北部九州と戦って一時期は九州を席巻するだけの武力をもっていたことを考えると出雲は相当大きな国だったはずです。

ニギハヤヒが九州を離れて瀬戸内海を西に向かいますが、それはアマテラス勢力との戦争の結果と思われます。やがて、その後に出雲の国譲りという事件が起きます。その痕跡は荒神谷遺跡に求められます。荒神谷遺跡の銅剣埋納地に焼け土があって、それを熱ルミネッセンス法で年代測定すると紀元二五〇年±八十年だそうです。私は、銅剣三百五十八本・銅鐸六個・銅矛十六本が出土した荒神谷遺跡は「国譲り」の際に生じたものと考えます。なぜなら、荒神谷遺跡の東方、北方、西方にタケミナカタ神を祀る神社が六つも残っています。タケミナカタは国譲りの前に出雲で唯一アマテラスの差し向けたタケミカズチと戦い敗れた人ですから、タケミカズチの一族が諏訪に逃れる前に荒神谷に銅剣・銅矛・銅鐸を埋納した可能性は十分にあるわけです。

その際に、荒神谷の埋納が紀元二五〇年±八十年であり、それは卑弥呼の生きた時代にあたる可能性もあります。すなわち卑弥呼＝アマテラスであり、国譲りした大国主＝ニギハヤヒなのです。※詳しくは拙著『銅鐸祭祀から鏡祭祀へ』（東京図書出版、二〇一九年）をお読みください。

国譲りが生じたのは年代的に卑弥呼の時代であった可能性があることをここでは知っていただきたいのです。そのように考えると、卑弥呼の邪馬壹国の時代に国譲りされた出雲はかつて北部九州を征服したスサノウ・ニギハヤヒが一時的に占領した国です。そのことは九州北部にスサノウとその子の大年（ニギハヤヒの幼名）の神社が多いことによって類推することができます。そのような状況を考えると、出雲が邪馬壹国に続いて人口の多い国であったとしても何ら不思議はありません。

出雲には妻木晩田《むきばんだ》遺跡という大きい遺跡があります。鳥取県西伯郡大山町富岡・妻木・長田及び米子市淀江町福岡にある弥生時代の集落遺跡です。標高九十〜百二十メートル前後の尾根上に立地し、面積は約百七十ヘクタールです。佐賀県吉野ケ里遺跡は百十七ヘクタールですから、その大きさがいかに壮大かわかります。その大きさは東京ドーム約三十個分にあたり、国内最大の弥生遺跡として知られています。東京ドームが約三十個も入る大きな面積はほぼ全域が国の史跡に指定されており、現在なお発掘調査を続行中です。集落には竪穴住居三百九十五基、掘建柱建物跡五百二基、墳丘墓（四隅突出型墳丘墓含む）二十四基、環壕等が出土しています。竪穴住居は、全部で七百ぐらいあります。出土物は、土器、石器（調理具・農工具・狩猟具・武器）、鉄器（農工具・武器）、破鏡など。鉄器は鉇《し》・斧・鑿《のみ》・穿孔具《せんこうぐ》・鎌・鉄鏃《てつぞく》など弥生時代のもののみで百九十七点が出土しており、その中には大陸性のものも混じっています。投馬国の「可五萬餘戸」が事実であったとしたら、全国で最大の妻木晩田遺跡はその候補の一部としての可能性が十分あるのではないかと思われます。

中国宋代初めに書かれた『太平御覧』には、我々がよく知る「魏志」に「至投馬国」とある個所に「至於投馬国」とあります。

松永章生氏は「至於投馬国」について「至於」というのがひとくくりの語であるとしています。松永氏は、「もともと『至』は自動詞です。『……に至る』ということで『至於A』のように使います。必ず前置詞『於』を必要としたのです。しかし、前漢から後漢にかけて変化が見られます。司馬遷の『史記』を見ると、古い時代には『至於A』ですが、新しい時代の文章では『於』が消えていきます。」（松永章生のよもやま話「閑話⑦於投馬の「於」が省略された理由」http://matsunagajofuu.blog.fc2.com/blog-entry-13.html）と述べています。その次に、松永氏は次のように述べています。

「『太平御覧』引用の倭人伝を見てみましょう。

至対馬国　↓　又南渡一海……至一大国　↓　又渡海……至末盧国　↓

東南陸行五百里到伊都国　↓　又東南至奴国百里　↓　又東行百里至不彌国　↓

又南水行二十日至於投馬国　↓　又南水行十日至耶馬臺国」

この文章を見ますと、「至一大国」「至末盧国」「到伊都国」「至奴国」「至不彌国」「至耶馬臺国」となっており、投馬国のみが「至於」になっています。松永氏は「至於」は「至」と同じ意味だと言います。彼の論が正しいとすれば、『魏志』倭人伝には同じような「至於」の例があるべきで、投馬国のみ「至於」を使うのは不自然だと思います。なぜなら『魏志』倭人伝には「南至投馬國水行二十日（南、投馬国に至る水行二十日）」となっているからです。『太平御覧』は宋代九〇〇年代に成立した本ですから、『魏志』に準拠した書き方をするはずです。私は『太平御覧』の投馬国が「於投馬国」と書かれてあるとするのが正しいと思います。「於」は呉音で「オ（ヲ）」もしくは「ウ」で、「投」は呉音で「ズ（ヅ）」「トウ」で「馬」は呉音で「メ」、慣用音で「マ」です（『辞海』三省堂、二〇〇一年）。そうすると、「於投馬国」は「オ（ヲ）ズ（ヅ）マ国」もしくは「ウズ（ヅ）メ国」と読めると思います。これは出雲（イズモ）が母音（アイウエオ）＋ズ＋モであるのと同じグループの発音になると思います。

『魏志』倭人伝に「女王国より以北、その戸数・道里は得て略載すべきも、その余の旁国は遠絶にして得て詳かにすべからず。次に斯馬国在り、次に己百支国在り、……これ女王の境界の尽くる所なり」とあります。この「余の旁国」は女王国（＝倭人国全体）より以北ですから女王国以外の本州のことになります。そうすると、出雲＝投馬国と見れば、戸数・道里の略載はあるし、「その傘下の旁国は遠絶にして得て詳かにすべからず」の「遠絶」は女王国から見た距離感の表現であり、『魏志』に二十一国の戸数・道里の記録がないことからも女王国外の以北の本州にある国々となります。『魏志』の「女王国より以北には、特に一大率を置き、諸国を検察せしむ。諸国これを畏憚す。常に伊都国に治す」の「一大率」は国譲り後の出雲とその傘下の国々を検察したことになります。（このことは、百九十七頁にも詳しく述べています。）

縷々述べましたが、出雲が投馬国であるという論証は、私の仮説です。しかし、消去法で考えると五万戸の人口の「投馬国」の比定地は「出雲」以外に今のところ考えられる地域はないというのが私の考えです。また、「女王国より以北」が女王国外の国で国譲り後の出雲を指しているという私の推論が投馬国の位置を示すもう一つの拠り所になっています。

(7) 狗奴国について

狗奴国ですが、私は熊本の菊池川・白川・緑川の川沿いから熊本県の南方にある遺跡群がその地域であったと考えます。菊池秀夫氏の著書『邪馬台国と狗奴国と鉄』(彩流社、二〇一〇年) に狗奴国の位置や出土した鉄について詳しく述べられており、私は菊池氏の考証を支持しています。それに基づき要約して説明します。

弥生時代の九州で最も鉄製品の出土が多い地域は白川・菊池川・緑川流域で千四百九十二点と九州全体の三十三パーセントを占め、次に多いのが筑後川流域・筑紫平野の九百九十二点で二十二パーセントを占めています。三番目は玄界灘沿岸の七百六十点で十七パーセント、四番目が響・周防灘沿岸の五百四十九点で十二パーセント、五番目が大野川・大分川流域の四百七十一点で十一パーセント、六番目が日向灘沿岸の百七十八点で四パーセント、其の他が六十点で一パーセントとなります。この頃、大阪や奈良の鉄器出土の状況について安本美典氏の調査では五十点、奥野正男氏の調査では三十三点しかありません。当時の邪馬壹国と狗奴国が対等に戦争をするという観点からすると、邪馬壹国と狗奴国は日本列島の中で鉄製品を有する二大国でなければならないのです(菊池秀夫前掲書、九十六〜九十七頁参照)。

『魏志』韓伝には「國出鐵韓濊倭皆従取之、諸市買皆用鐵如中国用銭、又以供給二郡(国には鉄が出で、韓、濊、倭がみな、従ってこれを取る。諸の市買ではみな、中国が銭を用いる如くに、鉄を用いる。また、楽浪、帯方の二郡にも供給す)」という記事があります。女王国が鉄を多くもつことができたのは、朝鮮半島の倭が入手した鉄を輸入したものと思われます。考古学的資料を見る限り、狗奴国と女王国は同じ時期にいずれも短期間において鉄を保有するに至ったようです。狗奴国が鉄を女王国と同等のレベルで保有しています。狗奴国は女王国と同じく、『魏志』韓伝に「國出鐵、濊、倭、馬韓並従市之」とある「倭」より鉄を得ているとしか考えられません。このことを友と話していたときに「文献上に証拠がない」と言われましたが、それなら女王国（倭人国）が朝鮮半島の「倭」から鉄を得た証拠も文献上にありません。当時の日本列島の国々が鉄を得るとなると、その入手ルートは限定されます。それに、日本列島の大量の鉄の導入は極めて短い時期に一気になされていると見ることができます。それ故に、女王国や狗奴国の鉄の入手ルートは限定されたものである可能性が高いと思えるのです。ということは、朝鮮半島の「倭」は女王国と一枚岩になっていたのではなく、狗奴国とも交易上つながっていたと見るべきです。

従来説のように「倭」が日本列島の「倭人（国）」の中に含まれるなら、またあるいは「倭」と「倭人国」が別の国であるとしても、その両国が一枚岩なら朝鮮半島の鉄が女王国と戦争している狗奴国にもたらされるわけがないのです。朝鮮の「倭」と日本列島の「倭人国」が違う国なら、そのことは大いに考えられることなのです。

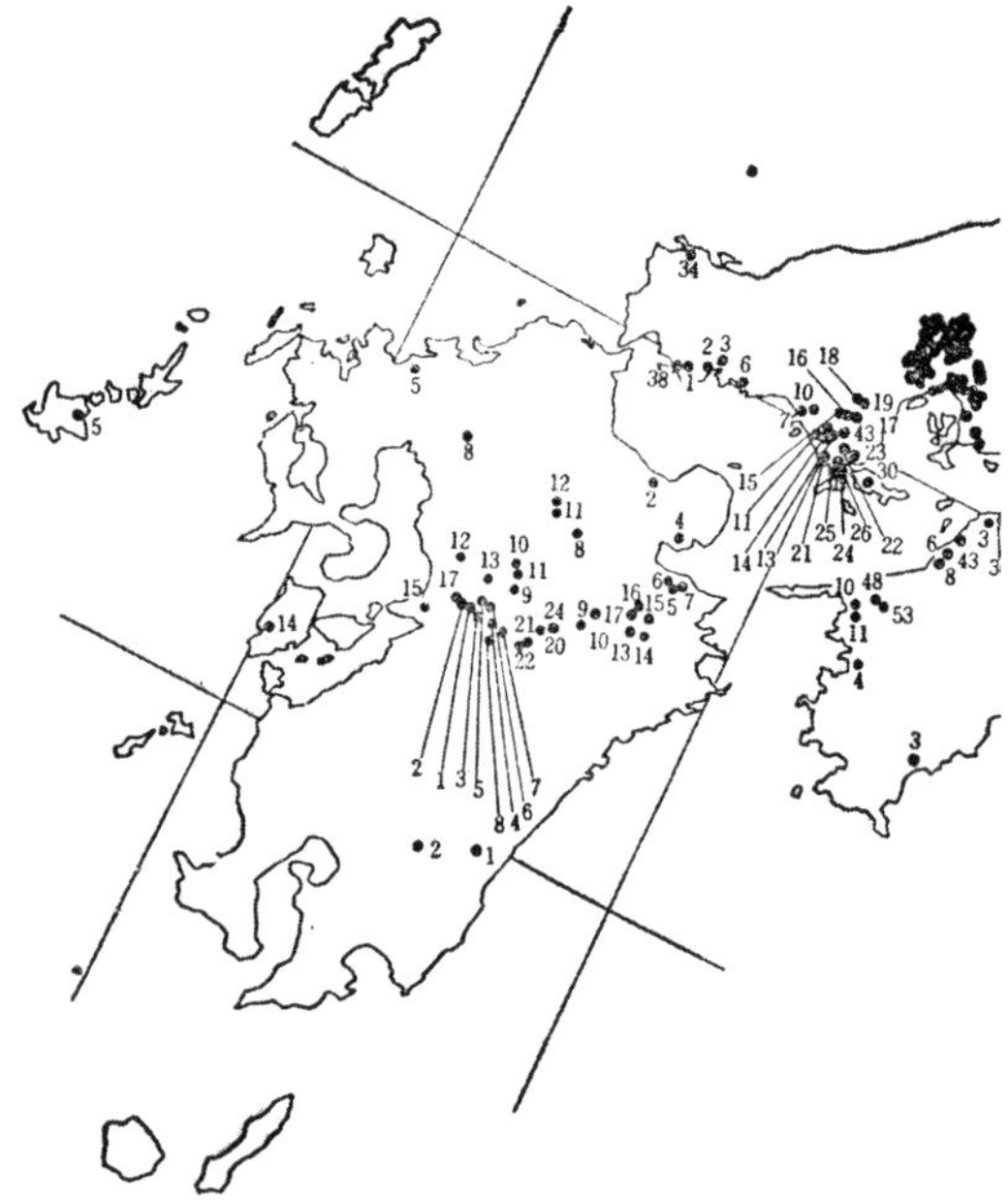

図2　九州の高地性集落
出典：小野忠凞『高地性集落論―その研究と歩み』学生社、1984年、173頁、図56

三世紀の高地性集落を見ると（図2）、熊本県の上部の緑川から大分県の下部の大野川にかけて高地性集落があり、南北を境にして違う勢力があることがうかがえます。つまり、その北側は倭人国、南側は狗奴国なのではないでしょうか。私はこの北九州の高地性集落の図を見て、これが倭人国と狗奴国の境界だと確信しました。

菊池川流域の狗奴国の遺跡には、佐賀の吉野ケ里遺跡などに見られる甕棺による埋葬がなく、そのことからしても福岡県側とは文化の様相が異なっています。

菊池川は下流には下前原遺跡、中流には諏訪遺跡、上流には方保田東原遺跡があります。白川の川沿いには小糸山遺跡・山尻遺跡・西弥護免遺跡（川から少し北側に在ります）・狩尾遺跡があります。上記二つの川より南に在る緑川の川沿いには二子塚遺跡があります。西弥護免遺跡は総延長一キロメートルにわたる大集落で二百十四軒の住居跡が認められ、総数五八一点の鉄器が出土しています。二子塚遺跡は弥生後期後半の遺跡とされ、二百六十七基の竪穴遺構が検出され、鉄製品が二百五十点検出され、鉄製品が制作された鍛冶遺構も出土しています。方保田東原遺跡からも鉄器は破片も含めると百七十点を超えます。弥生時代当時の戦争は、鉄という利器を多くもっているところが優れていると見てよいと思われます。狗奴国が邪馬壹国と戦争をできるぐらいの実力であるとするならば当然鉄の武器を多量に保持していないと十分に戦うことはできないのです。

古田氏は『魏志』倭人伝の「其の南、狗奴国有り」について、「《女王の尽くる所》を基点とした『その南』」であると述べています。そしてその地点を能登に定めて傍二十一国の奴国としその南を狗奴国とします。しかし、私はこの表現は女王国の最南端の境界外に狗奴国があるという意味であると解釈します。例えば日本の南と言えば日本の南端のさらに南を意味し、台湾・フィリピンがまさにその地に当たります。古田氏が二つ目の奴国を越の国あたりとし、その下方を狗奴国とするのは基本的に間違いです。なぜなら、二つ目の奴国が能登であるというのは全く実証性のない想像でしかありません。それをベースにして狗奴国がその下方にあるというのは実証ではなく、単に古田氏のイマジネーションにすぎません。

（8）「周旋可五千餘里」について

『魏志』倭人伝に書かれた「参問倭地絶在海中中洲島上或絶或連周旋可五千餘里（倭の地を参問するに、海中洲島の上に絶在し、或いは絶え或いは連なり、周旋五千余里ばかりなり）」の「周旋可五千餘里」とはどういう意味でしょうか。

周旋はもともと戦場を歩き回って戦う意（白川静著『字統』五百三十九頁）です。「周旋」の例を見ますと、王がある地域を巡回する意味に使われています。「周旋」という言葉は『三国志』の「魏書」に十五、「蜀書」に十、「呉書」に十二記載されています。そのうち「周旋〇〇里」の記述は二点だけです。

「周旋」という意味を『漢字海　第三版』（三省堂、二〇一三年）を引いてみると、次のように書かれています。①めぐりまわる。②たがいに追いかける。交戦のたとえ。③世話をする。応接する。④立ち居ふるまい。⑤うねる。⑥救う。救うこと。

中国の『辞源』には、「周旋〇〇里」の意味の例として「地勢盤曲。列子湯問：……蓬萊、其山高下周旋三萬里、其頂平處九千里。山之中間相去七萬里。」（『列子』）という例が載っており、小林信明・三樹彰・田中忠著『列子』（明治書院、一九六七年）では「……蓬萊、その山山は周囲が三萬里あり、頂上の平地は九千里もあります。山と山との間は七萬里も離れているが、隣り合わせとされています」との訳になっています。この例では「周旋三万里」は「周囲が三万里」となっており、『魏志』の「周旋可五千余里」の意味も同じように、周囲が五千里の意味となります。

「周旋〇〇里」は「方〇〇里」と根底で通じるところがある概念だと思います。つまり、「周旋〇〇里」は一周の意味と、「方〇〇里」のように全体の距離や大きさが漠然とではあるがわかるようになっている概念と思われます。

『魏志』に「海中洲島の上に絶在し、或いは絶え或いは連なり、周旋五千余里ばかりなり」とあるのは、海中洲島の上に絶在する対馬・一大国と九州の女王国のエリアを含んだ地域が倭人国であることを示しています。「周旋五千余里」は九州島の女王国の範囲を示しています。その論証を次に詳しく述べます。

三国志『呉書』諸葛滕二孫濮陽伝《しょかつとうにそんぼくようでん》第十九に「丹楊地勢險阻　與呉郡　曾稽　新郡　鄱陽　四郡隣接　周旋數千里　山谷萬里」の解釈については、小南一郎訳『正史三国志８』呉書Ⅲ（筑摩書房、一九九三年）の現代語訳には「丹楊郡は地勢険阻で呉郡・会稽・新都・鄱陽の四郡と隣接しており、その周囲は数千里の距離があって山や谿谷が十重二十重《とえはたえ》にいりくんでいる」（九十三頁）となっています。それを見る限りは「周旋数千里」の訳は「その周囲は数千里」となっており、一周するイメージで訳されています。つまり、丹楊郡は呉郡・会稽・新都・鄱陽の四郡と隣接しており、その地域に囲まれていることを表します。そしてその周囲が「周旋数千里」なのです。これと同じ意味として倭人伝の「周旋可五千餘里」を捉えるとすれば、陸上において一周ぐるりと回った行程が女王国の周囲であるということになります。つまり、「周旋」と「里」がひとくくりとなった「周旋〇〇里」は一周を〇〇里で歩いた地域を指すイディオム（慣用句）なのです。「周旋可五千餘里」の意味するところは、「末盧国」「伊都国」「奴国」「不弥国」「邪馬壹国」などや「その他の二十一カ国」を含めた地が九州における女王国であるという意味なのです。「海中洲島」とあるのは対馬国・一大国のことであり、「周旋〇〇里」は九州の陸地を歩き回って巡る範囲と見て、すでに面積が記されている対馬国と一大国は省かれます。『魏志』倭人伝の狗邪韓国から邪馬壹国に至る行程における邪馬壹国は女王のもともと居た国です。女王国が倭国全体とするならば、三十国の一つが邪馬壹国であり、女王国の首都を含む国なのです。

従来的な考え方で多いのは帯方郡から邪馬壹国の距離が萬二千里で、帯方郡から狗邪韓国の距離七千里を引いたもの、つまり狗邪韓国から邪馬壹国の距離が五千里であるから、これが「周旋五千餘里」であるという解釈です。ところが狗邪韓国は『魏志』倭人伝の「従郡至倭、循海岸水行。歴韓国、乍南乍東、到其北岸狗邪韓國、七千餘里」の「其北岸」の「其」は「朝鮮半島における倭の国の」の意味であり、日本列島の「倭人（国）」とは別の国です。朝鮮の「倭」とは南中国から渡来して朝鮮半島に住み着いた倭種の人の国で、日本列島の「倭人（国）」は南中国から渡来した倭種の人と朝鮮の「倭」から渡来した倭種の人が中心となった国です。『魏志』倭人伝では狗邪韓国は「倭」と規定しており、列島の「倭人（国）」ではありません。現実的な女王国は対馬国から九州にまたがる国であるというのが事実ですから、それに基づく限り従来学者の言う狗邪韓国から邪馬壹国に至る行程が「周旋五千餘里」という説は成立しません。なぜなら、「周旋五千餘里」は倭人国すなわち女王国の地であるから朝鮮半島の「倭」である狗奴韓国は含まれないからです。

野田利郎氏は上記に述べた三国志『呉書』の記述について「丹楊郡は地勢険阻で、呉郡・会稽・新都・鄱陽の四郡と隣接しており、周旋は数千里の距離があって、山や谿谷が十重《とえ》二十重《はたえ》にいりくんでいる」という訳を挙げています（古田史学の会編『邪馬壹国の歴史学―「邪馬台国」論争を超えて』ミネルヴァ書房、二〇一六年、三十四頁）。野田氏は「訳は筑摩書房の『三国志』を使用した」と述べています。これについての解釈として、野田氏は次のように述べています。

「丹楊郡の南辺には東から、呉、会稽、新都、鄱陽の順に四郡が連なり接している。東の呉から西の鄱陽までの距離は約五〇〇キロメートルで、換算すると短里で約六千五〇〇里であるから、呉から鄱陽までの距離とほぼ一致する。つまり、丹楊郡の周旋とは『端から端まで』であり、丹楊郡の外周部を一周することではないのである。」

野田氏は「訳は筑摩書房の『三国志』を使用した」とありますが、私も同じ出版社の『正史三国志』を引用しています。野田氏は同本に書かれていた現代語訳の「丹楊郡は地勢険阻で呉郡・会稽・新都・鄱陽の四郡と隣接しており、その周囲は数千里の距離があって山や谿谷が十重《とえ》二十重《はたえ》にいりくんでいる」（九十三頁）をきちんと見ていなかったのでしょうか。そこにははっきりと「周囲は数千里の距離」と書かれています。呉郡は現在の江蘇省と浙江省にまたがる地、曾稽は現在の紹興市に属する地、新郡は浙江省・安徽省・江西省にまたがる地、鄱陽は現在の上饒市でこの四つの都市を線で結ぶとやや変形した台形のような形になります。そしてこの四都市に囲まれた地が丹楊郡なのです。そうすると、丹楊郡の周旋〇〇里は四都市を巡る周囲の距離を言うことになります。

野田氏は「周旋」の意味から「周旋可五千余里」の意味を求められた。私は「周旋〇〇里」の通例の意味を通して「周旋可五千余里」の意味を求めたところに、両者の解釈の食い違いが生じたものと思われます。

野田氏は「女王国の東、海を渡る千余里、また国あり、皆倭種なり。また侏儒国あり、その南にあり、人の長三、四尺、女王を去る四千余里。」とある中の「倭種」を「倭国」の意味に捉え、「周旋五千余里」を「女王国」から侏儒国の距離としています。しかし、「倭種」というのは南中国の倭族（鳥越憲三郎氏の名づけた語）・朝鮮半島の「倭」・日本列島の倭人国というそれぞれ違った国の人たちに共通する民族の名称であるから、侏儒国の倭種は倭国の意味ではありません。東に海を渡る前の大分県側の陸地が女王国の東の限界なのです。したがって、論理的には「女王国の東」は女王国の国でなく、女王国とは別の倭種の人たちの国を指し、この国は倭地（女王国の地）ではありません。

女王国とは別の国の同じ民族の国のことを「倭種」という言葉で示しているのです。したがって、『魏志』の「周旋五千余里」は「女王国」から侏儒国の距離の意味ではありません。

「周旋五千餘里」はざっくりとでありますが、大体の面積を知ることもできます。要するに、「周旋五千余里」は邪馬壹国の周囲の歩数とそれに基づく邪馬壹国の大まかな面積を述べたもので、それこそ魏にとっては必要な情報だったのです。「周旋五千里」を円として計算しますと、五千里×七十六メートル（短里）＝三十八万メートル＝三百八十キロメートルとなります。つまり、その直径は三百八十キロメートル÷三・一四＝百二十一キロメートルとなります。余里を加えると直系百二十一キロメートル＋αの円内に九州における二十八国が女王国の大きさになります。半径は六十・五キロメートルとなります。六十・五キロメートル×六十・五キロメートル×三・一四＝一万千四百九十三平方キロメートルが「周旋五千里」の面積になります。

おそらく、女王国を巡回してその歩数を距離として控えて置いた合計がザクッと見て五千余里ではないでしょうか。「周旋五千里」を正方形と見て一辺を計算しますと、「千二百五十里」になります。すると、九州内における女王国の面積は千二百五十里×〇・〇七六キロメートル（短里）×千二百五十里×〇・〇七六キロメートル＝九千二十五平方キロとなります。福岡県の面積は四千九百八十六平方キロ、大分県の面積は六千三百四十一平方キロ、佐賀県の面積は二千四百四十一平方キロです。そこから判断しますと、福岡県全域と佐賀県と大分県の一部が女王国の範囲になります。ただ、この計算法は長方形の縦横の比率を変えると数値が違ってきます。すなわち「周旋〇〇里」は正確な面積を求めるための表記ではなく、あくまで国の大きさを概括的に説明する表現であると考えられます。『魏志』の時代においては円周率の計算などまだわかっていませんから、「周旋五千余里」によって漠然とした面積を知るのみです。

（9）『魏志』における「邪馬壹国」「女王国」の意味

『魏志』における「南至投馬國、水行二十日。官曰彌彌、副曰彌彌那利。可五萬餘戸。南至邪馬壹國、女王之所都、水行十日陸行一月」より見ると、「邪馬壹国」は「女王の都する所」です。『魏志』には「南至邪馬壹国女王之所都（南、邪馬壹国に至る、女王の都する所）」とあり、『後漢書』には「其大倭王居邪馬臺国（其の大倭王は邪馬臺国に至る）」とあり、また、『隋書』には、「其地勢東高西下、都於邪靡堆則魏志所謂邪馬臺者也（その地勢は東高くして西下り、邪靡堆《やまたい》に都す、則ち『魏志』のいわゆる邪馬臺なる者なり）」とあるので、「邪馬壹国」「邪馬臺国」「邪靡堆」は倭王の住む国の首都の名です。「邪馬壹国」と三十国を含む倭人国は現在の首都東京都と日本の位置関係と同じです。

では、「女王国」と「邪馬壹国」はどのように概念として住み分けされているのでしょうか。『魏志』倭人伝の「女王国」という言葉について考察してみましょう。「女王国」は六カ所出てきます。

①東南陸行五百里にして、伊都国に到る。官を爾支といい、副を泄謨觚・柄渠觚という。世《よよ》王あるも皆女王国に統属す。（私説：女王国は昔は一国であったのに今は三十国を含む国。伊都国はその女王国に昔も今も統属している。）

②女王国より以北、その戸数・道里は得て略載すべきも、その余の旁国は遠絶にして得て詳かにすべからず。次に斯馬国在り、次に已百支国在り、……これ女王の境界の尽くる所なり。

③女王国より以北には、一大率を置き、諸国を検察せしむ。諸国これを畏憚す。常に伊都国に治す。国中において刺史の如きあり。

④その南に狗奴国あり、男子を王となす。その官に狗古智卑狗あり。女王に属せず。都より女王国に至る万二千余里。

⑤女王国より以北には、一大率を置き。諸国を検察せしむ。

⑥女王国の東、海を渡る千余里、また国あり、皆倭種なり。また侏儒国あり、その南にあり。人の長三、四尺、女王を去る四千余里。

「女王国」の意味が倭人国全体であるのは『魏志』の次の文章から明らかです。「女王国東渡海千餘里、復有國、皆倭種。又有侏儒國在其南、人長三四尺、去女王四千餘里（女王国の東、海を渡る千余里、また国あり、皆倭種なり。また侏儒国あり、その南にあり。人の長三、四尺、女王を去る四千余里）」とある「女王国東渡海千餘里」は東に至る海のところまでが女王国の意味であることは間違いないと思われます。また、その東が海であるということは今の大分県の海べりから四国を見た方向であり、その地点から千余里行ったところに女王国とは別の国があり、四千余里行ったところに侏儒国があるということになります。すなわち、女王国とは「女王境界所盡（女王の境界の尽きる所）」を限界とする範囲であり、倭人国全体を指す言葉と理解されると思います。二十一国の国を羅列したすぐ後に②「此女王境界所盡（これ女王の境界の尽きる所なり）」とある地域は「女王国」の境界の意で、この文章では三十国を含んだすべてが「女王国」です。

上記の文章の中で②⑤の「女王国より以北」は九州の北限より以北をさし、「女王国」の九州における三十国を含むエリアの北限より北を指します。『魏志』では、「女王国」は倭人国のことで三十国を含むエリア（「周旋可五千余里」が九州における倭人国のことであることを先述しました（百九十一〜百九十四頁））とおり、「邪馬壹国」は女王国の首都ときちんと概念の住み分けがされています。「女王国」＝「邪馬壹国」とは『魏志』のどこにも書かれていません。

「女王国より以北、その戸数・道里は得て略載すべきも、その余の旁国は遠絶にして得て詳かにすべからず」の原文は「自女王國以北、其戸數道里可得略載、其餘旁國遠絶、不可得詳」です。「戸數道里可得略載」は「戸数・道里を略載することができる」を意味し、「其餘旁國遠絶、不可得詳」は「旁国は遠く絶え果てた所にあるので詳しい情報は得ることができません」という意味です。

「女王国より以北」に女王国に属する国があるのは論理矛盾です。つまり、九州の北限は女王国の北限なのです。なぜなら、「女王国より以北」に女王国の一部があれば、そのさらに以北が「女王国より以北」の意味になるからです。ですから、「女王国より以北」は女王国以外の国となります。女王国が三十国を含んだ倭人国全体ならば、女王国より以北に女王国に属する国があるのは論理矛盾なのです。

私は、「女王国より以北」から見て、九州の北岸のエリア内が女王国であり、「旁国」とは本州の山口県から島根県などの国譲り後の出雲の領域にある本州の国々（山陰・山陽の諸国）と理解します。もし、この「旁国」が斯馬国をはじめとする二十一国と考えるなら、二十一国に全く「戸数・道里の略載」の記述はないので「女王国より以北、その戸数・道里は得て略載すべき」の文章に矛盾します。略載とは要点のみを簡略に記すことを言い、決して省略することではありません。従来の「旁国」を二十一国とする解釈は、「旁国」とある文章のすぐ後ろに二十一国の記述があるので、安易に「旁国」と二十一国を結びつけた結果だと思われます。また、女王国を邪馬壹国と解し、それが二十一国より南であるとすれば、邪馬壹国が狗奴国に接していることになるが、それは戦争の危難から考えると現実的ではないと思います。ましてや、「女王国」は三十国全体を言う概念であり、邪馬壹国ではありません。「女王国より以北、その戸数・道里は得て略載すべきも、その余の旁国は遠絶にして得て詳かにすべからず」から見ると、女王国以外に唯一、戸数・距離を略載しているのは投馬国のみなので、投馬国は女王国より以北の出雲であり、「旁国」は国譲り後の出雲の「旁国」の意味になります。伊都国に治す一大率は、山陰・山陽の出雲の国譲り後の諸国を省巡する役割であったのです。

女王国の主たる概念は三十国を含む国全体で、「邪馬壹国」はそのうちの一国で、女王国の首都なのです。「女王国より以北」の「女王国」は倭人国の意味で、「女王国より以北」の国は女王国に含まれない国になります。対馬国と一大国は女王国に含まれるので、「女王国より以北」の女王国でない地域に含まれません。「女王国より以北」は九州本島の北岸より以北、すなわち、現在の本州の山口県・島根県などの地域を指すのです。

「次に斯馬国あり、次に己百支国あり、……次に奴国あり。これ女王の境界の尽きる所なり。」「その南に狗奴国あり、男子を王となす。その官に狗古智卑狗あり。女王に属せず。」の女王の意味について触れておきたいと思います。「女王の境界の尽きる所なり」は「女王」の権力が至る所、すなわち「女王国」の意味で使われています。「女王に属せず」も「女王の権力が至る所に属さない」の意味で使われています。この二つの「女王」は「女王の都する所」の

「女王」と意味が同じですが、二つの文章は「女王の権力が至る所」、すなわち「女王国」の意味を構成する意味に使われています。したがって、それを以て女王国＝邪馬壹国とは言えません。

また、『魏志』に書かれた「七万餘戸」の意味も付け加えて述べておきたいと思います。『魏志』には投馬国の戸数が「可五万餘戸」とありますので、「可七万餘戸」は女王国全体の戸数と思われます。『魏志』の行程の記述にある一大国・末盧国・伊都国・奴国は「有○○餘戸」、対馬国は「有○○許家」、不弥国は「有○○餘家」の記述となっています。「餘」「許」は「おおよそ」の意味で使われています。小国を統合した投馬国と対比された国が同じく「可」を用いた「可七万余戸」と表現されているのです。すなわち、その国は小国を統合した女王国のことであり、三十国の戸数の総計なので、アバウトに「七万余戸」と述べたものです。

三十国の一つの国である邪馬壹国が七万戸とするならば、いくらなんでも多すぎます。先述で「投馬国」を出雲国との仮説を提案しましたが、戸数の「五万余戸」は投馬国全体の戸数だと思われます。その投馬国全体の「五万戸」と対比されたのは、三十国全体を含む女王国の「七万余戸」と考えるのが正しいと思います。北部九州のスサノウと大年（ニギハヤヒ）を祭る神社の多さを考慮すれば、スサノウと大年（ニギハヤヒ）が九州北部を席巻した事実が浮かび上がります。その後、スサノウが崩御し、アマテラス（＝卑弥呼）が倭人国を治めるようになり、それと同時に大年（ニギハヤヒ）が九州を離れ山陽の瀬戸内海沿いに東へ向かい、やがて奈良に入ります。（詳しくは百八十四～百八十五頁に説明しています。）このようなスサノウを長とした出雲勢力の勢力から見れば、出雲の人口もかなり多大になると思われます。

さらに、「郡より女王国に至る万二千余里」について述べます。

「郡より女王国に至る万二千余里」の女王国は三十国を含んだ倭国全体という概念で貫かれています。ですから、基本的な女王国の概念は倭人国全体を指すのです。「郡より女王国に至る万二千余里」は帯方郡から狗邪韓国を経て倭人国全体を意味する女王国へ行くという行程が「万二千余里」であるというのが文章の本来的意味です。漠然とした「女王国」を指して言う意味なら、「万二千余里」も漠然とした距離を指すことになります。例えば、ある人が大阪から北海道に行くときに、大阪から北海道までアバウトで〇〇キロメートルという表現と同じなのです。『魏志』では例えば、「対馬」について「始めて一海を度る千余里。対馬国に至る。」と書かれています。ここでは、南島・北島の長細い対馬国の王のいる場所も書かれていませんので、『魏志』の読み手にとっては漠然とした「千余里」と読むしかありません。「郡より女王国に至る万二千余里」は対馬と全く同じ書き方なのです。従来の解釈では「万二千余里」は帯方郡から邪馬壹国の距離としていましたが、それならば、その文章は「郡より女王国に至る万二千余里」の「女王国」ではなく「女王の都するところ」あるいは「邪馬壹国」と書かれていなければなりません。『魏志』倭人伝では「邪馬壹国」は「郡より女王国に至る万二千余里」の文章の後に初めて登場しますので、読者はここでは「万二千余里」は倭国全体としての女王国と帯方郡との漠然とした距離と見るしかありません。

「女王国より以北……」にこだわって非常に熟考された人がいます。『女王之都する所』（ＮＨＫ出版、二〇〇四年）を書かれた上野武氏です。上野氏は「『女王より以北』が、邪馬台国以前に記述されている、対馬・一支・末盧・伊都・奴・不弥・投馬の七カ国をさしていることは、倭人伝の文脈の上から疑いえないところである」（同書四十一頁）と述べています。従来の歴史家と同様、上野氏の論述は女王国＝邪馬壹国から出発しており、「戸数・距離の略載」の観点から、二十一国以外の国としています。そこが、「女王国より以北……」を二十一国の「旁国」とする通常の論述とは異なっています。上野氏の間違いは女王国＝邪馬壹国とするところにあります。対馬・一支・末盧・伊都・奴・不弥は「女王国」に含まれるので、この場合の「女王国より以北」という表現は女王国の以北に女王国の一部があることになり、論理的に矛盾します。

邪馬台国の解説本の中には女王国＝邪馬壹国の一義、あるいは邪馬壹国や女王国を狭義としての首都の意味と広義の倭人国全体の二義があると捉えたものが多いのです。それらすべての論理的誤謬は女王国＝邪馬壹国とするところから生じていると私は思います。そんなことは『魏志』のどこにも書かれていません。『魏志』では「女王国」は倭人国全体の意味、「邪馬壹国」は「女王の都する所」すなわち倭人国（女王国）の首都として住み分けをして書かれています。『魏志』における「女王国」と「邪馬壹国」の用例をきちんと精査し、その住み分けを確認することが最も必要なことです。

(10)『翰苑』に書かれた邪馬臺国

唐初に書かれた『翰苑』には、女王国について次のように述べられています。

「憑山負海、鎮馬臺以建都。分職命官、統女王而列部。卑彌娥惑翻叶群情、臺與幼歯、方諧衆望、文身黥面、猶稱太伯之苗。阿輩雞彌、自表天兒之稱。因禮義而標袟、即智信以命官。邪届伊都、傍連斯馬。中元之際、紫綬之榮。景初之辰、恭文錦之獻（山に憑り海を負うて馬台に鎮し、以て都を建つ。職を分ち官を命じ女王に統ぜられて部に列せしむ。卑彌娥は惑翻して群情に叶い、臺与は幼歯にして方に衆望に諧《かな》う。文身黥面して、猶太伯の苗と称す。阿輩雞彌、自ら天児の称を表す。礼儀により標袟し、智信に即して以て官を命ず。邪《なな》めに伊都に届き傍ら斯馬に連なる。中元の際紫綬の栄あり。景初の辰文錦の献を恭しくす）」

この文中の「鎮馬臺」は「邪馬臺国」、「卑彌娥」は「卑弥呼」、「阿輩雞彌」は『隋書』俀国伝の「阿輩雞弥」と同じであり、多利思北孤を指します。更に「邪届伊都、傍連斯馬（邪《なな》めに伊都に届き傍ら斯馬に連なると読むが、邪は伊都に届き傍ら斯馬に連なるという読み方もある。）」とあり、この文の主語は「邪馬臺（壹）国」から「俀国」に至るまでの一連の倭国か或は「俀国」であり、それらの都は北九州の伊都や斯馬に接していたことが書かれています。このことからも、「邪馬臺（壹）國」の系譜を引く「俀国」は九州に在り、多利思北孤はその王でありその都は伊都と接しているから、断じて聖徳太子ではないことがわかります。

(11) 邪馬壹国の位置について

倭人国の首都「邪馬壹国」はどこにあったかというと、私は次のように推測しています。

『魏書』『後漢書』『隋書』を通じて、その倭王たちが「邪馬壹国」「邪馬臺国」「邪靡堆」に居ることになっており、『翰苑』では「邪届伊都、傍連斯馬（邪《なな》めに伊都に届き、傍ら斯馬に連なる）とあります。文章のすぐ上に「鎮馬臺」（「邪馬臺国」）、「卑彌娥」（「卑弥呼」）とあり、『隋書』における倭王「阿輩雞弥《おほきみ》」すなわち多利思北孤の名前があるので、この文章の主語は「邪馬壹国」「邪馬臺国」「邪靡堆」か、もしくは「邪靡堆」を指すことになります。それらはもともと同じ国ですから同じ地を踏襲しているはずです。「邪靡堆」は若干違った位置かもしれませんが、「邪馬壹国」の国土全体を踏襲してその中で作られた都であると思います。そうすれば、「邪馬壹国」「邪馬臺国」「邪靡堆」と続く『隋書』の『邪靡堆』や『魏志』の『邪馬壹国』も「伊都」及び「斯馬」に接する可能性が出てきます。「斯馬」は現在の糸島（伊都志摩）の志摩であり、『魏志』では、怡土《いと》郡は伊都国、志摩郡は『魏志』では二十一国の初めに出てくる斯馬国として表記されています。

『魏志』の「邪馬壹国」・『後漢書』の「邪馬臺国」・『隋書』の「邪靡堆」は時代とともに位置が変わっているかもしれませんが、伊都国より奴国・不弥国が榎一雄氏の言う放射状に書かれていることが正しいとしたら、狭義の「邪馬壹国」も同列であり、「邪馬壹国」は伊都に接していることになります。（榎氏の「放射線型読法」については二百十七～二百十九頁で詳しく説明しています。）なぜなら、倭人国への道程は伊都国・奴国・不弥国で終わっているからです。それに、前原にある平原遺跡・三雲南小路遺跡・井原鑓溝遺跡は埋葬品の鏡の多さから考えると伊都国王の墓ではなく、倭人国王の王墓であると考えられます。

私は埼玉稲荷山古墳出土鉄剣について述べる際に、倭の五王が九州王朝の王であるとしています（二百三十四～二百四十頁）。さらに、埼玉稲荷山古墳出土鉄剣の「獲加多支鹵大王」が倭王興であり、斯鬼宮に居たことが書かれていて、斯鬼は「シキ」と読むことは無理で「シマ」と読むべきことを述べました。『隋書』俀国伝で王の多利思北孤が「邪靡堆」に都していた王朝の王であることから、ここでも、「伊都」と隣り合わせの「志摩《しま》」は倭王興の頃の首都で、「邪馬壹国」の比定地として可能性の強い場所でもあるのです（二百三十四～二百四十三頁参照）。

伊都国は海外から「邪馬壹国」に至る行程上にある港として機能していたと思われます。また、伊都国より奴国・

不弥国が放射線状に書かれているということは、伊都国に倭人国の中心的な役割があることを暗示しております。伊都国に一大率を置くこと自体、「邪馬壹国」が伊都国に近しい位置関係にあることを示しています。一大率は「邪馬壹国」が伊都国に置いた役人です。「丗有王　皆統屬女王國（世、王有り。皆、女王国に統属す）」も伊都国が何代かの王にわたって「邪馬壹国」に統属していることを示しているので、女王国の首都と近しい伊都国に倭人国の政府機能の一部があったものと考えるのが自然だと思います。

(12) 謎の国「狗邪韓国」

『魏志』倭人伝の「郡より倭に至るには、海岸に循《したが》って水行し、韓国を歴《へ》て、乍《あるい》は南し乍は東し、其の北岸狗邪韓国に到る七千餘里」について考察します。『魏志』韓伝では「倭」が五回出てきます。そして、倭人伝には「倭」が一回出てきます。従来、多くの学者は「狗邪韓国」を日本列島の倭人国の一部として解釈してきました。しかし、そんなことは『魏志』倭人伝に全く書かれておりません。私は、「倭」は朝鮮半島における独自の国、「倭人」は日本列島内における独自の国で、この二つの国は別の国であることを立証しています。『魏志』倭人伝の文を読む限り、郡より「倭」の定点である狗邪韓国に至る距離が七千餘里なのです。「従郡至倭、循海岸水行、歴韓国、乍南乍東、到其北岸狗邪韓國、七千餘里」の「其」は朝鮮半島の「倭」を指すことは前述に論証しましたが、それならば、「倭の北岸狗邪韓国」となりますから「狗邪韓国」は「倭」という国の一地域ということになります。私は、『魏志』韓伝の「弁辰十二国」のうちの「弁辰狗邪国」が「狗邪韓国」であると考えています。「狗邪韓国」は「倭」の国の一部です。決して、日本列島の「倭人（国）」の国ではありません。

『魏志』倭人伝の「使譯所通三十國」は「対馬國・一大國・末盧国・伊都国・奴国・不邪国・投馬国」の七国に「斯馬国・己百支国……奴国」などの二十一国を含めた二十八国に狗邪韓国と邪馬壹国を加えて三十国とする考え方があります。

「使釋通ずる所三十國」の一つに狗邪韓国を加える論を見ますが、これは間違いだと思います。なぜなら、朝鮮半島の「倭」と日本列島の「倭人（国）」は別の国として差別化されているからです。また、「使釋通ずる所三十國」に狗邪韓国を加える論は「倭人在帯方東方南大海之中依山島國邑」に矛盾します。なぜなら、「倭人（国）」は「帯方東方南大海之中」にあって「依山島國邑」即ち対馬国から九州の地に限定していると書かれているからです。対馬国や一大国、末盧国などの女王国内の国には官・副官・戸数などを列挙しているのに対し、狗邪韓国には全くそれらの説明がなく、日本列島の「倭人（国）」の国々と朝鮮半島の「倭」の「狗邪韓国」が明確に色分けされています。すなわち、『魏志』倭人伝において、「狗邪韓国」は日本列島の邪馬壹国に至る行程の一通過点として、また、そこからいよいよ邪馬壹国に船の旅に出る出発点の意味として書かれています。

『魏志』倭人伝の「三十国」について、奈良に住む友達が、「陸行一月水行十日」の「陸行一月」について、帯方郡の使節が「使譯所通三十國」を一日ずつ回ったのが「三十国」で「陸行一月」ではないかと言いましたが、面白いことを言うなと思いました。『魏志』倭人伝には「今使譯所通三十國（今使訳通じる所三十国）」とあり、このことは魏の役人が三十国の人と謁見したことを表すからです。「使譯所通三十國」は魏の役人の謁見によって実証的になります。しかし、これは単なる仮説であり論理として成立しているわけではありません。私は、笑い話のように聞いていました。（私は、「陸行一月水行十日」については、前述した通り列島の倭人国の人が語った言葉で、邪馬壹国を起点として帯方郡に到る行程と解釈しております。）

「狗邪韓国」については、名称だけで詳しく書かれていないので、その他のことはよくわからないのが実態です。朝鮮半島「倭」の領域である「狗邪韓国」と日本列島の「倭人（国）」の政治的な関わり方も、『魏志』の記述だけではよくわかりません。歴史論議はすべて結論を出すことではなく、わからないものはわからないとして保留しておくことも学問的に大事だと思います。

（13）古田武彦氏の「方○○里」の解釈に対する批判

①対海国「方可四百余里」の古田氏の解釈

古田氏の有名な島回り「半周」読法について私の解釈を書いておきます。古田氏は対馬国の「方可四百餘里」を一辺四百里の正方形とみなし行程としてその二辺を回り、その距離を八百里とします。そして一大国の「方可三百余里」を同じく、その距離を二辺の六百里とします。この計算方法がはたして正しいかどうかを検証してみたいと思います。問題は対馬国と一大国を四角形の島と解釈できるかどうか、ということです。

古田氏は、『「邪馬台国」はなかった』（角川書店、一九七一年）で以下のように述べています。

「第一、対海国。

これは、実は今の対馬――南北二島――全体をさすのではなく、その南島を（下県郡）だけをさすものと思われる。以下、それを論証しよう。

従来、『対海国』は『対馬国』のあやまりとして訂正されてきた。したがって、当然現在の対馬（上県郡・下県郡から成る）に相当するものと思われてきた。しかし、『対海国』は次の四点から、南島（下県郡）だけをさすものと思われる。

①『方四百里』としるされている。しかし南北両島の場合には、南北の長さが四百里（三十～三十六キロメートル）をはるかに上回ることになるうえ、全体の形状も、南北の長さがあまりにもちがいすぎ、とても『方――里』では表現できない。これに対して、南島だけの場合には、南北両島ほどの大差はない。（三世紀と現在とでは、島の形状の変化も多少はあり得よう）。

②『対海国』は『瀚海に対する』という意味の字義であるから、南島がもっともよく妥当する。

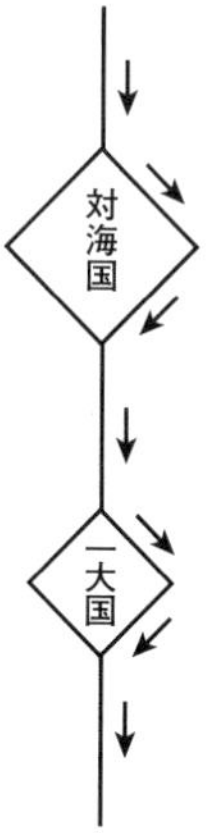

〈陸行、千四百里〉

図3　古田武彦の島回り「半周」読法

③狗邪韓国から、この地を経て壱岐（一大国）に向かうには、対馬の南島の西北端から東南端付近まで、『周旋』するのが一番自然な経路である。
④ここは『行路記事』であるから、対馬の南北両島の名前を記する必要はない。ちょうど行路に当たった島（南島）だけを記述すればよいのである。」（二百四十七頁）

②私の解釈

上記に対して、私なりの考えを述べてみたいと思います。

まず、古田氏の「方四百余里南島」説は解釈上の無理があります。

なぜなら、『魏志』の紹熙本では「對海國」とされ、紹熙本より古い紹興本では「對馬國」とされるから、「對海國」＝「對馬國」です。古田氏のいうように「対海国」が対馬の南島を指すというのは間違いです。古田氏の「②『対海国』は『瀚海に対する』という意味の字義であるから、南島がもっともよく妥当する。」はその説明に合理的な妥当性がありません。対馬国は対の島ですから、その北島を切り捨てて南島だけを対馬とするのは言語矛盾です。つまり、南島だけでは対馬国にならないのです。対馬を南島・北島からなる島とするならば、その距離は南島と北島の歩行距離であることは陳寿にとっても明白な事実です。後述に「方〇〇里」が面積であることを論証しますが、古田氏は一方的に「方〇〇里」を〇〇里を一辺とする正方形であると主張し、それが故に長方形の対馬南島・北島全体は「方〇〇里」の概念は該当しないと判断し、対馬の南島だけを「方〇〇里」に当てはめるという発想だと思われます。

『魏志』は対馬国、つまり対の島の国となっていますので、南島だけが「対馬国」になることは国語として見る限り、あり得ません。③④も同じ理由から、古田氏の論理は無理です。なぜなら、『魏志』倭人伝は対馬国＝方四百里と書かれてあり、対馬南島＝方四百里とはどこにも書かれていませ

図４　対馬

ん。方四百里が対馬の南島を表すならば、「対馬南島方四百里」と書かねば誰もそのように解釈できません。漢文は現在も過去も文法的にはほぼ同じであり、過去の漢文だからその点はあいまいであると考えるのは正しくありません。中国の漢文は過去の文献を見ても随分綿密に書かれてあることを認識すべきです。『魏志』倭人伝では「対馬国」が「方可四百余里」という記述になっているのですから、「方可四百余里」は対馬国全体のことを指すというのが国語的に正しいのです。

私は、この地名＋「方可四百余里」は面積を言い表した表現であることに確信をもっています。『王力古漢語辞典』の「方」の項の最初に「古代計算面積的術語。如縱横各百里叫方百里。（古代計算面積の術語。縦横各百里の如くを方百里と叫《よ》ぶ。）」とあります。また、中国の古典を読むときの有用な辞典として知られる『辞源』には「方」は「量詞、計量面積或體積之単位。如宋熙寧五年以東西南北各千歩當四十一頃六十六畝一百六十歩爲一方（量詞、計量面積或いは体積の単位。宋熙寧《きねい》五年東西南北の各千歩を以て四十一頃《けい》六十六畝《ほ》一百六十歩に当て一方と為すの如し）参閲文献通考四田賦四」とあります。※頃＝百畝《ひゃくほ》四方の面積、畝＝田畑の面積の単位、周代では六尺四方を一歩として百歩を一畝とする。

現代中国語の『中日辞典』（小学館、一九九二年）の「方」の項には「①正方形、方形、方形の、四角の②〈数〉累乗、相乗積、平～、平方、立方」とあります。『大漢和辞典』（大修館書店、二〇〇〇年）の「方」には「地、四方、ところ、くに」の意味に加えて「方里」という語で「たてよこ一里の面積」と記し面積を示すことを載せています。また熟語としての「方丈（一丈四方の広さ）」「方尺（一尺四方の広さ）」の記述はあります。漢字辞典として定評のある『漢字海』（三省堂、二〇一三年）や『角川新字源 改訂新版』（角川書店、二〇一七年）では「方」の面積の意味を載せていません。日本のほとんどの漢字辞典には「方」の単独の意味と「方」の熟語は載っていますが、「方〇〇里」については載せていないものが多いです。だから、ほとんどの日本の歴史家が「方〇〇里」や「周旋〇〇里」の意味を取り違えることが生じるのです。日本の漢字辞典には単独の「方」や熟語の意味に限定されているので、間に〇〇を含む語である古い時代の表現である「方〇〇里」は載っていないのです。私は日本の漢字辞典にも従来の熟語以外に「方〇〇里」や「周旋〇〇里」という項目でこれらの熟語を載せるべきであると思っています。一番の問題は、多くの人が参考にする石原道博編訳『魏志倭人伝・後漢書倭伝・宋書倭国伝・隋書倭国伝―中国正史日本伝（1）』（岩波書店、一九五一年）をはじめとした『魏志』倭人伝の訳本は対海国（対馬国）について「方四百里ばかり」、一大国について「方三百里ばかり」と訳されていることです。これだけを読めば四百里や三百里の正方形と解釈してしまいますよね。中国の古語辞典ではまず最初に「方」の面積の意味が出てきます。日本の辞典では「方」はまず正方形・方尺の意味が出てきます。『魏志』の記述は現代中国とは異なることも多くあります。日本人が『源氏物語』や『枕草子』を読む場合には古語辞典を引くように、『魏志』を読み解くには中国の古語辞典を引くことは必然なのです。日本の歴史家においてはその視野がない人が多いのです。そのような状況を考えると、中国の古代漢文に関する辞典と日本の漢字辞典には解説の仕方に相違があることがおわかりいただけると思います。私は、こんな場合中国の漢語辞典を引き、古代中国語の意味を探します。ここがミソです。日本の漢字辞書しか読んでいない方は、「方〇〇里」の「方」の意味を方形とするイメージを抱きがちになります。私は、迷うことなく『王力古漢語辞典』の記述を根拠にします。このような学問的な認識の仕方について漢字学者と歴史学者の間には少なからず認識の相違があるように思います。

地名の説明において「方〇〇里」が一辺〇〇里を意味することはありません。なぜそう断言できるかというと、漢文において地名の説明として使われる「方〇〇里」がある時は面積で、ある時は正方形の一辺を示すということがあると読者はどちらをとればよいかということになります。だから同一条件での同一の言語はすべて同じ意味に解釈できるのが漢文の原則であるとご理解していただければよいでしょう。すなわちその面積と一辺〇〇里どちらとも読めるという考え方は成立せず、どちらか一方の意味に通貫されているということになります。

もし、あなたが本を書くとしたなら、一つの本の中で地理的な説明の中で方〇〇里を面積と正方形の両方の意味で使い分けて書くかどうか考えてみてください。時によって面積の意味、時によって正方形の意味で使うことはしないはずです。なぜなら読者の読解に混乱が生じるから。そのことは現在でも『魏志』が書かれたときでも事情は同じなのです。漢字辞典には単体の漢字や熟語について、それらの意味と中国の古典などから引用したその意味からなる例を掲載しています。漢字辞典に書かれた例に従った同じ類例は必ずその意味になる、すなわちその例に意味的な通貫性があることが前提に書かれています。

読者の皆様方は日本の漢字辞書から「方」の意味を引くでしょうか。それとも、中国の『王力古漢語辞典』を引くでしょうか。日本の古文献を読むには古語辞典を引きますが、中国の古語辞典の代表的なものが『王力古漢語辞典』なのです。

「方〇〇里」は現代語に直せば「〇〇平方メートル」（現代中国語では〇〇平方米…米はメートルの意味）と概念上は全く同じ意味になります。「方」と「平方」という同じ意味の言葉が語句全体の前にあるか後ろにあるかの違いだけなのです。したがって、「方〇〇里」は平方が〇〇里の意味を有しないのです。「〇〇平方メートル」ならば、その意味が一辺〇〇メートルの四角であるとは誰も言わないのと同じように、「方〇〇里」にも平方の意味がありません。しかし、〇〇メートル平方の建物ならば、一辺が〇〇メートルの建物の意味になります。『後漢書』祭祀志の注に引用された『三輔黄図《さんぼこうず》』には、「凡そ地宗后土宮の壇営は、方二里、周八里」とあり、方形一辺が二里で、周囲合計が八里と記されています。ただし、「方二里」は前に「壇営」とあるからそう読み取れるのであり、地名という前提条件のもとに書かれる「方〇〇里」とは基本的に条件が違います。地名という前提条件である場合には、「方〇〇里」はすべて面積の意味で通貫されています。すなわち、地名＋方と里がひとくくりとなった方〇〇里は面積を表すイディオム（慣用句）なのです。

…曰「利建侯」、又曰「震驚百里」、故封諸侯地方百里、以法雷也（『後漢書』）

夏六月、進封高都公、地方七百里、加之九錫、假斧鉞、進號大都督（『晋書』）

の例より見れば、諸侯に与える「方百里」、高都公に与える「地方七百里」は百里四方もしくは七百里四方の土地と考えるより、その面積と考えた方が合理的です。「方〇〇里」は古代の中国歴史書にたびたび出てきますが、「方〇〇里」が正方形を表すとすれば、正方形あるいは正方形に収まる地形のみ「方〇〇里」と表現することになり、縦横の長さが極端に違う長方形や三角形の地などの地名の記述ができないことになります。常識的に見ても、正方形の領土など、そうやたらにあるものではありません。また、一大国は円形に近く、正方形でもないにもかかわらず、「方可三百里」となっていて、「方〇〇里」が正方形を示すという概念とは少し隔たりがあります。対馬が縦長の島であるのに「方可四百余里」という表現があるのは、そのことを如実に示しているのです。したがって「方〇〇里」は面積を表す表示と考えられます。すなわち、歴史書の地理的説明のすべての「方〇〇里」は面積と解するべきと思われます。

対馬は南島・北島を含めてほぼ長方形として見ると、横約百五十里（約十一・四キロメートル）×縦約八十九・五里（約六十八キロ）＝約十三・四万平方里（約千二十平方キロ）で方四百里＝約九百二十四万平方里の約百十パーセントにあたります（※一里＝七十六メートル換算）。上記の里数計算はアバウトであり、長方形の対馬から海の部分を差し引くとすれば、それより少なくなります。ちなみに対馬の現在の面積は七百八・五平方キロで、方形に直すと一辺二十六・六キロメートル（約三百四十五里）×二十六・六キロメートル（約三百四十五里）、つまり方三百四十五里になります。「方四百里」とは少し異なっていますが、古田氏の言う対馬の南東の面積と比較すれば、実際の面積は「方四百里」に近いです。

『魏志』のような古代中国歴史文献で、古田氏が言うような島めぐり法で書かれた記事は皆無です。また、対馬は北島・南島を合わせて地図で見るとほぼ長方形になります。ということは対馬に正方形としての「方可四百余里」は成り立たず、これは面積の表示と断ぜられるのです。同じ歴史資料の同じ言葉は同じ意味に通貫されているという大原則に照らし合わせると、「方可四百余里」もまた、同じ意味で通貫されています。「方〇〇里」が正方形の意味と面積のどちらも意味し、それらのどちらかを当てはめて解釈していいという考えは間違っています。そうすると次に述べる壱岐島（一大国）の「方可三百里」も面積の表示であると理解できます。

壱岐島（一大国）は『魏志』に「方可三百里」とありますが、これは『魏志』の誤認と見るべきです。現在の壱岐島の面積は百三十八平方キロメートルであり、正方形に直すなら十一・七キロメートル四方になります。ですから、実際には短里（七十六メートル）で計算すると約「方百五十余里」が正しい。したがって、「方三百里」と言えば現状の壱岐島の四倍の面積となり、その誤認故に「一大国」と名づけたのかもしれません。古田氏は壱岐島の「方三百里」について「『方三百里』（二十二・五〜二十七キロメートル）はほぼ妥当しうる数値である」と誤認しており、この壱岐島の「方三百里」に比べてそれより少し大きい対馬南島を「方四百里」と解釈したものと思われます。古田氏は「方〇〇里」に面積の意味と正方形の意味を重ね合わせるという思い込みがあるようです。それでは、縦横が極端に違う長方形や三角形の島があれば古田氏の考えは成り立つのでしょうか。否です。島のすべての形に適用できないなら、その考え方は間違っていると言えるのです。私の言うように「方〇〇里」が面積のみを表すならば、島がどのような形であっても解釈にすべて何の問題もありません。つまり、古田氏は「方〇〇里」について面積と正方形とどちらの意味も並立的にあるという先入観に捉われていると思われます。対馬南島の「方可四百余里」を面積でも対馬南北両島に比べて正方形に近いから、イメージとして間違いないと考えたのでしょう。しかし、『魏志』倭人伝が語っている「方四百余里」は、対馬全体の面積が「方四百余里」だけの意味なのです。この辺りが古田氏の島巡り読法の間違いの出発点になったものと思われます。

(14) 方〇〇里の計測法

方〇〇里の計測法については生野真好著『「倭人伝」を読む　消えた点と線』（海鳥社、一九九九年）に詳しく載っていましたので、以下要約させていただきます。

『晋書』巻三十五列伝第五裴秀伝に裴秀が著した『禹貢地域図』のことが記述されています。裴秀は陳寿とほぼ同時期の人で、魏晋に仕えました。「禹貢」とは『書経』の一篇で、中国地理の書として後世に尊重されたもので、紀元前の中国（漢族の居住地域）が九州に分けて記述されています。

裴秀（二二四〜二七一年）は陳寿（二三三〜二九七年）とほぼ同時期を生きた人です。裴秀は『禹貢地域図』に地図作成の六つの基準を記述しています。これについて、謝銘仁氏は著書『邪馬台国　中国人はこう読む』（立風書房、一九八三年）の中で、以下のように説明しています。

「⑴分率―方百里あるいは五十里を一つの単位としてそれぞれに縦横に線をひき、それによって、東西の広さ、南北の幅を明らかにすること、すなわち、縮尺のこと。
⑵準望―ある地の方角・位置を明確に判別すること。
⑶道里―往来している道程、すなわち両地点の里数を謀ること。
⑷高下―高山と凹地など、地勢の起伏を明記すること。
⑸方邪―地形の険悪ならびに平坦を区別すること。
⑹迂直《うちょく》―道路の彎曲・平直によって、遠近があることを書きだすこと。」（同書百四十七頁）

分率について「一日分率所以弁広輪之度也（一曰く、分率は広論の度を弁ずる所以なり）」（『晋書』斐秀伝）と述べられています。「広輪の度」とは「広」が「広い・よこ・東西」の意であり、「輪」が「高大・たて・南北」の意味をもつことから、「東西南北の広さを計る」ことを表します。

分率の具体的な計測方法は、方五十里や方百里を単位として地図の縦横に線を引いて升目を作り、其の升目の合計によって方○○里としたというもので、これは面積を出すための方法である、とするものです。掛け算の九九は秦代の木簡で確かめられるが、古代中国において掛け算で面積を求めるというやり方は存在していません。その方法は上記の方○○里の分率の方法であったわけです。

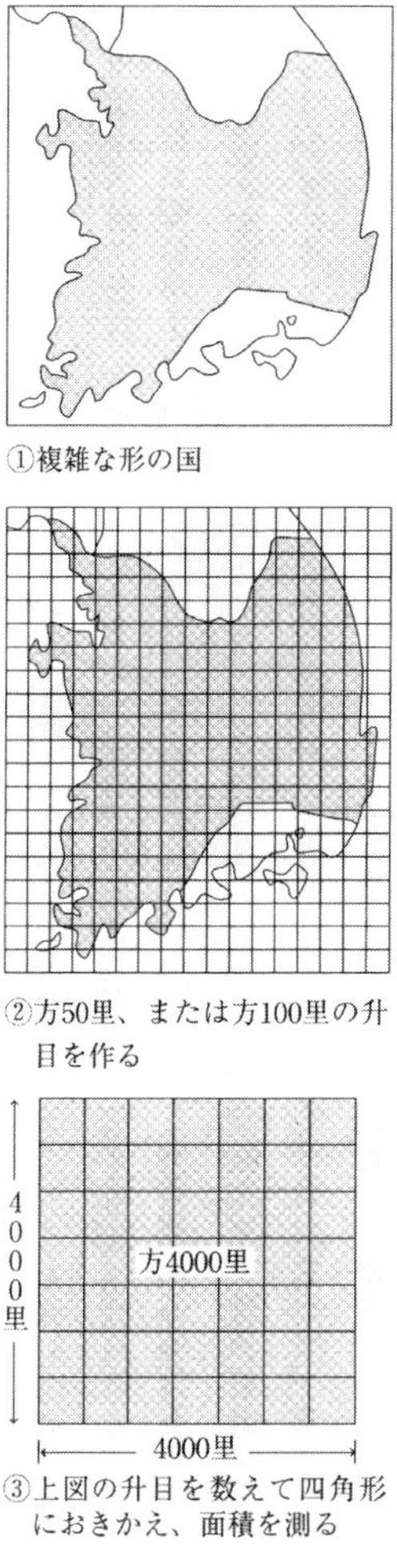

①複雑な形の国
②方50里、または方100里の升目を作る

③上図の升目を数えて四角形におきかえ、面積を測る

図５　国の面積の測り方
出典：『「倭人伝」を読む　消えた点と線』、124 頁より

(15)『魏志』の東西南北の方位について

『魏志』倭人伝では対馬国から一大国への航行を「南渡一海千餘里」としています。今の地図では実際は東南の方向です。ということは、『魏志』倭人伝では東西南北の方位が時計回りの反対の方向に四十五度ずれていることになります。伊都国から奴国へは「東行」になっていますから、時計回りの反対の方向に四十五度ずらすと実際には北東の方位になります。末盧国から伊都国は「東南陸行五百里」とありますから、時計回りの反対の方向に度を修正すると、末蘆国から伊都国へは、実際は「東」への方向になります。

「南至投馬國水行二十日、官曰彌彌、副曰彌彌那利、可五萬餘戸、南至邪馬壹國女王之所都、水行十日陸行一月、官有伊支馬、次曰彌馬升次曰彌馬獲支　次曰奴佳鞮、可七萬餘戸」は帯方郡から見て投馬国・邪馬壹国を南の方向として書いていますが、現実の世界では帯方郡から邪馬壹国は東南、また投馬国の方向は南東から南東東を指しています。この辺りは、『魏志』倭人伝の行程を考える際に、重要なファクターと考えなければなりません。

(16)「万二千余里」について

古田武彦氏の行程解釈について、はっきり言えるのは、古田氏の思考の原点は「自郡至女王國万二千余里」と「水行十日陸行一月」と思えてなりません。その原点がまず頭の中にあって、『魏志』倭人伝のその他の記述をその根拠にどのようにして整合していくか、に注がれているように思われます。その結果、無理やりに適合しようとしてヒュブリス（越権行為）を侵してしまったように思えてなりません。

古田氏は帯方郡から邪馬壹国までの距離が「万二千余里」であるとまず規定し、帯方郡から狗邪韓国までの距離七千里や狗邪韓国から対馬までの距離一千里などを足してそれが「万二千余里」になるという数学的公理のもとに論を進めていますが、私はそこに疑問があります。「万二千余里」は陳寿が書いた数字で、問題は陳寿がどのような考えを以てそう書いたか、ということです。

古田氏とは異なった松本清張氏の「万二千余里」の考え方を見てみましょう。松本氏は『清張通史１　邪馬台国』（講談社、一九七六年、七十六頁）の中で『漢書』西域伝の次のような例を挙げています。

「○罽賓国《けいひん》。長安を去ること万二千二百里にある。
○烏弋山離国《うよくさんり》。長安を去る万二千二百里にある。
○安息国《あんそく》。国王は番兜城に治す。長安を去る万一千六百里にある。
○大月氏国《だいげっし》。王は監氏城に治す。長安を去る万一千六百里にある。
○康居国《こうきょ》。王は冬に楽越匿地に治し、卑闐城に到る。治所は長安を去る万に千三百里にある。
○大宛国《だいえん》。王は貴山城に治す。長安を去る万二千五百五十里にある。
——端数を四捨五入するとほぼ『万二千里』となる。」

さらに、清張氏は次のようにのべています。

「こうしてみると、漢の直属国になっていない西域諸国の首都は、長安からすべて『万二千里』となっていることがわかる。

その馬脚をあらわしているのが、罽賓国《けいひん》と、烏弋山離国《うよくさんり》との距離が長安からともに『万二千二百里』になっていることである。長安からカシミールのと、長安からパルティア（今のイラン）の東部の烏弋山離国《うよくさんり》（アレクサンドリア）とがもちろん同じ距離であるはずはない。イランの東部の方が、カシミールよりも倍以上に長安からは遠い。

つまり、「万二千里」というのは、中国の直接的支配を受けていない国の王都がはるか絶遠にあることをあらわす観念的な里数なのである。

つまり、『万二千里』というのは、中国の直接支配を受けていない国の王都がはるか絶遠のかなたにあることを表す観念的里数なのである。

『漢書』の書例にならう陳寿が、これを東夷伝の鮮卑の条や倭人の条に応用したのであって、鮮卑の東西が『万二千里』というのも、帯方郡から女王国まで『万二千里』というのも、『長大な距離』という観念的里数にすぎない」（同書、七十八頁）※波線は筆者

上記に挙げた国は、カシミール、パキスタン、アフガニスタン、イラク、キルギスタン、タシュケントなどにあたり、その距離はすべておおよそ「一万二千里」ということになります。そして、これらの国々の距離は現在の地図で測定すればまちまちであり、正しくありません。更に、長安からはるかに西域にある国々と、倭の女王国が同じ距離というのです。『漢書』と『魏志』は別の時代の歴史書であり、中国の一里は時代によって異なることはありますが、『魏志』の帯方郡から邪馬壹国に至る「万二千余里」と全く同じ表現です。そうすると、『魏志』の「万二千余里」だけは正確であるというのは疑ってかかる必要があるのではないでしょうか。松本清張氏が言うように、遠方の蛮夷の国との距離は、魏国は正確には把握しておらず、すべて、帯方郡から見て魏国の限界領域という意味で「一万二千里」と表現していたとするのが正しいかどうかわかりませんが、少なくとも「万二千余里」が古田氏の言うように里数の合計なのか、あるいは里数の合計ではなくザクッとした帯方郡から遠絶にして遠い国という概念で邪馬壹国の距離として書かれているのかは見定める必要があるのです。

『魏志』の中で「郡より女王国に至る万二千余里」の「女王国」は広義では倭人国全体、狭義では九州内の「周旋五千里」の地域という概念として貫かれています。「女王の都する所＝邪馬壹国」とはどこにも書かれていません。「郡より女王国に至る万二千余里」の女王国は女王国全体を示すのであり、決して「女王の都する所＝邪馬壹国」という定点を示すものではありません。帯方郡から邪馬壹国の距離ならば、「郡より邪馬壹国に至る万二千余里」と書くべきです。「郡より女王国に至る万二千余里」は漠然とした帯方郡から女王国（例えば、日本に行くという時の日本）への距離の表現なのです（百九十八〜百九十九頁に記載）。「郡より女王国に至る万二千余里」の女王国が漠然とした女王国の意味を示すことは大いにあり得ることなのです。このことは、松本清張氏が述べた「『万二千里』というのは、中国の直接支配を受けていない国の王都がはるか絶遠のかなたにあることを表す観念的里数に過ぎない」という考え方と軌を一にしています。古田氏は帯方郡から邪馬壹国へ至る行程距離の総和が「万二千余里」になるはずという前

提から全行程を考えますが、そもそも「万二千余里」が正確でなく漠然としているなら、古田氏の行程論はもとより成り立たないと言えるでしょう。

『魏志』倭人伝では対馬と一大国の間にある海峡を瀚海《かんかい》（貝加爾湖、バイカル湖、現在のロシアにある湖）と呼んでいます。『史記』には匈奴の本居地を撃破した霍去病《かくきょへい》（？～紀元前一〇六年）が到達した北限に瀚海と呼ばれる大きな湖があり、この二つの瀚海が『魏志』に描かれたころまでの北限と南限であったので、その海峡を瀚海と呼んだ可能性が強いと思います。「万二千余里」も魏の国から見た南限としての意味であった可能性は十分にあると思われます。そして松本清張氏の言うように、「万二千余里」が中国王朝の絶縁の彼方にある直接支配をうけない国を表す観念的理数であることはあり得ると思います。

古田氏の『魏志』倭人伝における帯方郡から邪馬壹国に至る行程解釈は、末盧国⇒伊都国が五百里というような細切れの距離の総和が「万二千余里」であるということに基づいていますが、これは数学の公理であって、行程距離の足し算が正しいからすべてが正しいとは言えません。もともとの里程の概念がすべての歴史書で今日のように正しいならば、その足し算は正しいですが、いろんな文献の「万二千余里」の距離がまちまちであるならば、そのことから問い直さなければいけません。『魏志』の「郡より女王国に至る万二千余里」は帯方郡より女王国の定点（邪馬壹国）の意味と考えるのが従来の観念でありましたが、それは間違いで、「日本に行く」の日本のように漠然とした女王国を指す場合も考えられます。漠然とした女王国への距離を考えたなら、「万二千余里」も漠然とした概念であることになります。

文の全体から辻褄を合わせようと考えるのではなく、一つ一つの漢文をどう読むかを俯瞰的に見極め、その総和としての全体を考えることが最も重要なことです。私は、文献を読む時に、自分の従来の歴史の見識から文章の前後の辻褄合わせをすることを心の中で固く戒めています。これをするから、いろんな研究者は間違いに陥るのだと思います。

皆さんも、古田氏の解釈法が正しいか、私の考え方が正しいかをよく見極められた方がよいと思います。私は、過去の解釈にこだわらず原理的解釈に基づいて常に素直に漢文を解釈し、その見識に従って歴史を解釈するという立場を貫きたいと思います。

古田氏は「万二千余里」について『魏志』倭人伝の行程の総和であるという原点から論じられています。しかし、帯方郡から女王国への距離「万二千余里」は、どう考えても古田氏の言うように『魏志』倭人伝の行程の総和になりません。私は、島めぐり法の間違いや不弥国から邪馬壹国に至る行程は間違いで伊都国から邪馬壹国に至る行程とするのが正しいことを論証しました。そこから「万二千余里」の概念についてそれが古代中国の歴史文献の中でどのように使われているかを調べるべきであると思いました。幸い松本清張氏が『清張通史1　邪馬台国』（講談社、一九七六年）に「万二千余里」についていろんな歴史書の例を記述しておられましたので、それを参考にして意見を述べさせていただきました。私は、古田氏とは違って、『魏志』倭人伝の行程の総和がどうしても「万二千余里」にならないという認識から出発しています。その結果、「万二千余里」が松本清張氏が言うように中国の漢や魏という国家から見て国の内外の際限の概念とするという考え方が卓見であるという結論に至りました。

私は、古田氏の島めぐり読法について、あるいは朝鮮半島陸行説について、初めて読んだ時から、これはおかしいのではないかと違和感をもっていました。この、違和感をもつことが、私の学問の出発点です。その違和感を元にして、まず自身で漢文を読み、文献を一つずつ調べ、古代歴史文献のもつ意味を徹底的に調べます。

歴史学を論ずる学者は漢文を一字一句、もっと厳密に読む努力をすべきであると思われます。また、いままでいろんな人が解釈してきた漢文の読み方が間違っている可能性を頭において文献を読まねばなりません。過去の著名な学者がそのように読んできたから、それは絶対に正しいとは言えないのです。要するに、歴史学者は漢字学をしっかり学んで自分軸で考えることが最も求められている学問的方法なのです。

(17)『魏志』倭人伝の行程（榎一雄氏の放射線型読法について）

①榎一雄氏の放射線型読法とは

榎一雄氏は『魏志』倭人伝の行程について放射線型読法を提唱しておられます。日本の多くの歴史学者も榎説に影響を受けています。だが、果たして榎説が正しいのかどうか、それを検証してみたいと思います。

このことについてはすでに松永章生氏が『東アジアの古代文化』特集『魏志』倭人伝の世界（大和書房、一九八七年秋・五十三号）の「漢語的思考法からみた『魏志』倭人伝の行程」という論文の中で詳しく述べられているので、それを参考にして以下記述したいと考えます。あわせて、榎一雄氏の放射線説を彼の著書『日本歴史新書 邪馬台国』（至文堂、一九六〇年）の著述に沿って考察したいと思います。

榎一雄氏の放射線型読法

帯方郡→狗邪韓国→対馬国→一大国→末盧国→伊都国→邪馬台国

伊都国→奴国

伊都国→不弥国

伊都国→投馬国

②榎説の「方向・距離・地名」と「方向・地名・距離」について

『魏志』倭人伝の帯方郡から邪馬壹国に至る行程は以下のように記されています。

（1）従郡至倭、循海岸水行、歴韓国、乍南乍東、到其北岸狗邪韓國、七千餘里（方向・地名・距離）

（2）始度一海、千餘里、至對海國（〔方向〕・距離・地名）

（3）又南渡一海、千餘里、名日瀚海、至一大（＝支）國（方向・距離・地名）

（4）又渡一海、千餘里、至末盧國（〔方向〕・距離・地名）

（5）東南陸行、五百里、到伊都国（方向・距離・地名）

このうちの（2）〜（5）は「方向・距離・地名」の順になっています。

ところが、その後の行程では、「方向・距離・地名」とは、その個々の言葉の順序が変わってきます。

（6）東南、至奴国、百里、（方向・地名・距離）

（7）東行、至不弥国、百里、（方向・地名・距離）

とあって、ここでは「方向・地名・距離」の記述になっています。

ここから、榎氏は、伊都国より後の記述（6）（7）は伊都国を中心とした放射線的方向に奴国・不弥国・投馬国があるとする見解を展開します。その根拠として、榎一雄氏は『日本歴史新書 邪馬台国』（至文堂、一九六〇年、二十五頁）に次の例を挙げています。

「大宛国、王治貴山城。去長安万二千五百里、……東至都護治所四千三十一里、北至康居卑闐城千五百一十里、西南至大月氏六百九十里。北与康居、南与大月氏接」（『漢書』大宛国）

この文章を読むと、大宛国を中心にして「東至都護治所四千三十一里、北至康居卑闐城千五百一十里、西南至大月氏六百九十里」の記述の順序は各々「方向・地名・距離」になっています。都護治所・康居卑闐城・大月氏は大宛国を中心にして放射線状にそれぞれ東・北・西南の方向にあると言えます。この「方向・地名・距離」という記述は『魏志』倭人伝の伊都国以後の奴国・不弥国の記述と同じであり、このことから伊都国から奴国・不弥国に放射線状に行程があるとする榎説の見解が展開されます。

更に榎氏は次のような『新唐書』巻四 三下 地理志の例を挙げ、その感想を述べています。

> 「営州、西北百里日松陘嶺、其西奚、其東契丹、距営州北四百里、至湟水、営州東百八十里、至燕郡城、又経汝羅守捉、渡遼水、至安東都護府五百里。府故漢襄平城也。東南至平襄城八百里、西南至都里海口六百里、西至建安城三百里、故中敦県也、南至鴨緑江北泊汋城七百里、故安平県也。自都護府東北、経古蓋牟新城、又経渤海長嶺府千五百里、至渤海王城、城臨忽汗海、其西南三十里、有古粛慎城、其北経徳理鎮至南黒水靺鞨千里、
>
> 　このうち傍圏をつけたものが、いわゆる直線行程で、それ以外のものはそれぞれ営州及び安東都護府（撫順）・渤海の王城を中心とした、いわゆる傍線行程である。この記事の中、安東都護府の四至を説明している部分は『東南平襄城八百里、西南至都里海口（旅順）六百里、西至建安城三百里、……南至鴨緑江北泊汋城七百里』、とあって、漢書西域伝の場合と同様に、伝統的な記述の形式に従っている。
>
> 　こうした志那史書の伝統的な記載の方法を知れば、私の読み方は必ずしも無理でもなければ、いたずらに奇を好むものでないと言えるであろう。」（『日本歴史新書　邪馬台国』至文堂、一九六〇年、二十五頁）

榎氏が挙げた例の中で、「営州東百八十里、至燕郡城」は「方向・距離・地名」の文章で直線行程を表し、「東南平襄城八百里、西南至都里海口（旅順）六百里、西至建安城三百里、……南至鴨緑江北泊汋城七百里」は「方向・地名・距離」の文章で、これらは四至と呼ばれる文章です。

四至とは中国古代・中世の四方の地をいう概念です。そして古代史書における四至はすべて「方向・地名・距離」になっています。（2）（3）（4）（5）の対馬国から伊都国までの距離が「方向・距離・地名」の直線行程、伊都国以後の（6）（7）が「方向・地名・距離」となっており、伊都国から放射状に奴国と不弥国の位置を解釈するという榎氏の指摘には鋭い洞察が見られます。『魏志』倭人伝の行程の狗邪韓国から伊都国を直線行程、伊都国以後の奴国・不弥国は伊都国を中心に放射線的に記したとするのです。四至の場合は中心区域である行程始点からの周囲を言いますが、行程始点から二カ所や三カ所の放射線状にある行程は傍線行程と称されます。

（18）『魏志』倭人伝の行程における「行」と「至」について

『大唐西域記』は唐代の僧玄奘《げんじょう》がインドに向かって進んだ行程についての見聞録です。玄奘の経典翻訳に携わっていた弁機が編集したもので、六四六年（貞観二十年）に成立しています。

『大唐西域記』巻第一

A従此西北、入大沙磧…行五百里、至颯秣建《サマルカンド》国。
B従此東南至弭秣賀《マーイムルグ》国。
C従此北至却布廁那（カプータナ）国。
D従此国西三百余里、至屈霜你迦《クシャーニカ》国。
E従此国二百余里、喝捍《カリガーンカト》国。
F従此国西四百余里、至捕喝《ブカーラ》国
G従此国西四百余里、至伐地《ベテイク》国。
H従此西南五百余里、至貨利習弥迦《クワーリズミク》国。
I従颯秣建《サマルカンド》国西南三百余里、至羯霜那《クシャーナ》国。
J従此西南行二百余里入山…東南山行三百余里、入鉄門。

『大唐西域記』を表した弁機はその中で「書行者、親遊践也。挙至者、伝聞也（行と書く者は親《みずか》ら遊践《ゆせん》するなり、至を挙ぐるものは伝聞なり）」と記しています。すなわち、「行と記しているものは玄奘が自ら行ったものであり、至だけのものは伝聞で聞いたことを記したものである」と述べています。したがって、A行五百里、至颯秣建《サマルカンド》国とJ従此西南行二百余里入山…東南山行三百余里、入鉄門のみ「行」がついた文章であるから玄奘が直接経験して行ったところであり、Ｂ～Ｉの「至＋地名」の記事は玄奘が伝聞したことを書いた記事ということになります。『大唐西域記』においては著者の弁機が言うように「行」があるものが直接行ったところで、「至」のみのものは伝聞という色分けがされています。新しい行程を行く主体者にとって「行」は何らかの必要な目的を以てその地へ行く意味ではないでしょうか。その点で、「至」より重要視されたところの意味であるように思えます。しかし、行程始点から四至を述べる場合には、行程始点の人には四至の地点は既に経験として行ったことがある場所であるにもかかわらず、四至の表現がなされていると思います。すなわち、「四至」は行ったか行かないかにかかわらず状況の記述なのであり、「行」はその時に何らかの目的をもって行ったことを示します。

松永章生氏は「そうすると、直接行程か放射線行程かの判断は、むしろ、実際に出かけた（経験）か、出かけなかった（伝聞による）行程かに帰着することになろう。……つまり、榎説の放射線説が成立するかどうかの判断は『経験＝直線行程、伝聞＝四至・傍線行程』が正しいかどうかにかかっている」（前掲『東アジアの古代文化』五十三号、二十八～二十九頁）と述べています。

松永章生氏は不弥国に至る行程に「東行、至不弥国、百里」とあり「行」を含むので、これは四至がすべて「至」であることが漢文の法則上反するものとして榎説は間違いとしていますが、伊都国から奴国・不弥国への行程を傍線行程と解釈するならば、下記の『大唐西域記』巻三の例で見るように傍線行程にも直線行程にも「行」もあるので、その点では榎説が間違っていることにはなりません。

『大唐西域記』巻三の例は以下の通りです。

Ａ王城西北行二百里、至商林伽藍。

Ｂ城西行百五十里、大河北接山南、至大衆部伽藍（注、

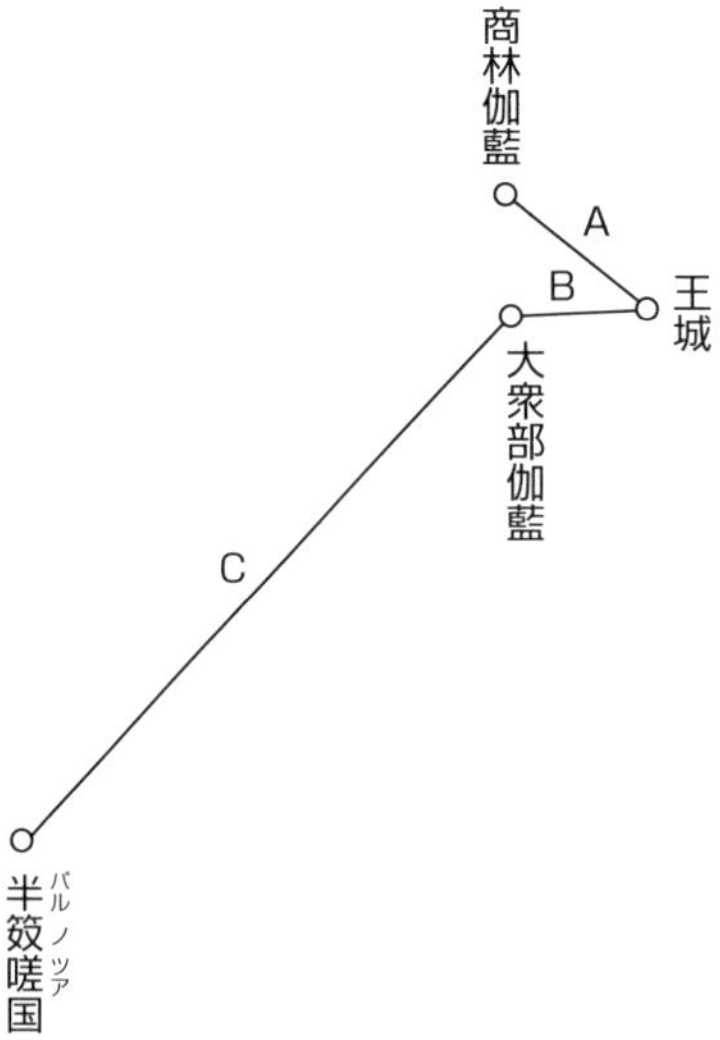

図６　王城からの傍線行程と直線行程
出典：松永章生前掲書、33 頁

A「王城」、B「城」はともにカシミールの王城)

C従此西南、踰山渉険、行七百余里、至半笯嗟《パルノツァ》国。

そうすると、王城よりA・Bが傍線行程で、B→Cの行程は直線行程ということになります。この中で注目すべきことは、王城からA・Bの傍線行程でもB・Cの直線行程でも「行」が使われていることです。Aは王城から西北に行く記述、Bは王城から西北に大衆部伽藍に行き、さらにCは大衆部伽藍から半笯嗟《パルノツァ》国に行く行程です。

この例では直線行程にも傍線行程にも「行」が使われているので、松永氏の考え方は間違っていると言ってよいでしょう。「東行、不弥国、百里」は実際に行った行程、「東南、至奴国、百里」は方角と距離の状況説明ですので、同じ出発点から枝わかれする傍線行程というのが正確な読み方だと思われます。すなわち、「東南、至奴国、百里」と「東行、至不弥国、百里」については、榎氏のいうようにそれ以前の行程の「方向・距離・地名」から「方向・場所・距離」の変換という中国史書の例に倣って、奴国と不弥国がどちらも伊都国を出発点とした傍線行程になるのです。

私は、伊都国までが「方位・距離・国名」、伊都国以後は「方位・到着国名・距離」になっているので、伊都国以降は、伊都国から奴国・不弥国へ行ったのであろうと思います。すなわち榎説は正しいと思うのです。それでは、四至と傍線行程はどう違うのかと言えば、四至は一点を中心とする地理的な状況説明であるので「至」のみの表示であり、傍線行程では地理的な状況説明の中に、実際に何らかの目的をもって行くという説明が混じっているのです。それで、四至の東西南北に至る放射線状の行程には「行」の表現が含まれず「至」のみであり、傍線行程には「至」及び「行」が含まれることがあり得るということなのです。「至」は行った行かないにかかわらず記述としては状況説明になっているだけなのです。伊都国以前の「方向・距離・地名」と伊都国以後の「方向・地名・距離」の表現の違いは漢文を読むうえで無視できないものであり、漢文解釈上の何らかの意味の相違があると考えられます。

私は伊都国からの傍線行程として書かれているのは奴国・不弥国のみと考えています。その後に続く「南至投馬国水行二十日……邪馬壹国女王之都水行十日陸行一月」の文章は「方向・地名・距離」でありますが、帯方郡から邪馬壹国あるいは投馬国が放射線状にあると説明されているのです。行程全体の締めくくりとして投馬国あるいは邪馬壹国から帯方郡への方向及び距離を書いた記述です（百八十二頁に説明しています）。つまり、首都の邪馬壹国は伊都国から奴国・不弥国と同じ傍線行程にあり、伊都国に接するどこかにあると考えられます。

したがって榎説の、「南至投馬国水行二十日……邪馬壹国女王之都水行十日陸行一月」の記述のように伊都国から水行十日陸行一月の距離に邪馬壹国があるのなら、邪馬壹国は北九州からずいぶん南の方になってしまい、現実的ではありません。

(19)「至」と「到」について

四至においては「至」のみが使われるが、『大唐西域記』巻三の例のように傍線行程には「至」も「行」も使われます。

『魏志』倭人伝の行程において、「従郡至倭、循海岸水行、歴韓国、乍南乍東、到其北岸狗邪韓國、七千餘里」と「東南陸行、五百里、到伊都国」とあり狗邪韓國と伊都国にのみ「到」が使われています。「至」は甲骨文を「」につくり、矢の倒形と一に従い、一は矢の着地点を示します。建物を建てる時に矢を放ってその至るところに場所を定める占地の方法があり、饒速日命《にぎはやひ》が矢田坐久志玉比古《やたにいますくしたまひこ》神社の地を定めるにあたって矢を放ちこの地を定めたところに宮居したことが伝説として伝わっています。「到」は金文を「」につくり、至と人に従う文字です。すなわち、矢の着地点に人が至ることを言います（以上、白川静著『字統』参照）。つまり、「至」に比べて「到」は行程上の重要な着地点を意味していると思われます。それに対して、「至」はその地に単に着く意味や地理的な状況説明に使われています。そのように考えると、「到」を用いた狗邪韓国は朝鮮半島における「倭」の地点であり、邪馬壹国への水行の行程の出発点です。次に伊都国に「到」が使われています。伊都国に「世有王、統属女王国、郡使往来常所駐」と書かれていることは、伊都国が「到」を使うに足りる重要な意味を有した地であることを示しています。すなわち、狗邪韓国と伊都国は帯方郡から邪馬壹国に至る上の行程の中で魏使にとって重要なポイントとなる地であったわけです。したがって、伊都国以前は方向・距離・地名であり、伊都国以後は方向・地名・距離となり、傍線行程で奴国・不弥国が放射状の行程として書かれていても不自然さはないと思われます。

(20)『梁書』と『太平御覧』の倭人国への行程記事について

『梁書』（巻五十四）に倭人国への行程について次のように書かれています。

「從帶方至倭、循海水行、歴韓國、乍東乍南、七千餘里。始度一海、海闊千餘里、名瀚海、至一支國、又度一海千餘里名末盧國、又東南陸行五百里至伊都國、又東南行百里至奴國、又東行百里至不彌國、又南水行二十日至投馬國、又南水行十日陸行一月日至祁馬臺國、即倭王所居、其官有伊支馬次曰彌馬獲支次曰奴往鞮」（百衲本二十四史所収宋眉山七史本）

ここでは、『魏志』の「東南百里至奴國」が『梁書』では「東南行百里至奴國」になっています。「東行百里至不彌國」は『魏志』『梁書』ともに同じです。『魏志』の「到伊都国」は『梁書』では「至伊都国」になっています。『魏志』と最も異なるところは、『梁書』では末盧国から不彌國までを直線コースとして書いているところです。

『太平御覧』（巻七 八十二）

「《魏志》曰：倭國在帶方東南大海中、依山島為國、舊百餘小國。漢時有朝見者、今令使譯所通共三十國。從帶方至**倭**、循海岸水行、歴韓國、從乍南乍東到其北岸**拘耶韓國**七千餘里、**至對馬國**戶**千餘里**。其大官曰卑狗、副曰卑奴母離。所居絕島方四百餘里、地多山林、無良田、食海物自活、乘船南北市羅。又南渡一海一千里、名曰瀚海、**至一大國**、置官與對馬同、地方三百里、多竹木叢林、有三千許家、亦有田地。耕田不足食、亦行市羅。又渡海**千餘里**、**至末盧國**、戶四千、濱山海居、人善捕魚、水無深淺皆能沉沒取之。**東南陸行五百里**、**到伊都國**、官曰爾支、副曰泄謨觚、柄渠觚、有千餘戶、世有王、皆統屬女王。帯方使往來常止住。又**東南至奴國百里**、置官曰先馬觚、副曰卑奴母離、有二萬餘戶。又**東行百里**、**至不彌國**、戶千餘、置官曰多模、副曰卑奴母離。又南水行二十日、至於投馬國、戶五萬、置官曰彌彌、副曰彌彌那利。又南水行十日、陸行一月、至耶馬臺國、戶七萬、女王之所都、其置官曰伊支馬、次曰彌馬叔、次曰彌馬獲支、次曰奴佳鞮、其屬小國有二十一、皆統之女王。」

『太平御覧』には「至對馬國戶千餘里」とあり、千戸千余里と語彙の混乱はあるものの、『魏志』倭人伝との「始度一海、千餘里、至対馬国」と比べて、距離の表示が末尾にあります。また、『魏志』の「東行至不弥国百里」が『太平御覧』では「東行百里、至不彌國」になっています。『梁書』と『太平御覧』の「魏志」倭人伝の相違を見ると、『梁書』や『太平御覧』の著述の段階でも、『魏志』倭人伝の行程の解釈と違っているところがあり、当時の中国人にも『魏志』の行程に対する解釈が大変困難なものであったことを示しています。

(21) 帯方郡から邪馬壹国に至る行程についての古田武彦氏と私の解釈の相異

最後に、帯方郡から邪馬壹国に至る行程について古田武彦氏の行程論と私の行程論の解釈の相異をしめくくりとして延べておきたいと思います。

古田氏は次の図のような行程の解釈をされています。

帯方郡治→狗邪韓国→対海国→一大国→末盧国→伊都国→不弥国→邪馬壹国

➡ 奴国

⬅ 投馬国〔南水行二十日〕

（古田武彦『「邪馬台国」はなかった』角川文庫、一九七七年、二三七頁）

『魏志』倭人伝の帯方郡から邪馬壹国の行程について、古田氏は奴国と投馬国は「倭国の首都」ではないから、奴国は伊都国から、投馬国は不弥国からの傍線行程となる、としています（『「邪馬台国」はなかった』二百三十六頁参照）。

古田氏に対して私の考えた行程は以下のようです。

帯方郡治→狗邪韓国→対海国→一大国→末盧国→伊都国➡不弥国➡邪馬壹国
（伊都国➡奴国）

邪馬壹国➡帯方郡（水行十日陸行一月）

投馬国➡帯方郡（水行二十日）

第8章

日本列島の金石文・風土記から垣間見える九州王朝の存在

出野　正

私は、歴史書について、その記述を原文から漢文を正確に読み取ることを原点として歴史を学んでいます。『魏志』倭人伝の内容からは時代は離れるのですが、日本で発見された金石文について、私の解釈を皆様にご提示しておきたいと思います。ご参考にしていただければ、幸甚です。

四世紀の七支刀、五世紀の稲荷山古墳出土鉄剣銘・江田船山古墳出土大刀銘、六世紀の隅田八幡神社伝来の鏡、七世紀の法隆寺釈迦如来像光背銘などが金石文として存在します。これらの金石文について考察したいと思います。これらの金石文は謎の四世紀・五世紀から六世紀初め頃の日本列島の歴史的事跡を伝えています。この時代は倭の五王の時代を包括しております。また、六世紀初めの隅田八幡神社人物画象鏡、法隆寺釈迦如来像銘は倭の五王の後の日本列島の国家の様子を垣間見せてくれています。以下の考察の結果として、これらの金石文を読み解くと古田武彦氏の語った九州王朝の存在が浮かび上がってきたことを、ここに示しておきたいと思います。

(1)七支刀《しちしとう》について

七支刀の全文は以下のとおりです。

表「泰□四年十□月十六日丙午正陽、造百練□七支刀。□紺百兵。宜供供矦王。□□□□作。（泰和四年〈三六九年、東晋哀帝四年、福山敏夫・浜田耕策説〉十□月十六日、丙午正陽、百練□の七支刀を造る。□百兵を紺《しりぞ》く。宜しく矦王〈候王〉に供すべし。□□□□作る。）」

裏「先世以来未有此刀、百濟□世□奇生聖晋故為倭王旨造□□□世（先世以来、未だ此の刀有らず。百済□世□聖晋に奇生す。故に倭王旨の為に造る。伝へて□□□を世に示さんことを）」

七支刀の銘にある泰和四年（三六九年 ※のちに検証します）と仮定し、その頃の朝鮮半島の歴史について概略を述べておきます。

東晋時代の三六〇～四〇〇年の歴史を時系列で示しておきます。

三六九年　前燕・前秦の両国が東晋の桓温を破る。高句麗王、百済の雉壌を責めるが、百濟軍の猛攻に会い退く。（『三国史記』百済本紀・高句麗本紀）

三七〇年　前秦が前燕を滅ぼす。（高句麗五本紀）

三七一年　高句麗が百済に侵攻したが敗れる。百済王と太子は三万の兵で平壌を攻め、高句麗故国原王を殺す。（『三国史記』百済本紀・高句麗本紀）

三七二年　百済は東晋に朝貢し、近肖古王は鎮東将軍領楽浪太守百済王に冊封される。（『晋書』）

三七七年　高句麗・新羅は前秦に朝貢する。（『太平御覧』）

三九一年　好太王碑に「新羅・百残は舊《もと》は（高句麗の）属民であり、朝貢に来ていた。しかるに、倭が辛卯年（三九一

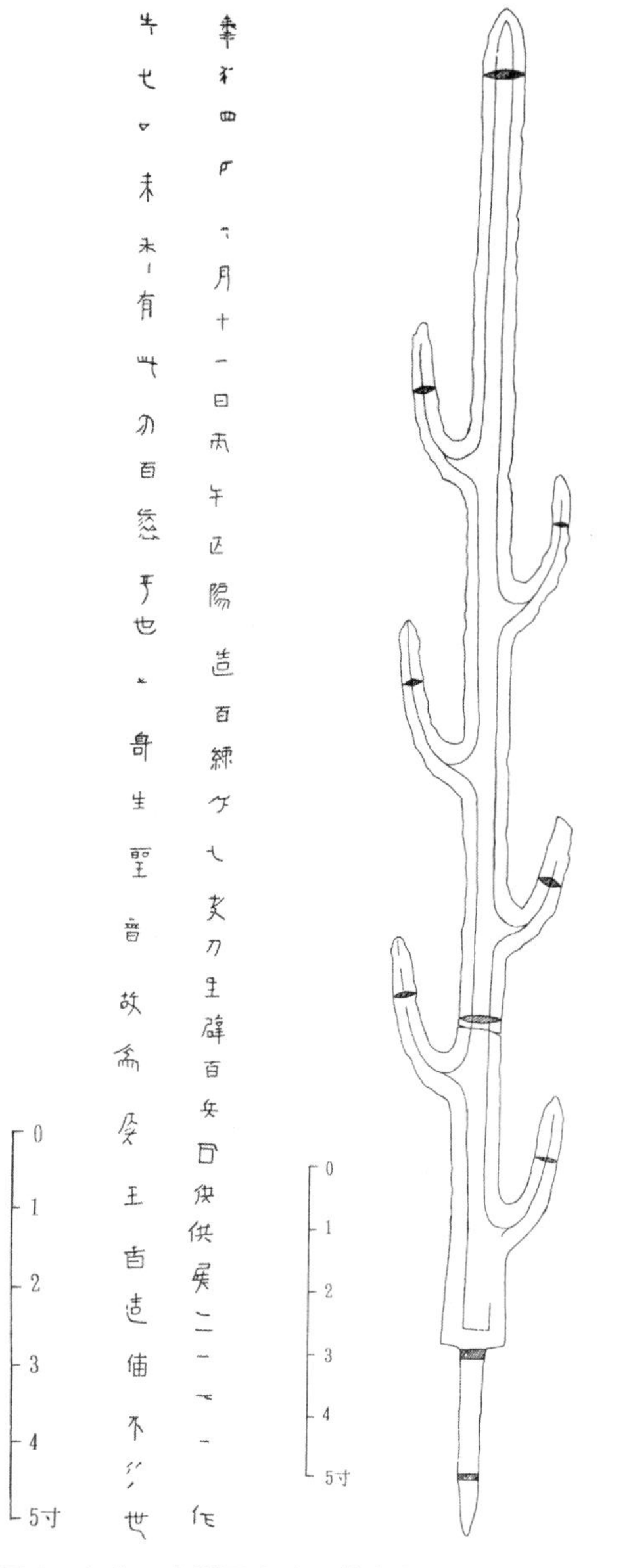

図１　七支刀実測図（右）、銘文（左）
出典：石上神宮編『石上神宮宝物誌』1930 年（国会図書館デジタルライブラリー）

年）に海を渡り来て百済・□□・新羅を破り、臣民とした。」とあります。

三六〇年代の朝鮮半島情勢は東晋を中心とする五胡十六国の時代です。北の方から前燕が、西の方から前秦が高句麗に近く、かつ高句麗は南の百済と接していました。前秦と前燕の南側には東晋がありました。三六九年には前燕と前秦はともに東晋の桓温の軍隊を破ります。その次の年に、前燕に内紛があり、前秦はそれに乗じて前燕を滅ぼします。三七七年には高句麗・新羅が前秦に朝貢しています。そういった情勢の中で高句麗は西・北からの脅威がなくなり、南方の百済を攻めるようになります。百済と高句麗は共に領土侵略の鬩《せめ》ぎ合いを行ってたので、百済は朝鮮の倭や日本列島の倭国を味方につけておく必要がありました。以上のような状況の中で、百済から日本列島の九州の王に送られたのが七支刀です。

七支刀の最初の文字は「泰」で、その次の文字は「小」と見えてわかりにくい。左に縦棒が引かれているので、その読みは「和」であろうと思われます。「泰和四年（三六九年）」の「泰」は小篆を「泰」につくります。この字の上側に「大」の字があります。大・太・泰はもと同源の字で、同じ字として通用しています。ですから七支刀の「泰和四年」は実際には「太和四年」となります。東晋の太和は三六六〜三七一年ですので丁度合致するのです。

裏銘の「聖晋（東晋を敬って言った表現）」の「晋」は字形が微妙にわかりにくく、「聖音」と読む歴史家もおられます。銘文の「晋」の現本は図1左図で、鉛筆でなぞり書きすると「晋」になり、「晋」の異体字「晋」に似ています。また、表銘に「侯王」（侯は侯爵の侯で、侯王は諸侯王の中の一侯王のことです。）とあります。侯王は中国王朝『東晋』につかえる王の意味だと思われます。そうすると、「聖晋」は妥当な読みだと思います。三七二年に百済は東晋に朝貢して冊封をうけているので、七支刀は東晋の太元年間（三七六〜三九六年）の太元四年に作られたのだとする説もありますが、「泰」に続く文字には左側に縦棒「｜」がありますので、太元の「元」とは読めません。それに、百済は三七二年に東晋に朝貢しており、その時点からは東晋の侯王となるので、銘文の三六九年時点での侯王は百済の王ではなく、東晋の侯王である倭王旨のことです。七支刀は高句麗とせめぎ合っていた百済王から東晋の侯王の倭王旨に贈与した刀です。そのような見地から見ると、七支刀の銘に記された年代は「三六九年」で間違いないと思います。

次に、「倭王旨」の解釈です。『三国史記』では「倭王」は朝鮮半島の「倭」の王であり、『魏志』倭人伝にも日本列島の「倭王」が二カ所出てきますが、七支刀は日本列島内にその所在が認められているので、この「倭王」は日本の王としか考えられないと思います。「侯王旨」は東晋との関係をもつ言葉ですので、日本列島の「倭王」のことです。この「倭王旨」は東晋に対して表現した言葉で、それを百済がそのまま使ったのであろうと思われます。「旨」は倭の五王以前の日本列島の王の一字名称であろう。王仲殊氏は『中国からみた古代日本』（学生社、一九九二年）の中で「故爲倭王旨造」を「故に倭王のために旨《うま》く造る」と訳しました。しかし、私は百済が日本列島を代表する王に七支刀を進呈するのに王名を書かずに単に「倭王」に与えるとは書かないだろうと思います。

七支刀は、泰始二年（二六六年）に邪馬壹国の壹与が西晋に貢献した以後に見られるその次の日本列島に関する文字資料として貴重です。この刀には「聖晋」と「百済」と「倭王」が出てきますが、その位置関係はどういったものであったかはこの金文を解釈する上で欠かせません。「百済□世□聖晋に奇生す」とあるので、百済もまた東晋に世々朝貢し恩恵を被っていたが、その時にはまだ候王ではなかったのでしょう。百済がすでに東晋の侯王となった日本列島の倭王旨を敬って贈ったのが七支刀です。ここから、この時代の列島の倭国は東晋に対して朝貢していたことがうかがわれます。「倭王旨」の「旨」は倭の五王と同じく一字名称であり、倭王讃が四一三年に東晋に朝貢していますので、それ以前の倭王の一字名称として認識することが可能です。

好太王碑に「百殘新羅舊是屬民由來朝貢而倭以耒卯年來渡海破百殘□□□羅以為臣民（新羅・百残は（高句麗の）属民であり、朝貢に来ていた。しかるに、倭が辛卯年（三九一年）に海を渡り来て百済・□□・新羅を破り、臣民とした。）」とあります。ここに出てくる「倭」は朝鮮半島の倭種の人の国で日本列島の国とは違う国です。好太王碑には日本列島の軍隊を意味する「倭人」も出てきますので、「倭」と「倭人」は別の意味として差別化されています。

朝鮮半島の情勢は刻々と変化していきます。三六九年の時点では、百済は高句麗と隣接していてたびたび戦闘していますから、中国王朝の晋と朝鮮の倭と列島の倭国をぜひとも味方につけておく必要があったように思われます。百済王から列島の倭王に七支刀が贈られたのはこのような状況を反映していると見るべきです。もし高句麗が百済に攻めてきた場合には朝鮮半島の倭や列島の倭国の応援は必須のものになりますから、百済は列島の倭国に対してその助力をいかに切望していたかがよくわかります。したがって、私は七支刀は百済から列島の倭王への献上品であるとみます。

その次に考えなくてはいけないのは、従来のほとんどの歴史学者が語ってきたように、この「倭王旨」ははたして近畿王朝の王であるかどうか、ということです。それについては、次の時代の倭の五王をどう見るかによってその結論が得られるでしょう。私は、後に述べるように倭の五王は九州王朝の王のことだとしていますので、当然倭王旨も九州王朝の王だと思います。そのことは、以下の福岡県みやま市のこうやの宮にある七支刀を手にした古代の木製の武人像の存在により、確かなものとなります。

七支刀は現在、奈良県天理市の石神神宮《いそのかみ》に収蔵されています。『日本書紀』神功紀に「（神功）五十二年の秋九月の丁卯の朔丙子に、等、千熊長彦に従非て詣《いた》る。則ち七支刀一口・七子鏡一面、及び種種の重宝を献る《たてまつ》」とあり、この記事の七支刀が現在石神神宮にある七支刀であることには、歴史家からの異論がありません。

福岡県の南部のみやま市瀬高町（太神字鬼木ノ二）のこうやの宮には、七支刀を手にした古代の木製の武人像が安置されています。高良大社の天慶神名帳にこうやの宮のことを磯上物部神社《いそのかみもののべのじんじゃ》とあります。この名前は奈良の石上神《いそがみ》宮ともともとは同じ由来からできた神社と思われます。古来よりこの地方では由緒ある神社ですが、建物は数年前に新しく建て替えられています。

七支刀は明治七年（一八七四年）に石神神宮の大宮司になった菅政友《すがまさとも》が七支刀の存在に気づき、錆を削り、金象嵌の文字を研ぎだしたことにより、金石資料として一挙に世に出ました。ですから、こうやの宮にある七支刀を手にした古代の武人像がそれ以前にあったのかどうかが問題になります。これ以前のものならば、七支刀の出自と関係するものであることが明らかだからです。文献や資料はあったようですが、戦前の火災でそれらは焼失したということです。そのためこうやの宮の由来や縁起に関わる情報は一切残っていないのです。ただ、明治七年以前から当地の七軒の氏子によって七支刀を手にした武人像はひっそりと部外者に語られることなく守られてきたものだと言われています。村山健治著『誰にも書けなかった邪馬台国』（佼成出版社、一九七八年）に次のような記述があります。「二十年ほど前、五神体があまりにも色あせたので、七軒の氏子たちは近くに住む仏師・河野久一郎氏に色を塗ってもらった。その河野氏は武神のご神体に関してこういった。『材質がとても固く、日本にある木じゃなかごとあるとです。製作年代もかなり昔ですばい。はっきりは解らんばってん、どげん控え目に見たっちゃ、二百年以上はたっとるでしょう。』」（百三十六頁）。しかるべき科学検査が行われれば、五神体の製作年代はわかるはずです。私はそのことを期待してやみません。

また、こうやの宮には五体の神像が安置されていて、その中に武人像とは別の男性像があります。この男性像は、五体のうちで唯一の坐像であり、衣服の胸の部分に五十七の桐の紋が大きく描かれています。古代中国では、桐の木には鳳凰がきて止まる木と言われていたようで、天子のシンボルとされていました。そのことから日本でも一説には嵯峨天皇の頃から天皇の衣類の紋様に用いられるなど、桐紋は菊紋に次いで格式のある紋とされました。ご存知のように天皇家の紋は菊のご紋ですが、桐紋に関しては天皇家では一八八四年に官報で特に定めないことを公示されたため一般でも広く使えるようになりました。男性像の足元の台座（敷物）が二重になっており、他の像より一段上に置かれています。私はこの男性像は九州王朝の王、すなわち「倭王旨」の像だと思います。七支刀を手にした武人像は九州王朝の将軍で、王を補佐する立場にあった人であると思います。

図２　こうやの宮　男性座像（右）、武人像（左）
出典：神話を科学する（神社探訪）https://kouratamadare.com/%E4%B8%83%E6%94%AF%E5%88%80com/%E4%B8%83%E6%94%AF%E5%88%80

武人像は七支刀をモデルにして作られたものであることは間違いありません。武人像が明治七年より古いものであるとすると、七支刀はそれ以前にこうやの宮において知られていたことになります。そうすると、七支刀は九州の地にあったことになります。言い換えるなら、七支刀は九州王朝の王に百済から献上されたものと見ることができます。石上《いそのかみ》神宮の七支刀は、いつの時期か九州より運ばれたことになります。この像を七支刀の歴史にからめて考察した歴史家として郷土史家 村山七郎氏以外に古田武彦氏もいます。これは貴重な資料です。民間の伝承だからと無視するのではなく、しっかりと歴史学の視野に入れて研究資料とすべきだと私は思います。

(2) 埼玉稲荷山古墳出土鉄剣銘、江田船山古墳出土大刀銘について

次に埼玉稲荷山古墳出土鉄剣銘を見てまいります。

まず全文を従来の通説に従って読み上げてみます。

（表）「辛亥年七月中記。乎獲居臣上祖、名意富比垝。其児多加利足尼。其児名、弖已加利獲居。其子名、多加披次獲居。其児名、多沙鬼獲居臣。其児名、半弖比（辛亥の年七月中、記す。乎獲居臣。上祖、名は意富比垝、其の児の名、多加利足尼。其の児の名、弖已加利獲居、其の児の名、多加披次獲居、其の児の名、児沙鬼獲居。其の児の名、半弖比）」

図3　稲荷山古墳出土金錯銘鉄剣（表の一部）
文化庁保管　写真提供：さきたま史跡の博物館

（裏）「其児名、加差披余。其児名、乎獲居臣。世々為杖刀人首、奉事来至。今獲加多支鹵大王寺在斯鬼宮時、吾左治天下、令作此百錬利刀記吾奉事根原也（其の児の名、加差披余。其の児の名、乎獲居臣。世々、杖刀人の首《かしら》と為りて、奉事来至す。今、獲加多支鹵大王の寺、斯鬼宮に在りし時、吾天下を左治し、此の百錬

利刀を作ら令《し》め、吾が奉事の根原を記せ令《し》むるなり。)」

「獲加多支鹵大王」を「ワカタケル大王」と読み、大長谷若建命《おおはつせわかたけるのみこと》の名をもつ雄略天皇にあてることが通説になっています。「獲加多支鹵大王」は万葉仮名は加（か）多（た）の二つです。この時代の漢字の音は呉音ですので、獲の漢音は「わ」であるが、呉音は「かく・きゃく」ですから疑問が残りますが、乎獲居臣・多加披次獲居の獲居は「わけ」と読むのが正解であろうから獲は「わ」の発音とされるのが一般的な見解です。支は万葉仮名では「き」、呉音・漢音では「し」の発音です。末尾の「鹵」は呉音・漢音で「ろ・る」と発音します。それらの知識を総合して読むと「ワカタキル或いはワカタキロ（?）」となります。したがって、本当に「ワカタケル」と読めるかどうかには疑問が残ります。今までの学者が「ワカタケル」と読んでいるから、それは正しいという考え方は学問的に正しくありません。学問として古代史に取り組む際には、一つ一つ自分軸で確かめてみなければなりません。

「獲加多支鹵大王」を雄略天皇にあてることについては、単に一般名称の「若建」を「獲加多支鹵」と同じと結論づけるのも早計に過ぎると思います。また『古事記』雄略記に「大長谷若建命、長谷の朝倉宮に坐して天の下を治すなり」とあり、「大長谷若建命」の名前そのものが「長谷」に由来しており、しかもそこに朝倉宮があったのであるから、稲荷山古墳出土鉄剣銘の「斯鬼宮」とはどうしても相容れません。奈良に「磯城《しき》」の地名があるから、朝倉宮がそれより広い磯城の地に包摂されるとして雄略天皇の宮が「斯鬼宮《しき》」でもよいとする考え方は、厳密な資料批判に欠けます。歴史学においてその論を正とするには厳密な意味において証明ができて初めて正とみなされます。なぜなら、『古事記』には「長谷朝倉宮」と書いてあり、「磯城」と書いていなければそれを根拠とみなすことはできません。また、「斯鬼」を「しき」と読むのが正しいかどうかについても疑問があります。このことは以下に詳述します。「斯鬼」をほとんどの学者が「しき」と読んでいますが、『万葉集』三二五〇の歌には「吾戀八鬼目（わが恋やまめ）」と読み、ここでは「鬼」を「ま」と読んでいます。このことは、「斯鬼」を「しき」と読んでいいのかどうかということについて警告的な意味をもちます。

上代仮名遣いの音韻一覧によれば、奈良時代の音節と音韻の「き」と「ま」の一覧は表１のようになります。

また、埼玉稲荷山古墳出土鉄剣の文字の中でつかわれた万葉仮名は表2の通りです。

表1　奈良時代の音節と音韻の「き」と「ま」

	文献の分類	甲類（ki）	乙類（kï）
き	推古朝	支岐吉	歸
	古事記・万葉集	支伎岐妓吉枳棄企・寸來杵	奇寄綺忌祈貴幾・木城
	日本書紀	岐吉枳棄企耆陶豆	奇己紀氣幾機基規服
ま	推古朝	麻明	
	古事記・万葉集	麻末紗万磨馬摩・眞前間**鬼**	
	日本書紀	麻末莽麼磨魔馬	

（『日本古典文学大系』6萬葉集一　岩波書店、一九五七年より）

表2　埼玉稲荷山古墳出土鉄剣の文字の中でつかわれた万葉仮名

乎（を）○	獲 ×	居（け）○（乙）		意（お）○（乙）	富（ほ）○	比（ひ）○	垝 ×		
多（た）○	加（か）○	利（り）○		弖（て）○	已（よ）○	加（か）○	利（り）○	獲 ×	居（け）○
多（た）○	加（か）○	披（は）×	次（し）○	獲 ×	居（け）○				
多（た）○	沙（さ）○	鬼（?）○	獲 ×	居（け）○		半（は）○	弖（て）○	比（ひ）○	
加（か）○	差（さ）○	披 ×	余（よ）○		獲 ×	加（か）○	多（た）○	支（き）○	鹵（る）×
斯（し）○	鬼（?）×								

※埼玉稲荷山古墳出土鉄剣の万葉仮名であるものは○、そうでないものは×、乙類のものは（乙）
※鬼の音は一応、「?」としました。

この表で気づくことは、同じ音を同じ漢字で用いていることです。そして○印は後の万葉仮名においても稲荷山古墳出土鉄剣と同じ字が多く使われていることを示しています。このことは、音表記で使う場合の漢字の選定が稲荷山古墳出土鉄剣の段階でほとんど確定されていたことを示しています。『日本書紀』雄略天皇七年（四六三年）の条に訳《お》語《さ》卯安那《みょうあんな》が渡来したことが記されています。訳語とは外国との通訳や公文書の翻訳をする意味と解すれば、訳語卯安那は字音表を携えて渡来したとも考えられます。

上記の上代仮名遣いの音韻一覧で気づいたことは、「き」の音表記の甲類・乙類の中で「鬼」の文字が使われていなかったことです。「鬼」は、李珍華・周長楫編『漢字古今音表』（中華書局、一九九三年）によると、反切がもとの『切韻』（隋代の韻書）に基本的に従っている『廣韻』（宋代の韻書）では居偉切で「kiwai」です。唐音と見られる大徐本『説文解字』では居偉切（kiwai）となっております。「鬼」の読み方は現代中国語では「gui」であり、呉音の時代では「クワィ・クィ」だと思います。稲荷山古墳出土鉄剣銘のできた時代は呉音が使われていました。ですから「き」の万葉仮名の音には「鬼」は使われなかったと思われます。ちなみに「禾」は呉音では正確には「か」ではなく「クヮ」ですので、この字も万葉仮名の「か」としては使われてはいません。そして、上代仮名遣いの音韻一覧には「ま」に「鬼」字が訓仮名として載せられています。「鬼」が「ま」と読む字として使われるのは、「魔」字の省略体と考えられます。

そうしますと、稲荷山古墳出土鉄剣銘の「斯鬼」が「しき」と読むなら、上記の万葉仮名のように「き」と発音する漢字を使わなくてはなりません。したがって、稲荷山古墳出土鉄剣銘の時代では「鬼」を「き」と読むことはまず不可能です。推古朝の金文・文献及び『万葉集』『古事記』『日本書紀』に「鬼」が「き」として使われていないところを見ると、「鬼」は「ま」と読んだ可能性の方が高いと思います。「鬼」は『魏志』倭人伝でも「鬼國」「鬼奴國」として用いられており、これらがどう発音されていたかはよくわかっていません。

稲荷山古墳の鉄剣の斯鬼を「しま」の発音であったとすると、九州の伊都国の北には志摩の地名があり（糸島半島の西側が糸島市〈旧志摩郡〉、東側が福岡市西区〈旧怡土郡〉、あわせて糸島あるいは伊都志摩という地名もある）、「獲加多支鹵大王」は九州王朝の王であった可能性があります。

先に述べたことですが、『魏書』『後漢書』『隋書』を通じて、その倭王が「邪馬壹国」「邪馬臺国」「邪靡堆」に居ることになっており、『翰苑』では「邪届伊都、傍連斯馬《しま》（邪《なな》めに伊都に届き、傍ら斯馬に連なる）」とあります。文章のすぐ上に「鎮馬臺」（「邪馬臺国」）、「卑彌娥」（「卑弥呼」）とあり、『隋書』における倭王「阿輩雞弥《おほきみ》」すなわち多利思北孤の名前があるので、この文章の主語は「邪馬壹国」「邪馬臺国」「邪靡堆」か、もしくは「邪靡堆」を指すことになります。そうすれば、「邪馬壹国」「邪馬臺国」「邪靡堆」と続く『隋書』の『邪靡堆』の首都である『邪馬臺国』も「伊都」及び「斯馬《しま》」に接する可能性が出てきます。

私は「斯鬼」の読みを「しき」のみに断定するのは学問上納得できません。むしろ、「しき」と読むことは不可能で、「しま」と読む可能性の方が高いと思います。今後の研究成果を待ちたいと思います。

埼玉稲荷山古墳には粘土槨《かく》（木製の外棺を粘土で固めた槨）の墓と礫槨《れきかく》（小石を積んで作った槨）の墓との二つの墓がありま す。この陵墓の主なる墓は果たしてどちらでしょうか。粘土槨の墓の方が古いのはまず間違いないでしょう。また、粘土槨の墓のほうが前方後円墳の後円部簿中央に近い位置にあり、礫槨の墓より深いところにあります。したがって粘土槨の墓の被葬者がこの墓の主人と見てよいでしょう。しかし、墓のしつらえで見ると粘土槨より礫槨の方が立派と言えます。粘土槨の墓は盗掘にあっているため副葬品はほとんど残っていません。しかし盗掘されたとしても遺品の破片が残されているはずですが目ぼしいものはなく、礫槨の墓の方が勾玉・剣・刀・帯金具・馬具などの優れた副葬品がありました。したがって、礫槨の墓の被葬者の方がより勢力を誇った人であると思われるのです。この礫槨の墓から銘入りの鉄剣が出土しています。埼玉稲荷山古墳出土鉄剣は「獲加多支鹵大王」が「乎獲居臣」に贈ったものであることは間違いないと思います。礫槨の墓の被葬者は鉄剣の銘にある乎獲居臣かその子または孫などの一系の人に間違いないと思います。

稲荷山古墳出土鉄剣銘の辛亥年は四七一年です。これを『宋書』の次のような記述と比べてみたいと思います。

『宋書』列伝夷蛮伝倭国条の順帝の昇明二年（四七八年）の倭王武の貢献について次のように書かれています。「興

死弟武立、自稱使持節都督倭・百占・任那・加羅・秦韓・慕韓七國諸軍事・安東大將軍・倭國王（興死して弟武立ち、自ら使持節都督倭・百占・任那・加羅・秦韓・慕韓七国諸軍事・安東大将軍・倭國王と称す）」

その前年の『宋書』本紀順帝昇明一年（四七七年）には「十一月己酉、倭国使いを遣わして貢物を献ずる」とあります。前帝の孝武帝が崩御し、順帝が即位した後に、倭国の王が宋国に使いを遣わして貢献した記事です。この時の倭国の王は興か武かよくわかりませんが、おそらくは興の死を報告した武の遣いで、その時にはまだ、一字名称の「武」の名前がつけられていなかったと思われます。同じく『宋書』本紀順帝昇明二年（四七八年）に「五月戊午、倭国王武、使いを遣わし方物を献ず。以て武を安東代将軍と為す」とあります。『宋書』列伝夷蛮伝によると、順帝昇明二年（四七八年）には、倭王武は使いを遣わし、「昔から祖爾《そでい》躬《みずか》ら甲冑を擐《つらぬ》き、山川を跋渉し、寧処《ねいしょ》に遑《いとま》あらず」とある有名な上表文を宋国に奉り、宋国より「使持節都督倭・新羅・任那・秦韓・慕韓六国諸軍事、安東大将軍、倭王」に除せられています。

「武王の朝貢（四七八年）」―「興王の朝貢（四六一年）」＝十七年の歳月が経っています。鉄剣銘の辛亥年の四七一年と比べて見ると、そこから武王朝貢（四七八年）年まで七年が経過しています。常識的な見方をするなら、初めての武王朝貢はその前の興王が崩御して間もなく行われるものだと思われます。『宋書』列伝夷蛮伝倭国条に「興死弟武立」とあるのもそのことを示しています。武王の朝貢（四七七年？・四七八年）は前の王が崩御して六～七年以上も宋国に朝貢しないことは考えにくいと思われます。新しい大王、すなわち武が即位するとすぐに宋国に朝貢して、使持節都督倭をはじめとした称号をいただくように依頼するのが当然の流れと思われます。恐らくは、倭王武の四七七年～四七八年の朝貢の直前に倭王興がなくなったと考えるのが一番確率が高いように思われます。そう考えますと、埼玉稲荷山古墳出土鉄剣銘の辛亥年四七一年（武王の朝貢の七年前）時点では、倭王興の治世であった可能性が大と思われます。ここから見ると、「獲加多支鹵大王」は倭王武ではなく倭王興の可能性が強いといえます。

また、『梁書』武帝紀には、倭王武が五〇二年に「征東将軍」に進号されたとする記録があります。最初に倭王武が遣使して宋国より「安東代将軍」の称号を頂いたのが四七八年ですから、その間に二十四年の歳月が経っています。雄略天皇の在位期間は『日本書紀』によると二十三年ですが、『古事記』によると百二十四歳で崩御したとの記述があります。二倍年暦で換算すると実際の在位は十一・五年ですので、四七八年の倭王武を雄略天皇と比定し、それを雄略天皇の天皇在位の一年目とすると、四八九年に雄略天皇はなくなっていたことになります。『古事記』では雄略天皇の崩御は「己巳《つちのとみ》」となっていますので、四八九年にぴったり合致します。これらから考えると、五〇二年には雄略天皇はすでに亡くなっていたと見るべきです。雄略天皇＝倭王武説は『梁書』武帝紀の倭王武の貢献記事の五〇二年と矛盾し、それを無視することによってしか成り立ち得ません。それはどう考えてもおかしいと思います。

『梁書』武帝紀は信用すべき資料だと思います。すなわち倭王武は雄略天皇ではないということです。

※二倍年暦……裴松之は四二九年に書いた三国志注釈版の中で日本列島の倭人国についての記の中で、当時存在した別書「魏略」の記述では「魏略曰、其俗不知正歳四節、但計春耕秋収為年紀（魏略いわく、（倭国では）その習俗は正歳四節（陰暦の暦）を知らず、ただ春に耕し、秋に収穫したことを数えて年紀となす）」とあり、日本列島では春と収穫を年紀とすること、すなわち二倍年暦を述べています。継体天皇の没年は『日本書紀』が八十二歳、『古事記』では四十三歳です。私は、この頃まで二倍年暦は使われていたと思います。ですから、雄略天皇は『古事記』に百二十四歳で崩御したとありますので、実際は六十二歳で崩御したことになります。

次に江田船山古墳出土大刀銘について見てみたいと思います。

まず全文を見てみましょう。

「治天下獲□□□鹵大王世、奉事典曹人、名无利弖、八月中、用大鉄釜、并四尺廷刀。八十練、九十振。三寸上好刊刀。服此刀者、長寿子孫洋々、得□恩也。不失其所統。作刀者、名伊太和、書者張安也（天の下治らしめし獲□□□鹵大王の世、典曹に奉事せし人、名は无利弖、八月中、大鉄釜を用い、四尺の廷刀を并わす。八十たび練り、九十たび振つ。三寸上好の刊刀なり。此の刀を服する者は、長寿にして子孫洋々、□恩を得る也。其の統ぶる所を失わず。刀を作る者、名は伊太和、書するのは張安也）」

従来の解釈では「獲□□□鹵大王」は、稲荷山古墳出土鉄剣の「獲加多支鹵大王」と同じとされています。それと稲荷山古墳出土鉄剣の「杖刀人」と江田船山古墳出土大刀銘の「典曹人」を同類表現とし、ここからも両者が同じ王であると見られています。また稲荷山古墳出土鉄剣の「左治天下」と江田船山古墳出土大刀の「治天下」も両者が同じ王とする根拠とされています。そして、その大王とは雄略天皇のこととする見解が現在では主流を占めています。

しかしながら、それは正しくありません。「大王」は別に近畿大和においてのみ使われるものではなく、一般的な用語ですから、「獲□□□鹵大王」が雄略天皇だという証拠は全くありません。

森浩一氏は『鉄剣文字は語る』（ごま書房、一九七九年、百四十〜百四十一頁）の中で稲荷山古墳出土鉄剣と江田船山古墳出土大刀の共通点について述べています。

①それぞれの地域で馬具を埋めたほとんど一番古い古墳である。
②武具としての甲《よろい》が埋められているということ。
③象嵌銘の鉄刀が出土したこと。
④埼玉稲荷山古墳から銀の耳飾、江田船山古墳からは金の耳飾が出土したこと。

出土した銅鏡の種類が共通していること。いずれも画文紋帯神獣鏡で、鋳上がりが鈍く、線がはっきりしないのも共通です。この頃、画文紋帯神獣鏡が地域的にまとまって出るのは、東日本では栃木県・群馬県・埼玉県・千葉県・長野県、西日本では熊本県・宮崎県です。

稲荷山古墳出土鉄剣銘の刀杖人・江田船山古墳出土大刀銘の典曹人も職官名として同じカテゴリーの表現と見ることができます。二つの類似するものが出土したことから、両古墳の被葬者を支配する統一国家があったように思われます。埼玉稲荷山古墳出土鉄剣と江田船山古墳出土大刀は、「獲加多支鹵大王」から下賜されたと考える人が多いですが、私もそれは正しいと思います。つまり、江田船山古墳出土大刀の「獲□□□鹵大王」が埼玉稲荷山古墳出土鉄剣の「獲加多支鹵大王」と同一人物であり、その大王とは九州王朝の王ではないかということです。何よりも決定的なことは、日本国内の万葉仮名で使われていない「獲」と「鹵」という特殊な字が偶然に両方に使われていることが二つの刀（剣）が同じである決め手になると思われます。しかも、倭王興がその当時の九州王朝の大王であったとすれば、倭王興＝「獲加多支鹵大王」ということになります。

埼玉稲荷山古墳出土鉄剣銘の「意富比垝《おおひこ》」は崇神紀に出てくる「大彦」に比定することが通説になっていますが、一般名なのでそのように確定することは危険であると思われます。東京都船橋市には意富比《おおひ》神社があり、「意富比垝《おおひこ》」は関東地域の王であった可能性もあります。社伝では、日本武尊の東征の時に当地で東国平定の成就を祈願したのに始まると伝えますが、日本武尊の東征はもともと倭王武の関東東征をすり替えて記紀にはめ込んだものと思われます（そのことは次項で説明いたします）。元々地方の太陽神である「意富比神（大日神）」が祀られていて、周辺の人たちの雨乞いの信仰の対象であったとも言われています。

また、江田船山古墳出土大刀も「獲□□□鹵大王」から下賜されたものであると思われます。

時を同じくして、この二つの鉄刀（剣）はおそらくその当時に朝鮮半島から伝えられた象嵌技術によって作られたものと考えられます。江田船山古墳出土大刀の「作刀者、名伊太和、書者張安也（刀を作る者、名は伊太和、書するのは張安也）」という記述よりすると、刀を作ったのは「伊太和」（日本人）で作文と象嵌の書写は「張安」（おそらく中国人）によってなされたのでしょう。伊太和も張安も九州王朝に関わる人たちでしょう。

岸俊男編『日本の古代十四巻　ことばと文字』（中央公論社、一九八八年）に次のような記述があります。「稲荷山古墳から銘文鉄剣が発見された際、奈良橿原考古学研究所では、保管中の刀剣三百口を奈良工業試験所に依頼して、X線透過撮影を行ったところ、新沢三二七号墳と烏土塚古墳出土の二口の鉄刀に文様のあることが判明したのみで、文字は発見されなかった」。このことから、金象嵌・銀象嵌などの鉄刀剣はごくわずかにしか存在しないことが認識できます。両古墳から出土した銘入り鉄刀は、何か特別な意図をもって「治天下」の意味する広い統治範囲に君臨する大王と地域の王との関係性の中で作られたものであろうと思われます。

江田船山古墳には朝鮮の青銅器が副葬品として多く出ています。この時期の古墳の副葬品としては、その立派さは群を抜くものです。このことはこの古墳の被葬者が独自での朝鮮との関わりが深いことを示しています。江田船山古墳の被葬者は独自で朝鮮半島との関わりをもっており、九州王朝とはやや異質な勢力であることを裏付けており、この辺り一帯を統括した王であるように思われるのです。そこから私が考えたのは、この古墳の被葬者は九州の大王「獲□□□鹵大王」の直近の部下ではなく、どちらかと言えば今までは大王と遠い関係にあった部族の王と解する方が自然なのではないかということです。私はこの被葬者は九州王朝とは別の王族の地域、すなわちもと狗奴国の系譜に繋がる人である可能性があると考えています。それ故に、九州の王朝が象嵌入りの鉄刀を与え、江田船山古墳の被葬者がそのエリアを統治することを認めるとともに、大枠でその国が九州王朝の傘下に入ることを要請したものであるように思われます。

江田船山古墳出土大刀には干支の表示がありませんが、銀象嵌という製作方法や漢字の使い方など稲荷山古墳出土鉄剣の金象嵌の「獲加多支鹵大王」に近く、同時代のものと見て間違いないように思います。そして、現在の熊本県一帯を統括する江田船山古墳の被葬者と関東一帯を統括する稲荷山古墳の被葬者に九州王朝の王が鉄刀を下賜したというのが真相のようです。

（3）『常陸国風土記』の「倭武天皇」説話について

『常陸国風土記』には「倭武天皇《やまとたけるのすめらみこと》」説話が載せられています。従来は、この人物を景行天皇の皇子倭建命《やまとたけるのみこと》に当てられてきました。『常陸国風土記』では「倭武天皇」は后の「大橘比売命《おとたちばなひめのみこと》」を連れて常陸の地を巡回しています。『古事記』記述の「弟橘比売」は下記に見るように船の安全を守るために犠牲として海に入水しています。倭建命《やまとたけるのみこと》の記事に関して『常陸国風土記』の内容と、『日本書紀』『古事記』の内容との間に齟齬《そご》があり、そのことを論証して、『日本書紀』の記事がいかに他の本を切り貼りしているかを示したいと思います。

『常陸国風土記』の行方郡条に、「又、倭武天皇の后、大橘比売命、倭より降り来て、此地に参り遭ひたまひき、これ安布賀の邑といふ」とあります。また、多珂郡条には、「ここに、天皇野に幸し、橘皇后を遣りて、海に臨みて漁らしめ、捕獲の利を相競はむと、山と海の物に別れて探りたまひき」とあります。

これに対し、『古事記』倭建命の記事では、弟橘比売命は次のような記述になっています。

「それより入り幸でまして、走水の海を渡りたまひし時、その渡《わたり》の神浪を興して、船を廻らせて得進み渡りたまわざりき。ここにその后、名は弟橘比売命白したまひしく、『妾《あれ》、御子に易《かわ》りて海の中に這い入らむ。御子は遣はさえし政《まつりごと》を遂げて覆奏したまふべし。』とまをして、海に入りたまはむとする時に、菅畳八重、皮畳八重、絁畳《きぬ》八重を波の上に敷きて、その上に下りましき。ここにその暴浪《あらなみ》おのずから伏ぎて、御船得進みき。ここにその后歌ひたまひしく、さねさし　相模《さがむ》の小野に　燃ゆる火の　火中《ほなか》に立ちて　問ひし君はも　とうたひたまひき。故、七日の後、その后の御櫛海邊に依りき。すなはちその櫛を取りて、御陵を作りて治め置きき。」

もし、「倭武天皇《やまとたけるのすめらみこと》」が倭建命《やまとたけるのみこと》（日本武尊）だとすれば、『古事記』の話は『常陸国風土記』に記すはずですが、その記事は全くありません。『常陸国風土記』に出てくる「倭武天皇の后、大橘比売命」は倭武天皇とともに仲睦まじく旅をしています。『古事記』と『常陸国風土記』の記事の相違について何か不自然な感じがしてなりません。おそらくは、『常陸国風土記』の「倭武天皇の后、大橘比売命」の説話が先にあって、倭建命（日本武尊）の弟橘比売説話が違う物語として『古事記』に載せられたのでしょう。

筑紫申真著『アマテラスの誕生』（角川新書、一九六二年）という本に面白い記事が載っていました。

天武天皇の朱鳥元年（六八六年）に、『日本書紀』には「天皇の病を占うと、草薙剣《くさなぎのつるぎ》の祟りがあると出た。即日、尾張の熱田社《あつたのやしろ》に贈って安置させた」とあります。筑紫氏は、「この文章をすなおによんだならば、いまも熱田神宮にまつられている草薙の剣はこの時に大和の朝廷からはじめて尾張の熱田に送りつけられたものであることは明白です」（同書百三十五頁）と述べています。というのは、草薙剣は本来ヤマトタケルの伝承によるものではなく、伊勢の渡会氏の伝承によるものだからです。筑紫氏は次のように述べています。

「『豊受大神宮禰宜補任次第』によりますと、度会氏の祖先の大若子《おおわかこ》は天皇家から標剣《しるしの》を賜って越《こし》の国を征服したというのであります。この標剣は外宮の重要な摂社の草薙神社に、その神体としていまにいたるまでまつられています。伊勢では、実際に草薙神社に神剣がまつられているのです。しかも、それをまつる度会氏の先祖には天牟羅《あめのむら》雲《くもの》命がありました。このように伊勢の度会氏には、越の国を征服するのに使った草薙神社の剣があり、それをまつる氏のおこりをただせば叢雲から出ているというのであります（古事記や日本書紀によると、草薙の剣とは、叢雲《むらくも》の剣が途中でその名を変えたものです）から、古典になだかいヤマトタケルの草薙の剣の伝説というのもの《ママ》は、もともと、伊勢の国《くにの》造《みやつこ》度会氏がもちつたえていた地方神話であった、といわなければなりません」（同書百三十六頁）

すなわち、ヤマトタケルの静岡の焼津での草薙剣談は伊勢の草薙の剣を用いて、新しい説話として創られたものなのです。また草薙剣が別名で天叢雲《あめのむらくもの》剣《つるぎ》と言うが、その名の由来は度会氏の先祖天牟羅雲《あめのむらくもの》命にあるのです。

そうすると、スサノウが八岐大蛇と戦って大蛇のしっぽのところから出てきた草薙剣というのは疑わしいことになります。また、ヤマトタケルの草薙剣の焼津神話も創作された神話ということになります。景行天皇の時代にヤマトタケルが関東に遠征に出かけたこともその後に九州王朝の倭王武の遠征譚を早い時代に繰り上げて当てはめたものと見ることができると思います。筑紫氏は「このようにして、ヤマトタケルの説話のなかの、草薙の剣のものがたりは、実は以外にも、伊勢の海部《あまべ》の首長である度会氏のもちつたえた地方神話を、宮廷説話の中に取り込んだものであったのでした」（同書百三十七頁）と述べています。

『常陸国風土記』では「大足日子天皇《おおたらしひこすめらみこと》、浮島の帳宮《かりみや》に幸《いでま》ししに、水の供御《みもひ》無《おもの》かりき」「大足日子天皇《おおたらしひこすめらみこと》、下総国《しもつふさ》の印波《いなみ》の鳥見丘《とみのおか》に登り坐《ま》して、留連《つたよ》ひて遥望《みはるか》したまいき」の記述があり、「大足日子天皇」は景行天皇（大足彦忍代別《おおたらしひこおしろわけの》天皇）のことでしょう。これもまた、奇妙な記述です。何かとってつけたような記述です。しかも、倭建命が「倭武天皇」だとしたら、同時代の景行天皇の「大足日子天皇」と並んで記された「天皇」という表記も明らかに矛盾です。

『阿波国風土記』は文章全体が残っていなくて逸文が残るのみですが、その中に「阿波の國の風土記に云はく、勝間井の冷水《しみず》。此より出づ。勝間井と名づくる所以《ゆゑ》は、昔、倭健天皇命《やまとたけるのすめらみこと》、乃《すなわ》ち、大御櫛笥《おおみくしげ》を忘れたまひしに依りて、勝間といふ。粟人は、櫛笥をば勝間と云ふなり。井を穿（ほ）りき。故、名と為す。已上」（『萬葉集註釋』巻第七）とあります。※『阿波国風土記逸文』は鎌倉時代の天台僧仙覚《せんがく》（一二〇三？～一二七二年）によって書かれた『萬葉集註釋』（仙覚抄）の中に載っています。

『古事記』にも『日本書紀』にも倭建命（日本武尊）の説話には、阿波国に行ったことは載せられていません。「倭健天皇命」とあり、ここにも『常陸国風土記』の「倭武天皇」と同じく「天皇」という語が使われています。おそらく、「倭武天皇」を「倭健天皇命」の名にすり替えた記述であろうと思われます。『常陸国風土記』では、登場人物としての天皇は「倭武天皇」と「大足日子天皇」の二人のみです。「倭武天皇」は、『常陸国風土記』にその名が十一カ所出てきて、最大の英雄として登場しています。「大足日子天皇」の景行天皇は二カ所のみです。

『常陸国風土記』に出てくる他の天皇ですと、例えば飛鳥浄見原《あすかきよみはら》天皇（天武天皇）だとか難波長柄豊前大宮《なにわのながらのとよさきのおほみやに》馭宇《あめのしたをさめたまひし》天皇（孝徳天皇）など近畿大和王朝の天皇に比定できるのですが、「倭武天皇」は上記のような宮廷名を名称に含まないので、『古事記』『日本書紀』の中で比定すべき天皇がありません。また、倭建命（日本武尊）は皇子であり天皇ではありませんので、これもまた「倭武天皇」に該当しません。

それらから考えますと、『常陸国風土記』の「倭武天皇」が倭建命であることはまずないといってよいでしょう。とするならば、『宋書』列伝倭国伝に「自昔祖禰、躬擐甲冑、跋渉山川、不遑寧處、東征毛人、五十五国、西服衆夷、六十六国、渡平海北、九十五国（昔より祖禰、躬《みずか》ら甲冑を擐《つらぬ》き、山川を跋渉し、寧處に遑《いとま》あらず。東は毛人を征すること五十五国、西は衆夷を服すること六十六国、渡りて海北を平らぐること九十五国）」と上表した倭王武が、「倭武天皇」にあたるのではないかという仮説が考えられます。

稲荷山古墳出土鉄剣や江田船山古墳出土大刀の「治天下」を倭王興と見て、その次の倭王武の上表文の内容と見た場合、『常陸国風土記』の「倭武天皇」と倭の五王の武との同一性の辻褄が合います。「九州王朝の大王」＝「倭の五王の興」＝稲荷山古墳出土鉄剣「獲加多支鹵《わかたける》大王」＝江田船山古墳出土大刀「獲□□□鹵大王」の仮説に加えて、「倭武天皇」は倭の五王の武であるという仮説をここに提唱しておきたいと思います。

吉田孝氏は著書『日本の誕生』（岩波書店、一九九七年）の中で次のように述べています。「この『古事記』のヤマトタケルの物語は、倭王の武の上表文の『自昔祖禰、躬擐甲冑、跋渉山川、不遑寧處、東征毛人、五十五国、西服衆夷、六十六国、渡平海北、九十五国（昔より祖禰、躬《みずか》ら甲冑を擐《つらぬ》き、山川を跋渉し、寧處に遑《いとま》あらず。東は毛人を征すること五十五国、西は衆夷を服すること六十六国、渡りて海北を平らぐること九十五国）』という書き出しを思い出させるが、ヤマトタケルの物語は、現実から遊離した孤独なローマン的な英雄物語になっている。ヤマトタケルの物語がワカタケル大王から発想されたものか、あるいは何らかのヤマトタケル伝承を意識してワカタケルの名が生まれたかは定かではない」（七十二頁）。

私は、吉田孝氏が述べたように四世紀頃に記紀にあるようにヤマトタケルが関東に遠征したというのは、何か不自然のような気がします。そのためには相当の数の遠征軍が移動したであろうし、記紀の説話には、そのような具体性に欠けるように思います。そして、関東が四世紀頃に近畿天皇家の傘下に入ったというのも早過ぎて不自然な気がします。また、「大足日子天皇（景行天皇）」の『常陸国風土記』の二カ所の説話も記紀にはなく、やはり不自然だと思います。さらに、「倭武天皇」は時代的に見てやはり九州王朝の倭の五王の武だとすれば、後に示す関東における多くの装飾古墳（九州地方発祥の古墳）の成立と符合します。「倭武天皇」を倭王武とすると、一字名称を列島内で使った例は近畿天皇家にはありません。倭王武の上表文から見ると、日本列島における征伐は九州王朝の武の前の讃・珍・濟・興のいずれかの時に既に徐々に行われた行為であると解釈できます。

北九州独自の墓制である装飾古墳が福島県に二十三、茨城県に十八、千葉県に十八存在します。装飾古墳は五世紀から七世紀に北九州を起点として作られた古墳です。関東の多くある装飾古墳は、その頃の北九州勢力の北関東への人的交流を示しています。また『常陸国風土記』に出てくる「高来《たかく》」に似た地名が筑紫にあります。「高来」を「こうらい」と読めば、筑紫の高良大社の「高良」や『肥前国風土記養父部』に出てくる「高羅山《こうら》」などがそれにあたり、この辺りには装飾古墳がひしめいています。『和名抄』によると、肥前國小城郡に「高来駅《たかく》」「高来郷《たかく》」があります。また、「高羅山《こうら》」の近くには「物部郷」があります。常陸の信太郡にある「高来の里」には物部の奉斎神「普都大神」が来たという伝説があります。また、装飾古墳のルーツは高句麗であり、「高良」や「高羅山《こうら》」が「高麗《こうらい》」を語源とすることも考えられ、また「高麗《こうらい》」と縁の深かった物部氏の移動に伴い、常陸の「高来」が名称として生まれた可能性もあります（以上は鈴木建著『常陸国風土記と古代地名』新読書社、二〇〇三年参照）。

六世紀の関東と九州の関係を考える上において装飾古墳は重要な鍵だと思います。装飾古墳は、日本全国に約六百基あり、約三百四十基が九州地方に、約百基が関東地方に、約五十基が山陰地方に、約四十基が近畿地方に、約四十基が東北地方にあります。装飾古墳の墓制は高句麗をルーツにし、それが北九州に伝わったことは間違いありません。九州に次ぐ関東地方の約百基の装飾古墳は、北九州と関東地域との人的交流を如実に表しています。

折しも、倭王武の次の王にあたる九州王朝の王筑紫君磐井没後の六世紀中旬は装飾古墳の時代にあたっています。筑紫の君 磐井（?年～五一七年?）の墓として知られる岩戸塚古墳に安置された家形石棺外面には重圏文（二重丸の文様）と直弧文などが浮き彫りされており、後にできた装飾古墳にも同様の直弧文が見られます。磐井は九州王朝の系譜を引く皇統の人であり、岩戸山古墳から装飾古墳と続く九州王朝の系譜が見えます。

(4) 隅田八幡神社伝来の鏡について

隅田八幡神社人物画象鏡の全文は次の通りです。

「癸未年八月日十大王年、男弟王、在意柴沙加宮時、斯麻、念長寿、遣開中費直・穢人今州利二人等、取白上同（銅）二百旱、作此圏（鏡）」

この金石文の解釈については私も相当頭を悩ましましたが、先人の助けを借りて謎解きをしていきたいと思います。特に、私が一度お会いしたことがある永井正範氏の YOuTube の隅田八幡神社人物画象鏡の講演には大いに知見を得て啓発されました。永井氏とは毎年年賀状を取り交わしていますが、従来の学者の論によることなく、常に自分軸で歴史を考え非常に実証的・論理的に論を展開される優れた歴史家と私は認識しております。いままで彼からいろんな知見を得ています。

まず、「斯麻」ですが、これは百済の武寧王（斯麻王）（四六二～五二三年、在位五〇二～五二三年）のことだと思います。したがって「癸未《みずのとひつじ》」は五〇三年で間違いないと思います。

近畿天皇家の暦とは別に九州年暦があります。その九州年暦を期した二中暦という暦は平安時代に記された掌中歴と懐中歴を合わせたものです。この二中歴の最初に継体という年号が記されています。その年号の初めは五一七年です。九州王朝には九州年歴があり、その年号は九州王朝が「継体年号（五一七～五二二）」を用いたのが最初です。この時代は記紀に云う近畿天皇家の継体天皇の時代にあたります。ところが、上記に見る継体の年号は九州年号であるから近畿の継体天皇の年号ではない。ここらあたりが大変ややこしいところです。この継体年号はその後九州に連綿と続き、近畿王朝が大宝という年号を開始する約百八十年前からすでに存在しています。

図４　隅田八幡神社人物画象鏡
出典：隅田八幡神社

「日十大王年男弟王」について坂田隆氏は著書『日本の国号』（青弓社、一九九三年、九十五～九十八頁）の中で、「日」を「日の本」を意味すると述べ、「十大王年」を「大王の治世の十年目」と解釈されました。そして、この大王を男弟王としました。男弟王は「おおと王」と読み、「おお」と同じ母音が続きますので、昔に「おおらか」を「おほらか」と呼んだように「おほと王」と読み、男大迹《おほと》王則ち継体天皇だと解釈します。そして、継体天皇の即位を「癸未」の五〇三年から「十大王年」の十を差し引いて四九三年とします。

兼川晋氏は『日本書紀』の継体天皇の二十四年の項に下記のような記事が載せられていることに着目されました。その内容は次の通りです。

「二十四年春二月一日、詔して『神武・崇神以来、国の政治を行うには、代々博識の臣たちの補佐を頼りとしてきた。道臣命が意見を述べ、これを用いて神武天皇は隆盛になられた。大彦（孝元天皇の皇子）が計画をたて、崇神天皇はそれを採用して隆盛になられた。皇位を継いだ者として中興の功をたてようとするならば、どうしても賢明な人々の謀議に頼らざるを得ない。武烈天皇が天下を治められてより、長い太平のために人民はだんだん眠ったようになり、政治の良くないところも改めようとしなくなった。ただしかるべき人が他の人の協力を得て、現れるのを待つだけである。有能多才のものは、少々の短所もとがめない。国家社会を安泰ならしめるならば、よく助けになっているものと見ることができる。私が帝位をついで二十四年、天下泰平、内外に憂いもなく、土地肥え五穀豊穣である。ひそかに恐れるのは人民がこれに馴れてしまい、驕りの気持ちを起こすことである。簾節の士をえらび、徳化を流布し、優れた官人を登用することは、古来難しいとされている。わが身に思いを致し慎まなければならぬ』といわれた。」（宇治谷孟『日本書紀　全現代語訳』講談社学術文庫、一九八八年、三六四～三六五頁）

上記の「皇位を継いだものを者として中興の功をたてようとするならば」は『日本書紀』では「及乎**繼體**之君欲立中興之功者」とあり、ここに「繼體」の語が出ており、そこに注目されたわけです。兼川氏は、この文章を継体年号の詔勅と見られました。この文章は、従来何のために『日本書紀』に書かれたのかよくわかりませんでしたが、九州の継体年号の詔勅が骨子にあって、近畿天皇家の歴史をカモフラージュするために剽窃《ひょうせつ》されたと解釈されたのです。

そうすると、坂田隆氏の説により隅田八幡神社人物画象鏡の「癸未」の五〇三年を「十大王年」として四九三年を継体天皇の天皇在位の開始とすると、継体天皇二十四年は計算上、五一七年になるのです。つまり、兼川氏の論に基づくと、近畿王家の継体天皇二十四年は継体年号の最初の年である五一七年になるのです。これら一連のことを総合して論としてまとめられ、YOuTube で発表されたのは永井正範氏です。

九州年歴の二中歴の最初に継体という年号が記されています。その年号の初めは五一七年です。九州年号には外に『麗気記私抄』、『如是院年代記』や朝鮮資料である『海東諸国紀』がありますが、これらには継体年号はなく、次の

「善記（五二二年）（※『海東諸国紀』には善化とある）」から始まっています。

丸山晋司氏は、九州王朝の年歴である二中歴について、その最初に「年始五百六十九年内卅九年無号不記支干其間結縄刻木以成政（年始五百六十九年の内三十九年号なく、支干を記さず。其の間結縄刻木、以て政を成す）」とある文章について、九州年号の始まりが継体年号の始まりの五一七年から無号の三十九年を差し引くと四七八年になり、これが年始と解釈されたのです。そして、四八七年を起点として、それから五六九年を足した一〇四七年に二中歴は書かれたのだとしました。四七八年は倭王武が宋国に朝貢し、安東大将軍の称号を頂いた年です。

永井氏・坂田氏・兼川氏・丸山氏の解釈をたどっていく中で、全く隅田八幡神社人物画象鏡に対してどう考えてよいかわかりませんでしたが、少しずつ頭の中がほぐれてきました。

永井氏は隅田八幡神社人物画象鏡の男弟王は磐井のことだと捉えています。ところが、坂田氏の継体天皇二十四年説は隅田八幡神社人物画象鏡の男弟王が近畿王家の男迹王（継体天皇）であることを前提に成り立っていますので、その点が私には理解できないのです。また、男弟王が磐井であり、『日本書紀』の継体天皇が磐井の業績を剽窃《ひょうせつ》して述べたものであるとするなら、坂田氏の言う継体天皇の在位の初めの年である四九三年は倭王武の時代（『梁書』に倭王武の五〇二年の記事があります）ですので、磐井の在位が倭王武と重なることになります。つまり、坂田説をとるならば、隅田八幡伝来鏡の男弟王を近畿天皇家の継体天皇と見るしかないのです。

斯麻（武寧王）について雄略天皇紀五年条に、次のような記録があります。

「百済の加須利君（蓋鹵王）が弟の軍王《こしき》を倭国の王に仕えるようにと送った際、孕《はら》んだ女を軍王《こしき》に与え、すでに妊娠した婦人に、途中で子が生まれれば送り返せと命じました。一行が筑紫の各羅嶋《からのしま》まで来たところ、一児が生まれたので嶋《しま》君と名づけて百済に送り返しました。」

これが後の武寧王《ぶねいおう》です。この説話から見ても斯麻《しま》（武寧王）は九州王朝の王とつながりがあることは明白です。倭の五王は九州王朝の王たちであることを先述しましたが、白村江の戦いに至るまで百済と緊密な関係にあったのは九州王朝です。したがって、男弟王も九州王朝の王と見るべきです。

私は、倭王武が五〇二年に征東将軍の称号を梁から頂いており、五〇二年あるいは五〇三年に九州王朝の倭王武が崩御して、「男弟王」がその後を継いで、九州王朝の王として君臨したと考えています。この九州の新しい王に対して百済の「斯麻」が贈ったのが、隅田八幡神社伝来鏡なのだと思います。

『日本書紀』では継体天皇二十二年に磐井の乱が鎮圧されたと述べられています。私は以前、磐井の眠る岩戸山古墳を訪れ、そのすぐそばにある歴史資料館で石人・石馬が人為的に真っ二つに割られているのを見た時に、磐井の乱は本当にあったのだと実感しました。これは『筑後国風土記』の逸文で官軍が石人・石馬を壊したという記録そのものです。また『筑後国風土記』逸文に見る「古老伝えていふ、上妻の県に多き篤き病あるは、蓋しこれによるかと」と述べられていて磐井の乱後のリアルな様子を記しています。さらに、米田良三著『逆賊磐井は国父倭薈《いわい》だ』（新泉社、一九九九年）には磐井の死後の北部九州における磐井祭祀の実態を記していますが、私はすべての記述が事実だと思わないですが、非常に重要な事実をいくらか伝えていると思います。皆様も一度参考にしていただきたいと思います。米田良三氏は磐井は倭王武に続く倭薈《いわい》だとしています。宇佐八幡宮に八幡神を持ち込んだのは大神比義《おおがひぎ》（欽明天皇の時代）ですが、この時に『隋書』俀国伝の多利思北孤に連なる前段階の九州王朝が存在しているので、応神天皇を持ち込むわけがありません。米田氏は八幡神は磐井のことだといいます。磐井は『筑後国風土記』に「独自《ひとり》豊前の国の上膳《かみつみけ》の県《あがた》に遁《のが》れ、南の山の峻《さか》しき嶺の曲《くま》に終りき」とあり、その「南の山」は小倉山と呼ばれ、宇佐八幡宮も別名小倉山と呼ばれています。またその周囲に虚空蔵寺跡・小椋の池廃寺跡・法教寺廃寺跡などがあり、米田氏はこれらの寺は磐井の乱でなくなった人々を鎮魂する寺であるといいます。通説ではこれらの寺は白鳳期（六五〇～六八六年）に建設されたとされますが、米田氏によると、これらの寺は五三一～五三四年の間に建設されたといいます。通説では東京大田区にある磐井神社は敏達天皇の代に創建されたと伝えられますが、宇佐神宮と同じく応神天皇・神功皇后・姫大神を祀ります。神社名に磐井の名があり、祭神が宇佐神宮と同じというのが興味を引きます。米田氏の洞察はさらに研究を必要とするものの、大変鋭いと思われます。

九州王朝には先述した九州年号があります。九州の王が五一七年に初めての年号を「継体」と付けました。そうすると、磐井が戦争で亡くなったのは五一六年～五一七年で『日本書紀』の継体天皇二十二年～二十三年です。そのあとの継体天皇の二十三～二十四年あたりが九州王朝の継体年号の開始に当たります。磐井の王族が途絶え、それに近い九州王朝の系統の王が磐井のあとをついだのです。このような磐井の未曽有の事件の後、何とかして九州王朝の国体を継ぎ王統を立て直すことが継体年号の意味であるように思えます。継体年号の開始者は磐井の次の王ということになります。磐井の戦いで九州王朝の王が亡くなった後、「継体」の年号をはじめたのです。磐井が存命中に九州年号を起こしたとしても、それならば継体年号と付けないと思います。「継体年号」はそれ以前の王朝に何らかの重大な事件があり、ともすれば王朝が途絶えるのを何とかふせいで九州王朝を継続せねばならないとの意味でつけた名称であるように思われるからです。王朝の継体年号は五一七年から五二一年までの四年間です。そうすると磐井が崩御したのが五一六～五一七年になります。以上から考えると、隅田八幡神社人物画象鏡の「男弟王」は筑紫の君磐井のことであると思われます。

隅田八幡神社人物画象鏡に鋳出された文字には「癸未（五〇三年）」と「男弟王」が出ています。近畿王朝の男大迹王は九州王朝の男弟王の名の簒奪、継体天皇の継体は男弟王（磐井）の次の九州王朝の王の年号名称の簒奪であるということになります。漢風諡号である継体天皇と名づけたのは淡海三船（七二二～七八五年）です。彼は壬申の乱で亡くなった大友皇子の曽孫であり、おそらく磐井の乱の真実を知っていたのでしょう。

また、私にはもう一つ気になることがあります。それは継体天皇は『古事記』では四十三歳、『日本書紀』では八十二歳で崩御しているという記事です。これは二倍年暦のことを示しているのではないか。何故そう考えたかというと、継体天皇は『日本書紀』では、八十二歳で死亡し天皇在位が二十五年ですから、五十七歳で天皇になったことになり、当時としてはこの年齢は天皇になるには遅すぎるからです。高城修三氏も著書『紀年を解読する』（ミネルヴァ書房、二〇〇〇年）の中で『日本書紀』継体天皇の二倍年暦について述べられています。

当時としては五十七歳は相当な老人です。武烈天皇亡き後、天皇が途絶えないよう新しく迎え入れた天皇が五十七歳であるとは常識的に考えにくいのです。次の安閑天皇（七十歳没、在位四年『日本書紀』）は在位期間を四年とされており、それならば六十六歳で天皇になったことになります。宣化天皇（七十三歳没、在位三年『日本書紀』）も在位から考えれば、七十歳で天皇位を継いだことになり不自然です。継体天皇・安閑天皇・宣化天皇ともに末永く国の繁栄を託する天皇であるならば、もっと若い人材を選ぶだと思われるのです。私は、欽明天皇の時から一倍年歴になったと考えています。『日本書紀』上が宣化天皇で終わるのも二倍年歴の上巻から一倍年歴への下巻への転機であったと見ることができます。『古事記』では雄略天皇は百二十四歳で崩御したとあり、これもまた二倍年歴と見て間違いないでしょう。『日本書紀』を二倍年歴と考えると、『古事記』では継体天皇は四十三歳で死亡したことになっています。日本書紀では八十二歳（二倍年歴では四十一歳）で崩御しています。『古事記』の記述によると、継体天皇の崩御は丁未《ひのとひつじ》（五二七年）ですから、崩御の時の在位二十五年を二倍年暦で計算して十二・五歳を差し引けば、五一四年に在位したことになります。その時、継体天皇は三十歳です。これらのことから、『日本書紀』の継体天皇の八十二歳崩御よりも『古事記』の四十三歳崩御の方が正しいように思えるのです。隅田八幡神社人物画象鏡が「男弟王」に送られた五〇三年には、まだ継体天皇の即位はなく、「男弟王」はそれ以外の人物と見てよいと思われます。したがって、『古事記』の「袁本杼王《おほどおう》」（『日本書紀』では「男大迹天皇」）は隅田八幡神社人物画象鏡の「男弟王」とは別人です。

※二倍年暦は『魏略』の記事を引用した『三国志』「東夷伝 倭人条」に掲載のある記事で、その文注に「魏略曰、其俗不知正歳四節但計春耕秋収為年紀（其俗正歳四時を知らず、但春耕し秋収むるを記して年紀と為す）」から、日本列島では春夏を一年、秋冬を一年とし現在の一年を二年とする暦が行われていたとするもの。神武天皇や崇神天皇など百歳を超える天皇も二倍年歴なら理解ができます。これらは古田武彦氏により提唱されました。

『日本書紀』の継体紀の最後に『百済本紀』の「二十五年三月、進軍して安羅に至り、乞乇城を造った。この月高麗はその王、安を殺した。また聞くところによると、日本の天皇及び皇太子・皇子みんな死んでしまった」との記述があり、そのすぐ後に「これによって言うと辛亥の年は二十五年に当る」とあります。

私は、この『百済本紀』の記事は筑紫の君磐井の死亡記事だと判断しました。記紀には継体天皇の頃に近畿王家で天皇及び皇太子・皇子がみんな同時に死んだという事実はありません。但し、磐井が死んだのは継体年号（九州年号の開始時の年号五一七～五二一年）開始の直前であって辛亥《かのとい》（五三一年）のことではあり得ません。

以下は私の仮説として述べます。磐井の乱が五一六～五一七年（継体天皇二十一～二十三年）で磐井が崩御したのが五一六～五一七年として、私は継体天皇が亡くなったのが『日本書紀』の辛亥《かのとい》（五三一年）説をとらずに、『古事記』の丁未《ひのとひつじ》（五二七年）説をとります。崩御は五二七年になり、五三一年は継体天皇を継いだ安閑天皇の次の宣化天皇が亡くなった年で、それならば継体天皇の死を起点にすると「天皇及び皇太子・皇子がみんな死んだ」ということの辻褄が合うように語られているのだと思います。安閑天皇の在位が四年半・宣化天皇の在位が三年でこれを二倍年暦で換算すると両天皇で七÷二＝三・五年で、継体天皇が五二七年に崩御したとすれば五三一年に宣化天皇が崩御して、欽明天皇が即位することに辻褄が合います。

つまり五三一年は欽明天皇が即位した年と考えられます。仏教伝来は従来宣化三年（五三八年）とされていましたが、仏教伝来の五三八年について、『上宮聖徳法王帝説』（八二四年以降の成立）や『元興寺伽藍縁起并流記資財帳』（七四六年成立）には、欽明天皇御代の「戊午年（五三八年）」に百済の聖明王から仏教が伝来したとあるのも矛盾がなくなるのです。果たして、私の述べたことが正しいでしょうか。少なからず、不安もある中で書き進めてまいりました。その是非は後の歴史家にぜひ託したいと思います。

これらの歴史を時系列でならべますと以下のようになります。

五〇二～五〇三年　倭王武崩御
五〇三年　九州王朝の倭王武に続く男弟王（磐井）即位
五一四年　近畿王家の継体天皇即位
五一六～五一七年　磐井の乱
五一七年　継体年号の始まり（磐井崩御後、次の九州王朝の王が皇位に就く）

五二一年　　　　　継体年号の終わり
五二七年　　　　　継体天皇崩御
五二七～五三一年　安閑・宣化天皇時代
五三一年　　　　　欽明天皇即位

私は「癸未年八月日十大王年、男弟王、在意柴沙加宮時」について、「癸未年八月日が十の時に（八月十日に）大王年（新大王の初年）男弟王が意柴沙加宮に在る時に」と解釈するのがふさわしいように思います。おそらく、癸未年の八月十日に男弟王（磐井）が九州王朝の大王に就任した時に、百済の斯麻王が隅田八幡神社人物画象鏡を倭の武王に続く九州王朝の王磐井に贈ったのだと思われます。

近畿王家の継体天皇が亡くなったのは『日本書紀』には『百済本紀』の記事を継体天皇の死とし、『日本書紀』では継体天皇二十五年の時に崩御としているが、『日本書紀』には「ある本」によると二十八年としています。『日本書紀』にはこれらについて「後世、調べ考える人が明らかにするであろう」という、意味深長な文を載せています。

隅田八幡神社伝来鏡については、自分の出した結論が正しいかどうか、まだまだ不安があります。今後も、いろいろ考えてみたいと思っています。また、読者の中で新しい見解をおもちの方はぜひご教示いただきますようお願い致します。

（5）法隆寺の釈迦三尊光背銘について

①多利思北孤は聖徳太子か

従来の歴史観では、『隋書』の「多利思北孤」を「聖徳太子」のことであることを通説として疑いをもたずにきました。しかし、俀国の王であった男性の多利思北孤は同時代の女王の推古天皇や王ではない聖徳太子ではあり得ません。

『隋書』に「その王、清と相見え、大いに悦んで曰く」とあり、裴世清は多利思北孤と面会しているのですから、女性の推古天皇であるはずがありません。『日本書紀』では、推古十六年夏四月に中国に渡った小野妹子が裴世清を伴って、筑紫にやってきたことが書かれています。秋八月三日には裴世清一行は都（奈良）に入り、裴世清は近畿大和の王に隋の皇帝煬帝の書を渡しています。冒頭には、「皇帝から倭天皇にご挨拶を送る」とあって、この書は推古天皇に渡っています。この記事から考えた場合、裴世清が倭天皇を女帝だと知らないのはおかしいと思われます。さらに九月五日に裴世清一行を難波の大郡でもてなしたことが書かれています。その後、裴世清一行は本国に帰ることになり、小野妹子・吉士雄成・鞍作福利を随行させました。『日本書紀』には、「（天皇）其の辞に曰く、『東の天皇《ひむがしすめらみこと》、敬みて西《にし》の皇帝《きみ》に白《まを》す。使人鴻臚寺の掌客裴世清等至《まゐた》りて、久しき憶方《おもひまさ》に解けぬ。季秋薄冷なり。尊、如何に。想ふに、清悆ならむ。此《ここ》にも即ち常の如し。今し大礼大因高・大礼雄成等を遣わして往かしむ。謹みて白《まを》す。不具』という内容の文が、大和の天皇より隋皇帝にあてた文として載せられています。この「東の天皇」を多利思北孤とした場合、女性の推古天皇では噛み合わないので、蘇我馬子や聖徳太子にあてる歴史家もいます。しかし、蘇我馬子が大王という記述はどこにもなく、しかも子の蝦夷や孫の入鹿も大王であった形跡は微塵もありません。また、「東の天皇」とあるので、太子であった聖徳太子にあてるのも無理です。明確な証明無しに、これらの論がはびこるなら、それは歴史ではなく、歴史家が想像した物語となってしまいます。

『隋書』俀国伝には「其後清遣人謂其王、朝命既達、請即戒塗（其の後、清、人を遣わし其の王〈多利思北孤〉に謂って曰く、『朝命既に達せり、請う即ち塗《みち》を戒《いまし》めよ』と）」とあります。裴世清が倭王多利思北孤に言った言葉「塗《みち》を戒《いまし》めよ」は「あなた達の進む道が過ちのないように自らを戒めなさい」という意味です。隋にそむくようなことがあれば、倭国を敵国として扱いますよという警告です。また、「是於、説宴享以遣清。復令使者随清、來貢方物。此後遂絶（是に於いて、宴享を設け以て清を遣わし、復た使者をして清に随い、来たって方物を貢せしむ。此の後遂に絶つ）」とあります。『日本書紀』の記事は、『隋書』俀国伝の「日出ずる處の天子、書を日没する處の天子に致す、恙無きや、云云」という対等外交の語調とは明らかに相違しますし、『隋書』俀国伝の終わりに「此の後、遂に立つ」と書かれた国交断絶の記事とは内容が全く次元を異にします。「此の後、遂に立つ」という状態は、その後白村江の戦いにおいて倭国軍が唐・新羅連合と衝突するまで続いたのです。私が思うには、『日本書紀』記事は捏造された創作であって、史実ではないと思います。あまりにも『隋書』の記述とはかけ離れています。以上から考えて、「多利思北孤」は九州王朝の王であると思います。

②法隆寺釈迦三尊像後背銘

法隆寺の釈迦三尊像は百九十六文字の銘文より成ります。書道美術的に見ても、金石文としても文字の美しさはこの時代においては比類がありません。また、三尊の仏像もたいへん完成度が高く、仏像の顔や全体の造りは北魏の様式で比較的古い型式です。大変謎が多く、識者によりさまざまな解釈が語られています。

まず全文を以下に記します。

「法興元丗一年歳次辛巳十二月、鬼前太后崩明。明年正月廿二日、上宮法皇、枕病弗悆。干食王后、仍以勞疾並著於床。時王后王子等及與諸臣、深懐愁毒、共相發願。仰依三寶、當造釋像。尺寸王身、蒙此願力、轉病延壽、安住世間。若是定業、以背世者、往登浄土、早昇妙果。二月廿一日癸酉、王后即世。翌日、法皇登遐。癸未年三月中、如願、敬造釋迦尊像并俠侍及莊嚴具、竟。乗斯微福、信道知識現在安穏、出生入死、隨奉三主、紹隆三寶、遂共彼岸。普遍六道法界含識、得脱苦縁、同趣菩提。使司馬鞍首止利佛師造

（法興元三十一年歳次辛巳（六二一年）十二月、鬼前太后崩ず。明年正月二十二日上宮法皇、枕病して悆《よ》からず。食を干したる王后、仍《よ》りて以て労疾し、並びに床に著《つ》く。時に王后・王子等、及び諸臣と與《とも》に深く愁毒を懐《いだ》き、共に相発願す。仰いで三宝に依り、当《まさ》に釈像を造るべし。尺寸の王身、此の願力を蒙り、病を転じ寿を延べ、世間に安住せんことを。若し是れ定業にして、以て世にそむくかば、往きて浄土に登り、早く妙果に昇らんことを。二月二十一日癸酉、王后即世す。翌日、法皇登遐す。癸未年（六二三年）三月中、願いの如く、釈迦尊像并びに俠侍及び荘厳の具を敬造し竟《おわ》る。斯の微福に乗ずる、信道の知識現在安穏にして、生を出で死に入り、三主に隨奉し、三宝を紹隆し、遂に彼岸を共にせん。六道に普遍する法界の含識、苦縁を脱するを

得て、同じく菩提に趣かん。使司馬・鞍首・止利仏師造る）」

法隆寺釈迦三尊像後背銘については古田武彦氏が既に大変正確な解説をしておられ、それに基づき、要点を整理したいと思います。

図５　法隆寺釈迦三尊像（右）と後背銘拓本（左）
出典：ウィキメディア・コモンズ

法興元三十一年は九州年号です。現在の歴史学者は、なぜか九州年号を学問的対象の資料として用いようとしません。しかし、古い寺社の縁起や金石文も見つかっており、その存在は確実です。『海東諸国記』『如是院年代記』『麗気記私抄』などにその記録が残っています。資料により若干の違いはありますが、おおむね同じです。「継体（五一七年開始）」より始まり、近畿天皇家の初めての年号「大宝（七〇一年開始）」の頃まで続いています。「大化」「白鳳」「朱雀」「朱鳥」の年号も九州年号に含まれており、これらは『日本書紀』で散見されますが、継続性が無いところが近畿王朝の年号としての疑問が残ります。年号は、それを用いる王統があれば、連続するはずですから。これらが近畿王朝で用いられたのは、近畿王朝が大化・白鳳・朱雀・朱鳥などの九州年号を細切《こまぎ》れに使ったことを示しています。

「法興元三十一年歳次辛巳」は干支の「辛巳《かのとみ》」より換算しますと六二一年になります。そうしますと、法興元年は五九一年になります。五九一年は崇峻天皇（在位五八七〜五九三年）の在位にあたり、年号は天子の在位の初年が元年となるから、法興年号は大和王朝の年号でないことは確実です。聖徳太子は五七四年の生まれですので、法興元年では十七歳の時です。この法興年間には、蘇我馬子の私寺とされた法興寺が建てられています。法興寺は蘇我馬子が建立を発願したもので、推古天皇四年（五九六年）に完成しています。創建時の法興寺は、塔を中心に東・西・北の三方に金堂を配し、その外側に回廊をめぐらした伽藍配置です。寺域は東西約二百メートル、南北約三百メートルあったと言われています。これだけの規模の寺が大和王朝において初めて造られたのですから、蘇我馬子の私寺とするにはあまりにも不自然で、大和朝廷が大いに関与し財の負担もしていただろうと思われます。そして、寺名に「法興」とあります。「法興」は九州の年号ですので、法興寺には当時の九州の勢力もその造営に関わっていたことが推測されます。『日本書紀』には、用明天皇二年（五八七年）に病気にかかった天皇が仏教に帰依しようとして群臣に相談し、蘇我馬子が賛成し協力したとあります。その時の記事に穴穂部皇子が豊国法師を導いて内裏にはいったという記述がありま す。豊国とは豊前と豊後にわかれる前の国名で、豊国法師の出生地と考えられます。この記述より見ると、近畿天皇家に仏教が受け入れられる以前にすでに豊国において仏教が定着していたことが想定できます。また、豊国法師は多利思北孤の傘下に居る人であったので、その当時の九州の王である多利思北孤は、法興寺の造営に関与していたことはまず間違いないと思います。

A. 「上宮法皇」について

古田武彦氏は「上宮」は「上宮・中宮・下宮」のように、複数の宮がある場合の慣用名だと述べています。したがって「上宮」とあるから聖徳太子とは断定できないとも言っています。聖徳太子の「上宮」の名称について、『日本書紀』には用明天皇の宮殿（池辺双槻宮《いけへのなみつきのみや》、桜井市安倍磐余池の辺）の南の上宮《かみつみや》（桜井市上之宮か）に太子が住んだことから、上宮《かみつみや》厩戸《うまやど》豊聡耳《とよとみみ》太子《ひつぎのみこ》と名づけたとあります。平安時代に書かれたとされる『上宮聖徳法王帝説』では、「上宮厩戸豊聡耳命」「上宮王」「上宮」「上宮聖王」「上宮法王」など聖徳太子に「上宮」の名称を頻繁に記述しています。この伝記により「上宮」と言えば聖徳太子を指すものとする定説が定着したように思われます。この本には法隆寺釈迦三尊像後背銘を写した「法興元世一年歳次辛巳十二月鬼前大后明年正月廿二日上宮法王枕病弗悆干食王后仍以労疾並著於床……」という表記があり、この本の「上宮」は後背銘から採ったことは間違いがないと思われます。

次に「法皇」という語について考察してみたいと思います。これについても古田氏が明確に論証しています。「皇」という語は『史記』では三皇として伏羲・禍・神農女を上げています。秦の始皇帝が、初めて王号に「皇」という文字を用い、それ以来「皇」は皇帝を意味する語として使われてきました。ですから、「法皇」は皇帝の位にあるものが、仏教における法王、すなわち釈迦に帰依することを宣言した言葉なのです。このことは釈迦三尊像の後背銘とも呼応しています。そうしますと、「上宮法皇」は当時、法興の時代の天子多利思北孤以外には考えられません。聖徳太子には、常に「法王」という名称が使われていて、これは恐らく聖徳太子が推古天皇の太子の位置にあったので、「法皇」を使うとなにかしっくりこないという理由で「法王」の語を使ったのでしょう。したがって、後背銘の「上宮法皇」は聖徳太子ではありません。「上宮」は当時、『隋書』に出てくる多利思北孤が政治を行った場所であったと思われます。古田氏は「上宮法皇」を「上宮を本殿としている仏法に帰依した天子」と述べています。まさにその通りだと思います。

『法隆寺資材帳』には釈迦如来像について「金涅洞（銅）釈迦像壱具、右奉為上宮聖徳法王、癸未年三月、王后敬造而請坐者（金涅銅釈迦像壱具、右、上宮聖徳法王のために、癸未年三月、王后敬造して請い坐す者なり）」と記しています。これを見てまず思うことは、どうして「上宮聖徳法皇」と書かずに「上宮聖徳法王」と書くのだろう、ということです。後背銘の「法皇」がここでは「法王」にすりかわっています。おそらく、聖徳太子は天子（皇帝）ではなかったのでそうは書けなかったのでしょう。

B．鬼前大后について

『上宮聖徳法王帝説』には「鬼前大后者即聖王母穴太部間人王」と述べており、「鬼前大后」は聖徳太子の実母「穴太部間人王」すなわち『日本書紀』にいう「穴《あな》穂《ほ》部《べ》間《はし》人《ひとの》皇女《ひめみこ》」としています。これに対して、古田氏の解釈によると、「鬼前大后」の「鬼前」について、糸島半島の櫻井に鬼ノ前という地名があり、「鬼前大后」が鬼ノ前の出身であれば難なく理解ができる、というのです。私もこの洞察には驚きましたが、この方が信憑性はあると思います。少なくとも「鬼前大后」が「間人穴太部王」だというのは漢字相互に関連がなく全く根拠がありません。先に「上宮法皇」を聖徳太子と断定した結果から「鬼前大后」を「間人穴太部王」としてこじつけて導かれたものでしょう。

C．多利思北孤と聖徳太子の没年月日

聖徳太子の没年は『日本書紀』によると、推古天皇二十九年（六二一年）春二月、己丑朔、癸巳（二月五日）となっています。釈迦三尊像後背銘では法興元卅一年（六二二年）歳次辛巳の二月二十二日となっています。これは多利思北孤が崩御した年です。『上宮聖徳法王帝説』には後背銘を載せ、そこから太子の没年を導いていますから、法興三十一年辛巳の二月二十二日説を採用しています。『帝説』が成立した時代では、後背銘の金石文が第一資料として疑うことなく扱われたのでしょう。しかし、これは大変奇妙なことです。なぜなら、『日本書紀』では唯一聖人として記録された偉大な聖徳太子が、百年後に編纂された『書紀』において間違った没年月日を記すはずがないからです。したがって、『書紀』に記された太子の没年月日は正しいものと思われます。そうしますと、後背銘に書かれた「上宮法皇」は崩御年月日が異なり、太子とは別人ということになります。

D．法隆寺の火事

『日本書紀』天智天皇九年（六七〇年）に「夜半の後、法隆寺に災あり。一屋余す無し」とあります。釈迦三尊像がこのとき法隆寺にあったとしたら、見るも無残に砕け散ったに違いありません。ということは、釈迦三尊像は火事の後、法隆寺が再建されてから堂内に安置されたものと考えられます。そうしますと、それを運び入れた人たちは釈迦三尊像が以前どこにあったか、或いはこの像の由来が何であったかを知っていたことになると思います。

E．釈迦三尊像の優れた完成度

釈迦三尊像を聖徳太子当時のものとするには時代的に完成度が高すぎるという見方があります。そのことから法隆寺の火事（六七〇年）以後にできた白鳳仏ではないかという見解もあります。しかしながら、釈迦三尊像は白鳳時代に作られたとしたら、古い北魏式に基づかず、南朝様式の白鳳仏の様式の仏像を作ると思われます。『隋書』に見る多利思北孤（上宮法皇）が九州王朝の王であり、九州王朝に既に仏教が大和王朝に先駆けて定着していたなら、法隆寺に安置されるよりかなり以前に既に九州の地でできていたと見て不思議ではありません。そうすれば、少なくとも

白村江の戦い（六六三年）以後九州王朝が滅亡して近畿王朝に列島統治の主権が渡ってから、いつの日か釈迦三尊像は九州から近畿に移行したことになります。実際には、釈迦三尊像は法隆寺の火事（六七〇年）以後に法隆寺にもたらされたものと思われます。それ以前の経路はよくわかっていませんが、「上宮法皇」が多利思北孤であるなら九州からもたらされた可能性は大です。

F．止利仏師について

『法隆寺釈迦三尊像後背銘』の最後に「使司馬・鞍首・止利仏師造る」とあります。古田武彦氏は「止利仏師」を日本書紀に出てくる「鞍作鳥《くらつくりのとり》」ではないと論証されました。その第一の論点は、「薬師」「画師」といった技術者名は「副師大山下薬師恵日（孝徳、白雉五年）」「高麗画師子麻呂（斉明五年）」「倭画師音檮（天武六年）」、つまり（A）師・（B）人名の語順であるので、この形から言えば、仏師止利の表記となるはず、と説きます。しかし、これはあくまで『日本書紀』の記述であるので、九州王朝においては同じ表記とは限りません。また、古田氏は「止利」の読みは「シリ」（尻）・「トマリ」（泊）等の読みも可能とします。しかし、倭名の表記として考えたなら一字一音ですから、「トマリ」とは決して読みません。「止」は万葉仮名の乙類の「と」として使われています。また「止」は平仮名の「と」の元の字でもあるので、「止利」はやはり、「とり」でしょう。「止」を「と」と読むのは呉音で、例えば波止場などで使われています。多くの漢字辞書でも「止」の発音は「シ」しか載っておらず、呉音の「ト」は載っていませんから見逃しやすいのです。

鞍作止利の父多須奈《たすな》は『扶桑略記』に「百済仏工多須奈」とあり百済の出自であることが知られます。また、多須奈の父司馬達等《しばたつと》は『扶桑略記』に「大唐漢人」とあります。宋書夷蛮伝に元嘉二年（四二五年）に倭王讃が司馬曹達なる人物を宋国に遣わしています。司馬は官職名と思われますが、司馬曹達が中国或いは百済から帰化した人物かどうかは全くわかりません。この司馬という官職名は倭の五王が統治した九州王朝において使われたものですので、司馬達等も同じ官職名を使ったものと思われます。私は、多須奈が百済の出自であるなら、その父の司馬達等も百済人であったと思います。ただし、司馬達等はもと漢人で百済を経由して、さらに日本列島に渡来した可能性はあると思います。

倭の五王は九州王朝の大王であることを先に述べましたが、その系譜に連なる多利思北孤とそれに続く九州の大王は百済から見れば日本列島の代表的な王権であります。それを飛び越えて近畿大和政権に仏教交流にとってきわめて大事な仏像制作や寺の建築技術をもった技術者を送るはずがないと思います。したがって、司馬達等・多須奈・止利の三代にわたる人脈は九州王朝に所属していたと思われます。仏教は、近畿大和王家に先立って九州王朝に入ってきたことはまず疑いありません。

司馬達等は、『扶桑略記』に継体天皇十六年（五二二）春二月に来朝し、大和国高市郡坂田原に草堂を結んで仏像を安置し仏教に帰依していたとされていますが、私は到底この記事を信じることはできません。多須奈は用明天皇の病気が重くなったとき、出家して南淵坂田寺の木丈六仏像、挾侍菩薩を造り奉った記事が『日本書紀』に載せられております。『日本書紀』では、止利は飛鳥大仏の仏像の図を献上し、さらに仏像を堂の戸を壊さずに巧みに入れることができたことが記されています。しかしながら、止利が造ったとされる釈迦三尊像は、当時の仏像芸術の最高傑作であるにもかかわらず、『日本書紀』には出てきません。また、『日本書紀』推古天皇の条で出てくる他の黄書画師とか山背画師とかの工芸師などにはほとんど系譜がないのに、司馬達等・多須奈・止利の系譜がやたら詳しいことが、最も怪しいと思います。『日本書紀』は近畿天皇家の一元史観を貫くために書かれたものですので、九州王朝所属の三世代にわたる仏師を近畿天皇家の所属に書き換えることは大いにあり得ることです。

「鞍作鳥」が釈迦三尊像の製作や、法興寺の丈六の像の図を奉ったことは事実で、法興寺の運営にも力を貸したことも事実でしょう。大和において初めての寺である大寺院法興寺を大和王朝のみの力で建てたとは思われません。そんなに技術が育っていない時に、法興寺のような完成度の高い立派な寺や仏像が急にできるわけがありません。九州王朝の大王多利思北孤が法興寺の建立のために派遣したのが「止利仏師」＝「鞍作鳥」ではなかったでしょうか。法興寺の「法興」が当時の九州年号であることが、法興寺への九州王朝の関与を物語っています。

『万葉集』巻第三、三一一に「按作村主益人《くらつくりのすぐりますひと》、豊前國より京に上る時作る歌一首」とあり、按作村主益人の名が見えます。益人は後に奈良に来て、奈良で詠んだもう一首の歌を載せています（『万葉集』巻第六、一〇〇四）。その歌の但し書きに「内匠大属《たくみのだいさくわん》按作村主益人」とあります。「村主《すぐり》」とは渡来系の氏族の姓《かばね》で、朝鮮の百済から渡来した技術者集団である漢人《あやひと》の中で特に渡来人の各集団を統率した長を村主と呼称しました。鞍作止利の祖父司馬達等は鞍部村主司馬達等と呼ばれており、やはり村主と呼ばれていました。また、「内匠」は「内匠寮《ないしょうりょう》」のことで、聖武天皇の神亀五年（七二八年）に創設された役所です。職掌は天皇家の調度品や儀式用具などの製作です。この職掌から見ると、按作村主益人は司馬達等・多須那・止利の系譜を引く人物の可能性があります。詳しい資料はないので止利の直系か傍系かはわかりませんが、そういう可能性はあると思います。そうすると司馬達等から止利の系譜は九州の豊前国の出身である可能性もあるということになります。

『筑前双書』に「雷山縁起」という文書が収録されており、その内容は「雷山縁起」「附録」「雷山千如寺法系霊簿」の三つからなります。その中の「雷山千如寺法系霊簿」に「始祖法持聖清賀上人　人王十三代成務天皇四十八年来朝」という記録があります。この中の「上人《しょうにん》」は仏教における高僧への敬称ですから、随分と早く仏教が九州に入ってきたことになります。この記事を鵜呑みにするのは早計だと思いますが、九州王朝が仏法を敬う多利思北孤の時代までに既にあるとしたら、『日本書紀』用明天皇二年の条に豊国法師の突如の登場は近畿大和勢力に仏教が伝わる以前に豊国に仏教がすでにあったことを暗示しています。『日本書紀』推古天皇十四年の記事に用明天皇が鞍作鳥に次のように話したことが記されています。「朕欲興隆内典、方将建仏刹、肇求舎利。時汝祖父司馬達等便献舎利。又於国無僧尼、於是、汝父多須那、爲橘豊日天皇出家、恭敬佛法（朕、内典を興隆せむと欲し、方《まさ》に仏を建てむとして、肇《はじ》めて仏利《ぶっせつ》を求めき。時に何時が祖父司馬達等、便《すなわ》ち舎利を献《たてまつ》れり。また国に於いて僧尼無かりしとき、汝〈鞍作鳥〉の父多須那は橘豊日天皇〈用明天皇〉の為に出家し仏教を恭《うやうや》しく敬《うやま》った）」とあり、司馬達等は近畿における仏教の興隆時に用明天皇に仏舎利を献上し、多須那はまだ近畿王朝に僧尼がなかったときに、仏教をすでによく知っていて出家したことになっています。これらから推論すると、司馬達等から止利の三代も百済から仏教文化を九州王朝に持ち込み、そういった仏教がすでに流入していた九州の地にいたと思われます。

G．「法隆寺釈迦三尊像後背銘」における推古天皇の存在

釈迦三尊像が聖徳太子のために造られたとしたならば、古田氏の言うように、後背銘に推古天皇が登場しないのはおかしいと思います。全くその通りで、聖徳太子が推古天皇の摂政の地位にあったなら、彼の死に対して推古天皇の愛惜の言などが含まれるはずであると考えるのは自然だと思います。後背銘には「上宮法皇」以外に聖徳太子に接点となる言葉はなく、「上宮法皇」が聖徳太子でないならば、これは『隋書』にいう九州王朝の多利思北孤以外には考えられないと思います。

③法隆寺薬師如来の後背銘

次に、法隆寺の薬師仏及び後背銘について考察してみたいと思います。

原文は以下の通りです。

「金銅沮師佛造像記

池邊大宮治天下天皇大御身勞賜時、歳次丙午年、召於大王天皇与太子而、誓願賜、我大御病大平欲坐、故将造寺沮師像仕奉詔、然胙時崩賜、造不堪者、小治田大宮治天下大王天皇及東宮聖王、大命受賜而、歳次丁卯年仕奉。

（池邊《いけのへ》大宮《おおみや》に天下治《あめのしたしろし》めし天皇《すめらみこと》（用明天皇）大御身労《おおみみいたつ》き賜ひし時、歳《とし》は丙午に次《やど》りし年（用明元年、五八六年）、大王天皇（推古天皇）と太子とを召して誓願し賜わく、我が大御病太平《おおみやまいたいら》きなんと欲し坐《おもほ》《ま》す。故《かれ》、寺を造り薬師像を作り仕奉《つかえまつ》らんとすと詔《の》りたまひき。然れども、時に当たりて崩じ賜ひ、造り堪《あ》えざれば、小治田《おはりだ》の大宮に天下治《あめにしたしろし》めし大王天皇《おおきみすねらみこと》（推古天皇）と東宮聖王（聖徳太子）、大命《おおみこと》を受け賜りて、歳《とし》は丁卯に次《やど》りし年（推古十五年、六〇七年）に仕奉《つかえまつ》る）」

用明天皇が病気になったので、天皇は推古天皇と聖徳太子を召して、病気の全快を祈って薬師像を造りたいと言われた。しかし、用明天皇は亡くなったので、推古天皇と聖徳太子は用明天皇の遺志を受けて、推古十五年に薬師像を造った、というのが銘文の内容です。

まず、銘文内に出てくる天皇号はいつから使われたかについて述べたいと思います。

天皇号はわが国の考古資料では野中寺弥勒菩薩像銘文に「詔中宮天皇」及び「丙寅年（天智五年〈六六六年〉）」、また船王後墓誌に「治天下天皇」及び「戊辰年（天智七年〈六六八年〉）とあります。また、奈良県明日香村の飛鳥池遺跡から「丁丑年（天武五年〈六七七年〉）」と書かれた木簡と一緒に「天皇聚露」と書かれた木簡が発見されています。それに先立って、唐の高宗の上元元年（六七四年）に、君主の称号を「皇帝」から「天皇」に替えたことが『舊唐書』巻五高宗下に書かれています。日本の天皇号は、この一連の史実の頃に成立したものと思われます。そうすると薬師仏の後背銘の成立はこの頃以後ということになります。また、用明天皇（池邊大宮治天下天皇）とあり、またその後の天皇である推古天皇（小治田大宮治天下大王天皇）の名称や亡くなってからの聖徳太子の名称である東宮聖王とあるのは、文章として何か不自然さを感じます。本来、こういった後背銘は用明天皇の存命の時に、病気平癒のために造られるものではないでしょうか。それが何十年か後の時代になってこういう文章が作られたとなると、その文章を作った目的が存在するはずです。私は、その目的とは聖徳太子を聖人として浮かび上がらせるためのものであるように思います。なぜ聖徳太子を聖人として描かなければならなかったのかは本章の総括で述べたいと思います。

図6　法隆寺薬師如来像（上）と後背銘拓本（下）
出典：ウィキメディア・コモンズ

薬師如来像は『法隆寺資材帳』の最初に置かれています。『資材帳』には次のように書かれています。

「金渥銅薬師像壱具
右奉為池辺大宮御宇　　天皇
小治田大宮御宇　　天皇
并東宮上宮聖徳法王、丁卯年敬造請坐者」

（金渥銅薬師像壱具、右池辺大宮御宇天皇（用明天皇）の為に、小治田大宮御宇天皇（推古天皇）并びに東宮上宮聖徳法王、丁卯の年、敬造して請い坐すものなり）

「丁卯」は六〇七年のことになると思いますが、それでは薬師如来像は法隆寺の火事（六七〇年）により灰燼に帰すことになります。しかし、薬師如来像が現在にも残っているということは、火事以後に法隆寺にもたらされたものと考えるほかありません。推古天皇は用明天皇の妹であり聖徳太子は用明天皇の子ですから銘文及び『資材帳』に記されることは問題がないですが、用明天皇の皇后であり聖徳太子の母である穴穂部皇女がそれらに記されていないことが不自然な気がします。

私は、薬師如来像は釈迦如来像を模倣して造った仏像であると思います。手の組み方や着物の襞の文様までそっくりそのままです。ただ顔つきは釈迦如来像のほうが威厳のある感じで北魏様式に則っており、薬師如来像のほうが和風でやや穏やかな感じで白鳳期（六五〇〜六八六年）の仏像の表情に近いと思います。法興寺跡に現在残っている飛鳥寺の大仏と北魏様の釈迦三尊像は止利仏師の系統の同時代作品という感じがしますが、薬師如来像は別系統の仏師が造った仏像との感じは否めません。ということは薬師如来像は釈迦如来像よりかなり後になって造ったと見られます。釈迦如来像の方が美術的な観点から見て完成度としては優れていることは誰しもが認めるところです。

ずばり私の考え方を言いますと、薬師如来像は用明天皇の病気平癒のために造られたものではないかと思われます。薬師像というのは天武帝以後に日本に入ってきたとされており、法隆寺の薬師如来像は実は釈迦如来として造られたものであって、後に後背銘を刻んだ時にある意図をもって薬師如来と名称が変えられた可能性が強いと思います。

ではなぜ、釈迦如来像をそのまま模倣して薬師如来像が造られたのか、それが大きな問題です。薬師如来像が『資材帳』の最初に記されていることから、もともと法隆寺の本尊とされていたものと思われます。法隆寺が五七〇年に火事で全滅した後に再建された時、薬師如来像（その頃は釈迦如来像です）を本尊として堂内の中央に据えたものと思います。そのモデルとなった釈迦如来像もその後には法隆寺にもたらされました。薬師如来像に比べて美術的に見ても格段に優れたものであり、また、後背銘の銘文には「上宮法皇」とあり、これを聖徳太子としてまず疑う人はいないだろうという考えのもとに、いつの頃からか後に本尊を薬師如来（その当時は釈迦如来）から差し替えて釈迦三尊像を本尊として置き替えたのではないでしょうか。国家の政策により聖徳太子信仰が定着して、九州王朝の事跡を隠蔽して聖徳太子の姿に模したとされる（実際には多利思北孤の姿を模したものと思われます）釈迦如来が薬師如来像に取って代わって本尊として据えられたものと思われます。法隆寺釈迦三尊像後背銘の真実の意味が隠蔽され、同時に聖徳太子信仰が興り、後背銘の「上宮法皇」は聖徳太子だとしたのだと思われます。

明治時代に来日したフェノロサ（一八五三〜一九〇八年、アメリカ合衆国の東洋美術家・哲学者）が日本の仏像の美を知識人に啓蒙して以来、日本の美術家達も仏像を美術的に評価する鑑賞眼が育ってきました。そうすると、誰もが法隆寺の本尊である薬師如来よりも完成度の高い釈迦三尊像に注目しました。そして、歴史家の中でも古田武彦氏のように「上宮法皇」が聖徳太子ではなく、九州王朝の王である多利思北孤であると見破った人が現れました。

薬師如来像がなぜ釈迦如来像を模して造られたかというと、第一の目的は本尊として法隆寺に据えることであり、第二に薬師如来を聖徳太子信仰の象徴としてあがめることです。聖徳太子（上宮法王）推古天皇（小治田大宮御宇天皇）を光背銘にいれた薬師如来像を造り本尊として据えたのちに、その後もちこまれた釈迦如来像を本尊として差し替えて置き、本来多利思北孤を写した釈迦如来像をもって、聖徳太子を写した像に由来をすりかえたのではないでしょうか。

④日本書紀は多利思北孤を聖徳太子にすりかえた

古田武彦氏が論証したように、『隋書』俀国伝の「多利思北孤」は「聖徳太子」ではありません。また、法隆寺釈迦三尊像後背銘の「上宮法皇」も「聖徳太子」ではなく「多利思北孤」です。この古田氏の論証は、日本古代史を根底から揺るがし、従来の近畿天皇一元史観の間違いに警笛を鳴らしました。本当にすばらしい功績であると思いますし、まさにコロンブスの卵であったと思います。私は、古田氏の『法隆寺の中の九州王朝』（朝日文庫、一九八八年）を読んだ時に得た感激を今でも忘れることはありません。この歴史的事実の発見は本居宣長以来の歴史家の中で最大のものであり、古田氏はまさに千四百年間の虚実の歴史のヴェールを剝ぎ取り真実の歴史を提示したのです。

では、なぜ天武帝から『日本書紀』を作成した大和王朝は「多利思北孤」を「聖徳太子」とすりかえたのか。それは『日本書紀』記述の目的が、神武以後の万世一系の天皇の系譜を述べ、「天皇は犯すべからず」の観念を未来永劫にわたって周囲の豪族に示す為なのです。そのことは、現在も天皇が万世一系の名の下に続いていることから見ると、成功していると言わざるを得ません。まさに藤原不比等、恐るべしです。現在の天皇の存続は『日本書紀』によって保証されたものといっても過言ではないからです。

私は、「聖徳太子」の十七条憲法などの事跡はほとんど「多利思北孤」の事跡から採ったものだと思います。時を同じくして生きた二人ですが一方は九州王朝の王、また一方は大和王朝の皇太子でありました。「聖徳太子」の寺が多く残っている事実を見ても、実在の人であると思います。仏教興隆に力を注いだ「聖徳太子」は、もともと「多利思北孤」と立場も行いも似ていたものと思われます。だから、「多利思北孤」を「聖徳太子」にすりかえても古田武彦氏が現れるまで誰も見破ることができなかったのです。『日本書紀』以来、「聖徳太子」はその素性を隠されて、ひたすら聖人化され、『隋書』の「多利思北孤」は「聖徳太子」にすべて改竄されているのが実態です。

『伊予国風土記』逸文には「温湯碑」に関する記述があり、「法興六年（五九七年）十月歳在丙辰、わが法王大王、恵總法師及び葛城の臣と与《とも》に、夷与村に逍遥し、正に神井を観る。余の妙験を歎じ、意を塚《の》べんと欲し、聊《いささ》か碑文一首を作る。（後略）」とあります。

この文章に出てくる「法王大王」の「大王」は組織における最上位の天子を言うので、皇太子の聖徳太子にはふさわしくありません。また「法興六年（五九七年）」は、聖徳太子二十三歳にあたるので、推古天皇の摂政になって四年目の時です。法王とは天子が僧籍に入った後に称される言葉であり、この時にはまだ際立った功績もない皇太子の聖徳太子に「法王」の称号は相応しくありません。では、「法王大王」は誰かというと、この文章に「法興六年」と九州年号が載っているので、『隋書』に出てくる九州王朝の多利思北孤しか考えられないと思います。恵總（総）はおそらく多利思北孤の側近の僧侶であったと思われます。

この文章の「恵総」が鎌倉時代の『萬葉集註釋』（仙覚抄）では「恵慈」になっています。『愛媛県史』でも「恵慈」になっています。「恵総」を「恵慈」になぜ改めたかというと、『日本書紀』では聖徳太子の仏教の師として「恵慈」が出てきますので、「恵総」は「恵慈」に改めたのでしょう。つまり、『伊予国風土記』逸文の「法王大王」は当初多利思北孤のことが書かれていたものが、後になって聖徳太子のことと改竄《かいざん》して書かれるようになったのです。『日本書紀』推古四年（五九六年）に「恵慈・恵總が法興寺に住《じゅう》した」とあり、「恵慈」「恵総」は同時期に並べて書かれてあるのでお互いに知り合いだったようです。

倭の五王の系譜を引く九州王朝が百済との結びつきが深いところから、「恵総」は『日本書紀』のいうとおり百済僧で、実際は多利思北孤の近辺にいたのだと思われます。高麗の僧恵慈は聖徳太子の近辺にいた僧であったと思います。また法興年号を使っていることから見ても、「法王大王」は多利思北孤に間違いないと思います。『伊予国風土記』には別に「天皇等、湯に幸行し、降り坐《ざ》すこと五度なり。上宮聖徳皇を以て一度となす」とあります。この文を差し挟むことにより、「法王大王」を「聖徳太子」として確定しようと偽作したのでしょう。

『上宮聖徳法王帝説』は作者、成立年代ともに不詳とされますが、この本が書かれた頃には聖徳太子伝説がすでに本当であるということを誰もが疑わなかったように思います。『日本書紀』の成立以後、日本の歴史については『日本書紀』が歴史事実として提示されました。このときの一番のネックは『隋書』の「多利思北孤」の存在であったと思います。

『古事記』には聖徳太子に関する記述は「上宮《うえつみや》の厩戸《うまやど》豊聡耳《とよとみみ》命」の名前のみです。それが、『日本書紀』推古天皇条においては、聖徳太子について誕生・摂政・冠位十二階・十七条憲法・聖人説話・崩御にいたるまで、事細かに書かれています。このことはいったい何を意味するのでしょうか。

『日本書紀』では、九州王朝の「多利思北孤」を徹底的に隠すために、あたかも「多利思北孤」が「聖徳太子」であるように見せる換骨奪胎の記述を行いました。そして、このことと呼応するように、太子信仰をどんどん完璧なものにするために尽力したのです。大和王朝は寺や墓といった物証的なものから書き物に至るまで、細心の注意を払って聖徳太子像を作り上げるのに精力を注いだように思われます。なぜそうしたのかというと、『日本書紀』は天皇の万世一系を伝える目的ですから、『隋書』に載っていた「多利思北孤」の事跡をぜひとも大和王朝の聖徳太子のものとして位置づける必要があったのだと思われます。また、聖徳太子は実際に播磨や奈良の各地の寺に事跡を残していますので、仏教を広めるのに尽力した人でもあったのです。つまり、もともと多利思北孤と似た人であったのです。ですから、「多利思北孤」を「聖徳太子」にすりかえることについては、大和王朝は大変苦労し真実を隠して、新たな歴史を創作したのです。そのうちに、十七条憲法のような多利思北孤の事跡が、それらの資料操作によってあたかも聖徳太子の本当の事跡であるようになり、新たな信仰としての聖徳太子像が生まれました。この目論見は見事大成功しました。古田氏が真実を明らかにする以前は、津田左右吉をはじめとする戦後の古代歴史家の俊英たちもこのことを見抜けなかったのですから。しかし、古田氏のお陰で、ようやく真実の古代史が見えてまいりました。

古代歴史家の方々は、ぜひ、『隋書』俀国伝と法隆寺釈迦三尊像後背銘の「上宮法皇」に対する古田見解に真剣に向き合ってほしいと思います。もし古田氏が間違っているとするなら、そのことを論文・著書としてきちんと書いてほしいと思います。自身の歴史観という従来のしがらみを棄てて、古田氏に賛成するか否か、その態度をはっきりと示すべきです。

『聖徳太子の実像と幻像』（梅原猛・黒岩重吾・上田正昭ほか著、大和書房、二〇〇二年）という本を読ませていただきました。この本は一九九九年に出された大山誠一著の『〈聖徳太子〉の誕生』（吉川弘文館、一九九九年）を巡って、識者たちの聖徳太子の虚実についてのいろんな識見を集めた本です。この本の中で、大山誠一氏は「そこで、『隋書』に戻ろう。男性である倭王が、明らかに裴世清と相見え、言葉を交わしているのである。と、すれば説明は不要であろう。倭王として裴世清と会ったのは蘇我馬子でなくてはならない。彼が、当時の日本の外交権を掌握していたのであるから当然である。ここで、憶測をたくましくすれば、馬子は、日本の実情に通じている朝鮮の使者の前では大臣という立場を守ったが、事情に疎い隋使の前では、外交という限定された場ながら、あたかも大王のごとく振る舞ったのではなかろうか。そこでの見聞を、裴世清は、帰国して本国に伝えたのである」と述べています。裴世清は真実の倭王「多利思北孤」と会っているのは確実であって、虚実の倭王蘇我馬子を倭王と間違えて相見えることは絶対にありません。中国から派遣された裴世清を大山氏の言うように蘇我馬子を王としてだますことは不可能といってよいでしょう。大山誠一氏の蘇我馬子説は想像上のものであって、歴史的な事実根拠は全くありません。どう見ても古田説が正しいと思います。私は、このことについて、日本の古代史が間違ったまま教科書に載せられていることに深い懸念を表します。とともに、日本の古代史が真実を取り戻すことができるよう、これからも私と同じ考えをもつ方たちとともに努力してまいりたいと思います。

あとがき

原稿を書き上げて、今ほっと一息ついています。この本の骨子となる本筋は、既に二〇一六年に妻 張莉と共著で出版した『倭人とはなにか』（明石書店）で記載したものです。しかし、この本を理解してくれる人とそうでない人がいて、何とか私の書く内容をわかっていただきたいとの思いから、説明を追加して今回この本を出版することになりました。

この本の原稿執筆に当たって、いろいろな文献を読み直していくと、思わぬ発見がいくつかありました。『魏志』についての個々の個所の解釈が正しければ、他のいろんな個所の記述への整合性が得られることが、私の判断基準の根拠となっています。逆に個々の解釈が噛み合わなければ、どこかが間違っているということになります。この本を書くにあたって、自分の前著『倭人とはなにか』に書いた論拠にさらに確かなものとして加えられた論拠を以下に記しておきたいと思います。

四一三年の義熙九年「この歳に、高句麗、倭國、及西南夷銅頭大師、竝びに方物を獻ず」（晉書安帝紀）の記事には「倭国」として朝鮮半島の「倭」が載せられています。それは「義熙起居注曰『倭國、獻貂皮・人參等。詔賜細笙麝香』」（『太平御覧』麝条）によって、朝鮮の「倭」と解釈されます。従来はこの「倭」は日本列島の「倭」とするのが通説でした。しかし、『義熙起居注』の「貂皮・人參」は朝鮮半島の産物で日本列島の倭人国がそのようなものをもって朝貢することはあり得ません。また、『晋書』は日本列島の国を東倭と記載しており、これは明らかに朝鮮半島の「倭」との差別化につながる言葉です。私は前著で朝鮮資料の『三国史記』に朝鮮における倭種の人たちの国を「倭」・「倭国」と表現し、日本列島の国や人を「倭人」と表現していることを論証しました。そのことと、『義熙起居注』の記述はまさにピタリと合致していました。

また、「女王国」にも通説とは違う解釈を述べさせていただきました。女王国と邪馬壹国の概念の住み分けをきちんと認識すると、違った歴史が見えてきます。「女王国」については、「女王国より以北」が女王国でないという認識は従来の歴史学者が気づかなかった盲点かもしれません。女王国以北が国譲り後の出雲国（投馬国）とその諸国で、その地域を一大率が検察のために省巡しているという私の考えを果たして読者の方々が受け入れるでしょうか。

『魏志』倭人伝の記事と朝鮮資料の『三国史記』の「倭」「倭国」「倭兵」「倭人」の使い分けに整合性を見出した時、私は真実の歴史を見たと実感しました。『三国史記』の「倭」「倭国」「倭兵」は朝鮮半島の「倭」という国のことを示す言葉であり、「倭人」は日本列島の人々を指しています。『魏志』倭人伝では、倭国は日本列島の倭人国を指しています。すなわち、『三国史記』と『魏志』では「倭国」は同じ意味ではないのです。

また、「梁職貢図」倭国使に「倭国は帯方東南海中に在り、山島に依って居する。帯方自《よ》り海水に循《したが》って、乍《あるい》は南に下りて東し、其の北岸に対《む》かふ。三十余国を歴《ふ》る。万余里可《ばか》り」という記事を発見した時は、『魏志』倭人伝の行程に対する自分の考えが間違っていなかったことを確信しました。

さらに、『論衡』倭人＝鬯人説、周旋五千里・方〇〇里の正確な意味・萬二千里の解釈・投馬国と狗奴国及び邪馬壹国の位置など、前著『倭人とはなにか』になかった私の解釈を新たに加えさせていただきました。まだまだ、課題は多くありますが、一歩一歩研鑽してまいりたいと思います。

日本列島の金石文（七支刀・稲荷山古墳出土鉄剣・隅田八幡神社人物画象鏡・法隆寺釈迦三尊像）は、私が漢字学の目から見た解釈を是非とも読者の皆様に伝えたいとの思いで、付け加えさせていただきました。これらについては今までに各々諸説もあり、私の書いたことにもまだまだ間違いが潜んでいるような気がしてなりません。後世の歴史学に携わる皆様に真実の歴史が見出せますよう託したいと思います。

本書では古田武彦氏への反論を多く載せています。それは古田氏がどの歴史の出来事に対してもストレートに明確な回答を語っているので、その間違いをただすと私の考え方が非常にわかりやすく読者の方々に伝わるからです。私と妻 張莉は、生前の古田先生にお世話になった思い出が多くあり、古田先生を大変尊敬しております。もし、私の言うことが正しければ、きっと古田先生は私をほめてくれると信じています。わたしが誤ったことがあれば、私が天国に行ったとき「ごめんなさい」と謝りたいと思います。

さらに、中国の有名な漢字学者である臧克和先生に、この本の内容を読んでいただいて、私の歴史に関する様々な意見にご賛同いただき、どれだけ勇気づけられたことか。この場を借りて感謝申し上げます。また、この本にいくつかの著述を載せていただいた妻　張莉や明石書店の森富士夫氏にもいろいろ助力いただきました。本当にありがとうございます。

私自身での歴史の学習は、まだ至らぬところもあり、この本の中にもいくつか間違いがあるのではないかという不安もありますが、私が考えていることをすべて発表させていただき、あとはこの本を読まれた方々の批判を仰ぎ、間違っているところは今後、修正したいと思っています。

最後に、私の住所と電話、及びメールアドレスを記させていただき、この本の内容についてのご意見やご批判がある方は、ご連絡いただきたいと思います。できる限り丁寧に答えさせていただきます。なお、お問い合わせいただいた方に所属の歴史研究の団体名があるならば、お教えください。

〒630―8262　奈良市北袋町32―1 グランドパレス奈良209号
TEL・FAX　0742―77―3467
メールアドレス　aonisaihude@yahoo.co.jp
出野　正

【著者紹介】

出野正（での・ただし）

高知大学卒業（文理学部西洋哲学専攻）。㈱呉竹にて企画部・社長室勤務の後、書道文化・書道用品研究所を設立し、書道用品開発企画・コピーライターを行う。現在は古代歴史学・漢字学研究に従事。

著作『倭人とはなにか』（張莉と共著、明石書店、二〇一六年）、『銅鐸祭祀から鏡祭祀へ』（東京図書出版、二〇一九年）

張莉（出野文莉）（チョウリ／での・ふみり）

一九九六年、留学のため来日。二〇〇〇年、奈良教育大学大学院教育学研究科美術教育専攻（書道専修）修士課程修了。二〇〇五年、京都大学大学院人間・環境学研究科文化・地域環境学専攻博士後期課程修了。博士（人間・環境学）。二〇一八年、大阪教育大学教育学部准教授。二〇一一年、平成二十三年度漢検漢字文化研究奨励賞佳作を受賞。二〇一三年、第七回立命館白川静記念東洋文字文化賞教育普及賞を受賞。

著作『五感で読む漢字』（文春新書、二〇一二年）、『白川静文字学的精華』（中国天津人民出版社、二〇一二年）、共著『彩香と李陽—総合的に学ぼう初級中国語』（白帝社、二〇一六年）、『こわくてゆかいな漢字』（二玄社、二〇一六年）。共著『倭人とはなにか』（明石書店、二〇一六年）

魏志倭人伝を漢文から読み解く
——倭人論・行程論の真実

二〇二二年十一月一日　初版第一刷　発行

著　者　出野　正
　　　　張　莉
発行者　大江道雅
発行所　株式会社 明石書店
〒一〇一-〇〇二一　東京都千代田区外神田六-九-五
電　話　（〇三）五八一八-一一七一
ＦＡＸ　（〇三）五八一八-一一七四
振　替　〇〇一〇〇-七-二四五〇五
http://www.akashi.co.jp

装　丁　明石書店デザイン室
印　刷　株式会社文化カラー印刷
製　本　協栄製本株式会社

ISBN978-4-7503-5487-3
（定価はカバーに表示してあります）